多车道高速公路分合流区驾驶行为与安全设计

万海峰　刘　强　张　弛　祝庆升　著

中国水利水电出版社

www.waterpub.com.cn

·北京·

内 容 提 要

本书以多车道高速公路接入管理与分合流区交通安全现状为背景，探索交通事故衍生触发机理、安全设计方法及参数，围绕多车道高速公路分合流区加速车道、减速车道驾驶行为与安全设计参数控制等课题研究成果展开论述，并涵盖基于交通安全的多车道高速公路设计方法与框架、互通立交间距与匝道端部设计、多车道条件下指路标志安全设计等内容。

全书按照交通现状与事故机理分析、减速车道驾驶行为与设计参数、加速车道驾驶行为与设计参数、互通立交间距与匝道端部设计、指路标志安全设计等脉络进行，其中减速车道驾驶行为与设计参数、加速车道驾驶行为与设计参数包括驾驶模拟试验、理论计算模型与参数标定等内容；互通立交间距与匝道端部设计包括互通立交与匝道端部间距内涵与外延、安全设计理念、安全设计参数与分析模型等内容；多车道条件下指路标志安全设计包括指路标志偏转角度确定、信息选取、标志纵向设置方法等内容。本书内容对多车道高速公路分合流区安全设计具有重要的指导意义。

本书可供相关院校师生以及道路交通安全设计与研究人员使用。

图书在版编目（CIP）数据

多车道高速公路分合流区驾驶行为与安全设计 / 万
海峰等著. -- 北京：中国水利水电出版社，2019.6（2025.4重印）
ISBN 978-7-5170-7710-7

Ⅰ．①多… Ⅱ．①万… Ⅲ．①高速公路－安全设计－
研究 Ⅳ．①U412.36

中国版本图书馆CIP数据核字(2019)第098998号

策划编辑：杜 威 责任编辑：高 辉 加工编辑：高双春 封面设计：梁 燕

书　　名	**多车道高速公路分合流区驾驶行为与安全设计** DUO CHEDAO GAOSU GONGLU FEN-HELIUQU JIASHI XINGWEI YU ANQUAN SHEJI
作　　者	万海峰 刘 强 张 弛 祝庆升 著
出版发行	中国水利水电出版社 （北京市海淀区玉渊潭南路1号D座 100038） 网址：www.waterpub.com.cn E-mail: mchannel@263.net（万水） 　　　　sales@waterpub.com.cn 电话：（010）68367658（营销中心）、82562819（万水）
经　　售	全国各地新华书店和相关出版物销售网点
排　　版	北京万水电子信息有限公司
印　　刷	三河市元兴印务有限公司
规　　格	170mm×240mm 16开本 18.5印张 347千字
版　　次	2019年6月第1版 2025年4月第3次印刷
印　　数	0001—3000册
定　　价	72.00元

前　　言

我国高速公路网日趋完善、功能需求稳步提升，高速公路改扩建的进程迅速推进，进入由传统的双向四车道高速公路改建加宽为双向多车道高速公路的发展历程。同时，高速公路交通安全问题成为发挥公路网辐射功能的突出制约难题。互通立交作为高速公路网交通流转换枢纽，其交通承载水平与安全设计决定路网的效率与安全。分合流区是决定枢纽互通立交系统安全的核心区域之一，探究多车道高速公路分合流区交通事故衍生机理、设计参数与科学的安全设计方法，旨在为（加宽）多车道高速公路分合流区的安全设计提供科学的设计方法与合理的设计参数，为多车道高速公路建设提供理论基础与智力支撑。

本书基于"（加宽）多车道高速公路互通立交接入管理与安全设计研究"课题（山东省交通科技创新项目）与烟台大学万海峰的博士论文等作为工作基础进行撰写，由万海峰负责策划和统稿，以多车道高速公路分合流区为研究对象，基于多车道高速公路分合流区交通安全现状、交通事故典型类型与交通事故预测模型，挖掘分合流区交通事故衍生与触发机理，提出分合流区交通事故规避的理念与思路；通过远场观测试验与室内驾驶模拟试验，研究驾驶员与车辆在分合流区不同交通流、道路几何环境下的交通行为特性，进而从变速车道几何设计与互通立交间距、匝道端部间距、指路标志设计等多维度探究多车道高速公路分合流区安全设计方法、设计新构架、设计参数。

分析与解决工程问题时，需从高速公路工程的发展背景与存在的科学问题等层面进行论述。本书第 1 章从工程背景、科学问题与研究意义、研究内容与方法等总体上把握多车道高速公路运营中驾驶行为及设计参数的特殊性。本章由齐鲁交通发展集团有限公司济南分公司刘强负责编写。

探索多车道高速公路交通安全问题时，首先应对高速公路设计与运营中存在的实际问题进行调研。本书第 2 章对我国多车道高速公路交通安全状况进行现场调研，收集与调研大量交通冲突、交通事故案例，发掘交通安全现状及交通事故主要类型、存在突出的交通安全问题。针对现场观测数据回归的交通事故预测模型诠释事故交通事故发生的内在与外在表现属性，从理论层面挖掘分合流区车辆追尾、换道碰撞型等交通事故的衍生机理与触发机制，进而提出多车道高速公路分合流区交通安全中突出的科学问题、解决思路与理念。本章由烟台大学万海峰和齐鲁交通发展集团有限公司济南分公司刘强负责编写。

减速车道驾驶行为与设计参数是分流区的核心内容，本书第 3 章从多车道高速公路现实状况出发提出减速车道安全设计研究问题的重大需求，追溯高速公路减速车道设计方法与参数研究与应用的变革历程，揭示减速车道安全设计问题的本质与根源，并基于减速车道交通安全问题的源发机制、规避技术提出安全设计方法与框架。研究当前驾驶行为研究工作中存在的问题，针对我国高速公路线形设计特点与驾驶员交通行为特性，观测运营中的多车道高速公路分流驾驶行为特征，并采集车辆在不同出口类型处的速度、距离、分流位置、减速位置等现实参数信息，分析其内在作用规律与机制，并采用驾驶模拟仿真软件对车辆在分流区行驶轨迹、横向偏移、跨线换道位置点、减速度等交通行为参数进行高仿真度环境驾驶模拟试验，探索驾驶员、车辆与交通流条件及道路几何特性的内在机制，为多车道高速公路减速车道最小长度基础理论分析与合理取值提供现实依据和基础。着重从出口几何形式选择、设计基础理论与设计参数选取等角度探索研究多车道高速公路减速车道安全设计方法与参数的合理性，以动态加速度构建减速车道计算模型，基于修正计算模型提出多车道高速公路减速车道安全设计参数与几何设计的技术方法。本章由烟台大学万海峰和济南市第二公路事业发展中心祝庆升负责编写。

加速车道驾驶行为与设计参数是合流区的核心内容。本书第 4 章追溯高速公路加速车道安全设计研究与应用的变革历程，揭示加速车道安全设计问题根源所在，提出错车道高速公路分流区安全设计方法的理念与框架。对运营中的多车道高速公路通过远场观测手段研究其合流驾驶行为特征，采集车辆在不同入口类型处的速度、距离、合流位置、加速位置等现实参数信息，分析其内在作用规律与机制，并采用驾驶模拟仿真软件对车辆在合流区行驶轨迹、横向偏移、跨线换道位置点、加减速度等交通行为参数进行高仿真度环境驾驶模拟试验，探索驾驶员、车辆与交通流条件及道路几何特性的内在机制。本章重点从入口几何形式选择、加速车道安全设计基础理论与设计参数选取等角度探索研究多车道高速公路加速车道安全设计方法与参数的合理性，提出基于概率型分析方法与可靠度理论（FOSM）的多车道高速公路加速车道几何设计的理念，并对间隙接受理论与参数在加速车道安全设计中的适应性进行论证与研究，进而基于运动学理论提出适用的设计参数与技术方法。本章由烟台大学万海峰负责编写。

多车道高速公路互通立交接入管理与端部设计是多车道高速公路路段单元交通流引导的关键节点技术。本书第 5 章从多车道高速公路接入管理系统出发阐述多车道高速公路互通立交与匝道端部间距的内涵与外延，从理论与工程实践两方面揭示互通立交与匝道端部间距对道路安全的内在影响机制，提出多车道高速公路互通立交间距的安全设计方法的基本框架，以事故统计数据作为互通与匝道端部间距设计中安全性能评价的主要依据；从理论研究与实践应用层面提出基于理论—经验的多车道高速公路互通立交匝道端部间距安全设计方法构架，并对互通立交间距进行模型化与理论分析，以判断视距理论（DSDT）与交通事故预测模型反演（TPMIA/Traffic Accident Prediction Model Inversion Algorithm）探索复杂交通与几何设计条件下多车道高速公路匝道组合与间距安全设计参数值，并以VISSIM 仿真技术为技术手段对其进行合理性论证。本章由烟台大学万海峰负责编写。

指路标志设置的科学与合理是多车道高速公路分合流区交通安全的保障。第6 章对多车道高速公路分流区的指路标志设置参数等问题进行论述。本章由烟台大学万海峰和山东路桥集团养护公司张弛负责编写。

由于多车道高速公路交通流、路域环境与车辆驾驶行为的特殊性、复杂性及多样性，从本源理论层面建立普适的多车道高速公路分合流区驾驶行为与安全设计体系具有极大的难度，需花费更多的时间，投入更多的精力，需从理论探究与工程实践优化等方面作出更多的努力。作者将对多车道高速公路分合流区及交通安全领域的学习收获和认识撰写成书出版，期望对高速公路驾驶行为与安全设计感兴趣的朋友们提供启示与帮助。限于编者的水平与认知的局限性，书中的疏漏、谬误在所难免，敬请贤达指正。

作 者
2019 年 1 月于烟台大学

目　　录

第1章 绪论

公路交通的快速发展,有效缓解了我国交通运输紧张状况,显著提升了国家的综合国力和竞争力。随着道路运输交通量的快速增长,中国国家高速公路网进入扩容、提升技术标准的进程中,(加宽)多车道高速公路已成为高速公路网中的重要形式,而针对多车道高速公路的独特特征与交通特性进行其交通安全问题的探索与应用尤为重要。

本章根据多车道高速公路分合流区驾驶行为复杂多样、交通事故多发且严重程度高、安全设计方法与设计参数不适应现代交通发展需求的现状,从分合流区理论与工程应用层面分别提出对多车道高速公路分合流区驾驶行为与安全设计方法、设计参数等进行探索研究。在分析国内外多车道高速公路分合流区研究现状和存在的突出问题基础上,界定研究范围并讨论研究的理论意义与应用价值,确定研究思路、内容、方法与技术路线,旨在提出综合考虑分合流区驾驶行为特性、科学理论与工程现实状况三方面核心元素的分合流区安全设计方法与技术。

1.1 多车道高速公路发展背景与科学问题

1.1.1 多车道高速公路建设与发展背景

世界上最早的高速公路出自德国,于 1931 年建成,位于科隆与波恩之间,长约 30km。美国 1937 年开始修筑宾夕法尼亚州收税高速公路。中国台湾于 1978 年底建成基隆至高雄的中山高速公路。截至 2012 年底我国高速公路里程达 9.62 万 km[1]。图 1.1 为 2012 年底全国各省市区高速公路通车里程[2]。2013 年交通运输部发布《国家公路网规划(2013 年~2030 年)》,由 7 条首都放射线、11 条南北纵线、18 条东西横线,以及地区环线、并行线、联络线等组成,总长约 11.8 万 km,另规划远期展望线约 1.8 万 km。按照"实现有效连接、提升通道能力、强化区际联系、优化路网衔接"的思路,补充完善国家高速公路网:保持原国家高速公路网规划总体框架基本不变,补充连接新增 20 万以上城镇人口城市、地级行政中心、重要港口和重要国际运输通道;在运输繁忙的通道上布设平行路线;增设区际、省际通道和重要城际通道;适当增加有效提高路网运输效率的联络线。国家高速公路规划总计 11.8 万 km,目前已建成 7.1 万 km,在建约 2.2 万 km,待建约 2.5 万 km,分别占 60%、19% 和 21%[3]。

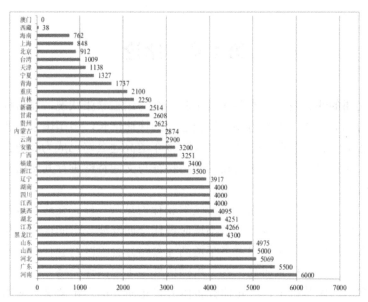

图 1.1　2012 年底全国各省市区高速公路通车里程（km）

多车道高速公路是双向总车道数超过四车道的高速公路，通常为双向六车道、双向八车道、双向十车道等，它是适应重交通量的环境下车辆快速、安全、畅通运行的高速公路。

就多车道高速公路建设与发展而言，西方发达国家多车道高速公路建设与应用起源于二十世纪五、六十年代。美国 Interstate-10 E 是休斯顿最早的高速公路之一，二十世纪五十年代中期开通，并随即于 1966 年改建加宽为十车道高速公路，即便采用当今的技术标准衡量都难以具有其设计与建设的先进性[4]，如图 1.2 所示。

图 1.2　美国 I -10 E 高速公路（十车道）

加拿大多伦多的 401 高速公路，是世界上最繁忙的高速公路之一。在穿越多伦多市区的部分区段（427 高速路与 404 高速路之间）有双向十八车道，日交通流量超过 50 万车次，如图 1.3 所示。

图 1.3　加拿大多伦多 401 高速公路（双向十八车道）

北美地区双向十车道及以上高速公路均有设置，但主要集中在城市中心区域内，部分段落为两条及两条以上主要公路的重合路段。北美地区多车道高速公路主要有如下几个特点，一是长度一般较短，在 40 公里以内；二是大多数位于城市的中心区域；三是远离城市中心区域的城际高速公路大多为双向四车道；四是道路实际通行的交通量较大。有的八车道高速公路年平均日交通量达到 20 万辆以上，十二车道高速公路年平均日交通量达到 30 万辆以上，如图 1.4 和图 1.5 所示。

图 1.4　北美多车道高速公路（一）

随着我国汽车保有量的提高及社会经济的快速发展，全国高速公路交通量增长迅速，东部地区通道平均交通量增长最快，年均增长 14.0%；中西部地区也保持了较高的增长速度，年均增长率分别为 11.2% 和 8.1%；在经济最为活跃的长江三角洲、珠江三角洲和环渤海地区的通道交通量增长极为明显，交通量增长率分别为 18.1%、11.7% 和 14.1%，其中长江三角洲高速公路通道交通量高速增长，表现出经济发展的活力[5]。

图 1.5   北美多车道高速公路（二）

我国在二十五年左右的时间里修建了十万多公里高速公路，其建设与发展速度可谓迅速。但是，由于我国在高速公路建设初期经济实力有限、理念局限及设计、施工与管理等技术水平处于起步阶段，导致我国高速公路总里程增长迅猛，而高速公路的整体品质与发达国家高速公路相比相差甚远。通过实地调研和资料查阅可以得出，我国绝大部分高速公路为双向四车道高速公路。双向四车道高速公路在发达地区已远不能适应高达 15% 的年平均交通量增长率的需求，作为交通走廊带的双向四车道高速公路通道既已形成，其交通战略地位和优势突出，因此，将原有的双向四车道高速公路加宽改扩建为多车道高速公路已成为必然的需要和有效的方法，我国已于近十年开始试探性地展开双向六车道、双向八车道等多车道高速公路建设。

2004 年 8 月 29 日，沈大高速公路改扩建通车成为中国内地第一条双向八车道高速公路，昼夜通行能力可以达到 13 万～15 万辆次，这是我国多车道高速公路建设的一个里程碑，标志着我国正式跨入多车道高速公路建设与发展的时代[6]。

2006 年 1 月沪宁高速公路四改八改扩建工程完成并正式通车。2007 年 12 月杭甬高速公路全线双向八车道扩建完成，成为继沈大线、沪宁线之后又一条多车道高速公路。

2011 年 7 月，深圳水官高速改扩建工程完工，成为我国第一条双向十车道全照明全监控的现代多车道高速公路。深圳梅观高速公路（南段）梅林至清湖段、南京机场高速主城区至江宁段等相继进行双向十二车道的改扩建工程。

综上所述，我国已进入（加宽）多车道高速公路建设与发展的新兴阶段，而我国多车道高速公路的设计、施工与运营管理等技术经验滞后于发达国家。多车道高速公路安全设计与工程应用带来的新课题和技术难题需要科研人员和工程师进行深入研究和解决。

1.1.2 现实需求背景

交通拥挤、交通事故所造成的环境污染已成为人类及环境的公害。交通事故对人类生命的危害明显大于第一次世界大战。所以人们将交通事故对人类的危害称为"无休止的战争"。研究人员分析指出，未来20年世界交通事故死亡率至少会增加66%，而在发展中国家，这一数字可能为90%，甚至达140%[6]。

交通事故是人们普遍关心的社会问题。减少交通事故是一个世界性的难题。根据世界卫生组织（WHO）调查[7]，每年发生的交通事故会导致全球大约120万人死亡，其中1/4死亡是由受伤引起，大约有5000万人在交通事故中受伤。早在1990年交通事故还是国际排名第9位的死亡原因，预计到2020年交通事故所引起的"受害人生命年数的损失"占第3位（表1.1），引起人员死亡的人数排名升至第6位。世界各国都在关注和研究交通事故引发的伤亡和经济损失问题。

表 1.1 世界十大死亡/伤残原因统计

排名	死亡伤残的十大原因统计	
	1990 年	2020 年
1	下呼吸道感染	缺血性心脏病
2	腹泻	抑郁症
3	围产期死亡	**道路交通事故***
4	抑郁症	脑血管疾病
5	缺血性心脏病	肺部疾病
6	脑血管疾病	下呼吸道感染
7	结核病	结核病
8	麻疹	战争
9	**道路交通事故***	腹泻
10	先天性畸形	艾滋病

我国道路交通事故的一个重要特点是交通事故的死亡率非常高。分析2000年中国与美国交通事故数据可得，交通事故中受伤人数与死亡人数之比：中国为4.4:1，美国为 76:1[6]。发达国家与发展中国家在交通安全方面存在较大差别。发展中国家道路安全状况仍然令人担忧，见表1.2和表1.3。

表 1.2 全国交通事故数据（1996～2007 年）[6]

年份	次数/万次	死亡人数/万人	受伤人数/万人	直接损失/亿元
1996	28.8	7.4	17.4	17.2
1997	30.4	7.4	19.0	18.5
1998	34.6	7.8	22.3	19.3
1999	41.3	8.4	28.6	21.2
2000	61.7	9.4	41.9	26.7
2001	75.5	10.6	54.6	30.9
2002	77.3	10.9	56.2	33.2
2003	66.8	10.4	49.4	33.7
2004	51.8	10.7	48.1	23.9
2005	45.6	9.9	47.0	18.8
2006	37.9	8.9	43.0	14.9
2007	32.7	8.2	30.0	12.0

表 1.3 2009 年部分国家、地区交通事故死亡人数及事故数统计

国家	每 10 万人口交通事故死亡人数/人	每 10 万人口交通事故数/起
英国	**3.59**	265.21
新加坡	3.67	170.52
日本	4.52	**577.52**
德国	5.07	379.59
中国	**5.09**	**17.9**
西班牙	5.91	192.03
加拿大	6.55	371.08
澳大利亚	6.81	**6.15**
法国	6.82	115.49
意大利	7.04	357.69
埃及	7.81	27.7
印度	10.88	42.1
美国	11.01	504.16
韩国	11.98	475.91
越南	13.18	14.32
哈萨克斯坦	**18.24**	78.89

从交通事故致因分析，驾驶员与行人不遵守交通规则是最主要原因。在驾驶员不合理驾驶行为中，超速、未保持安全间距、随意换道等是造成交通事故的主要原因[7]。

与四车道高速公路相比，多车道高速公路及互通立交由于车道数多、立交形式复杂，对交织段及变速车道、辅助车道技术要求高，同时，在通行能力、运营风险等方面有着特殊性及复杂性，具体表现为多股交通流的分流、合流、交织等行为，驾驶员在分合流区频繁采取变速、换道等存在潜在风险的操作，造成该区域交通冲突急剧增多，交通运行安全性与效率降低。

AnneTMeeartt 对发生在北弗吉尼亚州重交通公路立交上的 1150 起碰撞事故，进行了详细的事故分类、特征分析。研究发现：48%的事故发生在立交出口处，36%事故发生在立交入口处，立交出入口处是事故的多发点[8]。

从上文可知，我国多车道高速公路的建设还处于探索阶段，其安全设计理念、理论、方法与技术参数等方面与发达国家存在一定差距。同时，工程应用的经验和运营效果的长期监测缺乏，需要对多车道高速公路潜在交通事故风险大的分合流区驾驶行为与安全设计技术进行研究，并依托实体工程验证和长期监测。

1.1.3 多车道高速公路分合流区关键科学问题

探索多车道高速公路分、合流区多样化驾驶行为及安全设计的技术参数，结合远场观测试验、室内驾驶模拟仿真试验、交通流仿真试验、工程应用等技术手段研究重交通量及混合车型构成环境下的多车道高速公路分合流区设计标准、设计方法与理论的适应性、有效性。

1.2 范畴、目的与意义

1.2.1 范畴与定位

本书选取的研究范围为（加宽）多车道高速公路分流与合流区域车辆与驾驶员的驾驶行为特征、交通流特征、几何设计参数等，论述的定位为以多车道高速公路实际存在的问题与安全需求为现实需要，从理论基础与安全设计参数选取、现实应用等层面提出多车道高速公路分合流区变速车道与互通立交安全设计方法与技术参数。

1.2.2 目的与目标

本书总的目的是融合多车道高速公路分合流区真实驾驶行为、几何构型与交通条件等关键要素，集中探讨适应我国工程现实状况的多车道高速公路分合流区交通安全设计理念、设计方法与技术标准。

为了达到上述目的，需要完成以下目标。

（1）分析国内外多车道高速公路分合流区驾驶行为与安全设计研究的主要内容、采用理论及方法、关键技术手段与取得的成果，明确研究存在的不足与研究存在的空间，确立核心与重点。

（2）针对以上存在的不足，提炼重点理论问题并对其中的重点与核心部分加以展开，提出以道路交通安全为指针的安全设计方法、关键设计参数与技术标准。

1.2.3 意义与应用价值

（1）从多车道高速公路分合流区交通冲突调研与事故统计分析角度阐述分合流区交通流对路段安全的内在影响与作用机制，探索交通事故致因机理。

（2）探索多车道高速公路分合流区驾驶员与车辆行为特性，为变速车道与互通立交、匝道端部间距的设计方法、设计理论与设计参数提供真实可靠的现实依据。

（3）提出适应多车道高速公路条件下的变速车道安全设计方法、设计理论与参数。

（4）提出适应多车道高速公路互通立交与匝道端部间距的设计方法、设计参数，为（加宽）多车道高速公路规划与设计提供技术支撑。

1.3 多车道高速公路分合流区研究与应用状态

1.3.1 多车道高速公路分合流区驾驶行为研究与应用

1.3.1.1 国外分合流区驾驶行为研究与应用

Wattlworth 等[9]（1967）采集美国 6 个城市高速公路速度大于 64km/h 的入口匝道数据分析入口匝道几何特性，加速车道长度范围为 73～457m，合流角度为 1°～14°，但是未发现合流速度、加速车道长度、合流角度之间特定的关系。

Blumenfeld 等[10]（1971）通过研究驾驶员的合流行为发现与合流相关的延误与加速车道长度相关性并不显著，研究团队还发现大多数的合流行为出现在加速车道的起始端，建立有限长度加速车道延迟模型。

Olsen 等[11]（1976）研究 3 条入口匝道上车辆的合流行为提出合流操纵与加速车道整体长度相关，对于长 264m 的加速车道（合流鼻端至渐变段终点）而言，最后的 140m 未被 86.6%的驾驶员使用，且渐变段部分（67m）未被 97.3%的驾驶员使用。

Huberman 等[12]（1982）在加拿大 5 条入口匝道一定间距采用雷达系统测量车辆速度研究汽车的驾驶行为。研究发现，85%车辆速度在主线设计速度为 110～120km/h 时达到 102～112km/h，发现 85%以上的车辆离开入口曲线段时的速度高于曲线设计速度甚至高于主线运行速度。

Fazio 等[13]（1990）建立以用户为基础的模型来预测交织路段车辆速度。数据来自美国 28 个观测点，观测点主线车道为三车道，同时设置辅助车道。

Michaels 等[14]（1989）建立变速车道车辆加速度模型，提出合流行为过程的另一个重要方面是主线交通流与匝道交通流的协作影响。

Lunenfel 等[15]（1993）提出在互通立交分合流区设计中考虑人的因素主要应从驾驶员的可视化与视距等指标满足驾驶员的预期。

Kou 等[16]（1997）发现交通流水平、车辆接近匝道速度、进入与延迟进入主线的车辆速度等交通参数与车辆合流位置之间无显著的统计规律，提出建立入口匝道端部加速与减速行为模型的方法，该方法在实践中实用性不足，却被用于更新当时的微观交通流模型。

Liang 等[17]（1998）通过长期研究美国 25km 高速公路路段车辆速度发现，客车的速度比货车平均快 6.4km/h，但是夜间行车时客车速度仅比货车快 0.8km/h。

Hunter 等[18]（2001）研究匝道及主线速度－距离的关系发现，良好线形设计的变速车道使得车辆获得正加速度值（范围：$0\sim3.2km/s^2$），不良线形导致加速度值变化幅度大（$-6.4\sim6.4km/s^2$）。

Hunter 等[19]在德克萨斯州三个城市的 6 条匝道采集数据研究速度－距离关系并测量变速车道长度、坡度、视距，根据行驶距离与事件计算车辆速度，研究发现不论匝道设计速度如何，85%车辆行驶的速度为高速公路设计速度的 70%～80%，同时发现，良好的几何线形产生小的正加速度值，不良的几何线形产生大的正或负加速度值。

Liapis[20]在希腊的 20 条匝道采集数据研究提出两个入口匝道曲线段上运行速度预测模型，研究还表明入口匝道运行速度比限制曲线段设计速度快 6～8km/h。

Ahammed[21]在 15 座互通立交的 23 个入口匝道端部采集车辆的实际速度数据，结果表明调查路段上车辆速度、加速度、合流行为均显示出变异性。

从研究方法的角度来看，匝道出口区域的驾驶行为的研究主要采用了实地采集数据、室内驾驶模拟实验、理论分析等几种。前两种方式主要用于分析整个匝道出口区域的驾驶员的宏微观驾驶特性，后一种方式主要用于对驾驶员在减速车道上的驾驶阶段进行人工划分，并对驾驶行为抽象化从而为安全设计服务，与减速车道的研究有重叠之处。

进一步地，从研究结果来看，主要可以总结出以下几条结论：驾驶员趋向于在减速车道前就进行减速；驾驶员在减速车道上的减速过程主要分为两个阶段。

1.3.1.2　国内分合流区驾驶行为研究与应用

徐进等[22]采集了大客车和小客车行驶速度、横向加速度和轨迹曲率半径数据，评估试验公路的运行舒适性，提出双车道、四车道、六车道等三类公路的横向加速度特征分位值，针对不同公路类型和车型，建立了横向加速度曲率半径和横向加速度、速度的均值模型、85 分位值模型与极限值模型。

徐婷等[23]用驾驶模拟舱研究真实道路环境，进行车辆跟驰实验，提取并对比加减速跟车状态下的车头间距和反应时间数据，从虚拟环境深度线索和仿真车辆行为特性两方面分析了实验结果。

肖献强等[24]根据驾驶行为受驾驶意图驱使，在时空上应先产生驾驶意图后有驾驶动作执行，再有具体的驾驶行为的时空顺序，利用意图到行为实现过程中的时间差，研究建立了基于多驾驶操作动作特征观测信息和隐马尔可夫模型的驾驶行为预测方法，实现了跑偏驾驶、一般转向和紧急转向等三种驾驶行为的预测。

庄明科等[25]对驾驶员风险驾驶行为的结构进行分析，同时研究影响风险驾驶行为的因素以及驾驶行为和交通事故的关系，并研究了驾驶经验、人格、驾驶态度，以及驾驶技术与驾驶行为的关系。

吕集尔等[26]基于 NaSch 模型提出了一种能模拟驾驶员驾驶行为对行车安全影响的元胞自动机模型，其次，通过数值模拟给出了反应时间对交通安全影响的曲线。

李振龙等[27]通过分析驾驶员超速的心理博弈过程，建立了交通管理者和驾驶员策略选择的决策博弈模型。

张伟等[28]总结以往跟驰模型的基础上具体讨论了 AP 模型，并提出了驾驶员多信息处理机制和多通道判断决策概念。

王畅等[29]采用视觉传感器、雷达传感器、GPS、车辆 CAN 总线数据采集系统，选用跟车时距、换道时距、超速频次、换道过程最大方向盘转角等参数，采用模糊评价法建立了驾驶风格离线分类模型。

1.3.2 多车道高速公路互通立交与匝道端部间距安全设计研究与应用

1.3.2.1 国外互通立交与匝道端部间距研究与应用

目前，研究人员对于互通立交、匝道的大量研究主要集中在互通立交与匝道的出现对安全性的影响[30-34]，而并未考虑间距对道路交通安全的影响。其他一些报告通过多元回归模型研究高速公路路段互通立交与匝道数量、密度对道路安全的影响[35-37]。

这些变量类型的逆表示互通立交与匝道的平均间距。该方法类似于 HSM[38]中互通立交密度与速度调整因子，并与交通走廊互通立交间距安全分析有关。只有三项研究直接进行互通立交与匝道端部间距、安全之间的关系的分析[39-41]。

研究报告[40]超过 40 年的数据积累，这些数据包括连续环形匝道与苜蓿叶互通立交之间短距离的主线交织区，提出现代互通立交设计实践力求避免的场景。

研究报告[41]采用更现代的分析技术，并在此重要基础上建立互通立交、匝道端部间距的影响的安全调查。然而，互通立交与匝道端部间距模型规定与说明中难以解释并过高评估了潜在的互通立交、匝道端部间距与交通安全之间的灵活性与多样性。

研究报告[42]中提出高速公路段安全性能函数及涵盖高速公路的特征的事故修正因子，其中包括高速公路交织区匝道端部间距。从该报告中得到的结论可以与随后文献中验证其结果及试验预测安全趋势相比对。

根据《接入管理手册》（*Access Management Manual*）中的设计指南[42]，在高速、高交通量条件下考虑良好有效的路线标志指引与决策距离，推荐市区互通立交之间的最小间距为 3mi，推荐乡村互通立交之间的最小间距为 6mi。AASHTO Green Book 2004/2011[43]中对于互通立交最小间距的主要原则是城市互通立交之间的最小间距为 1mi，推荐乡村互通立交之间的最小间距为 2mi。表 1.4 为世界各国互通立交间距设计指南的归纳[44]。

表 1.4　全世界互通立交间距推荐值

国家	立交间距	起止
美国	1mi（市区），2mi（农村）	跨越街道—跨越街道
英国	3.75V*[注]	鼻端—鼻端
德国	1.7mi（2700m）	鼻端—鼻端
法国	0.62mi 至 0.93mi（1000～1500m）（城市）	鼻端—鼻端
澳大利亚	0.93～1.24mi（1500～2000m）（城市），1.9～5mi（3000～8000m）	跨越街道—跨越街道

注：V*——设计速度（km/h）。

Satterly 与 Berry[45]提出并测试了用于分析考虑交通操作运行与经济预期（建设成本与用户费用）的模型决定最优互通立交间距。极少文献从交通安全角度提出互通立交间距的几何设计。

A Policy on Geometric Design of Highways and Streets（《道路和街道几何设计政策》，绿皮书）[47]目前对互通立交与匝道端部间距的规定是：互通立交之间最小间距是 1mi（城市地区）、2mi（乡村地区）。匝道端部间距的最小值在 *A Policy on Geometric Design of Highways and Streets*[47]Exhibit 10-68 提出，该值由匝道次序（EN-EN、EN-EX 等）及互通立交的类型决定。

对于互通立交间距推荐最小值 1mi 的来源依据，之前研究成果与报告中主要考虑出入口与表面接道的交通流转换、高速公路车辆驾驶操控及该区域主要交通系统循环畅通的需要[46]。

对于农村地区互通立交间距推荐最小值的 2mi 的来源依据报告中未提到。匝道排列顺序首先由美国 AASHO（AASHTO 的前身）在设计指南（1944）中提出，但未提及匝道端部间距值。Green Book1954 建议进行交织分析来确定 EX-EN 型匝道端部间距值[47]。

名义上的安全分析方法过分简化驾驶员行为与道路几何线形、交通操作、交通安全相互之间的复杂影响。该分析方法还过分简化了决定与操作模式框架从而易于产生"一成不变"方法进行互通立交与匝道端部间距安全设计[47]。

Green Book 1957[48]提出基于驾驶员决定与操控时间的不同匝道连接形式匝道端部间距图表。在 Green Book 1965[49]中，由于假设的驾驶员决定与操控时间延长导致推荐匝道设计间距值增加。

随后，在 Green Book 1973[50]中，Jack E.Leisch[51]在 Region 2 AASHTO，Alabama 发表了一篇论文，其中包含一个表格：不同匝道连接条件下匝道最小间距推荐值。Leisch 推荐的这些最小值在随后多个版本的 AASHTO 报告中以不同形式出现，推荐的绝对值包含在目前的 AASHTO 绿皮书 2004/2011 中，且均基于驾驶操控经验与灵活、足够标志设计需要的基础上进行的。

Green Book[47]中包含了连续匝道终端几何设计的设计指南，但是他们被公认为以驾驶操作与运行经验为基础，并建立在来源于应用研究的匝道端部间距与安全性能的基础之上。为了更好地理解互通立交、匝道端部间距与道路安全与驾驶操控的影响，利用现场数据建立匝道小间距仿真模型与安全性能模型。

近期，德克萨斯州交通部门（Texas Department of Transportation，TxDOT）项目[52]调研设计速度大于 80mile/h 时高速公路不同设计标准，同时研究了匝道设计尤其是出入口匝道终端设计。在匝道端部间距设计要素方面，HCM 2010[55]中驾驶操作分析表明匝道端部间距影响车辆运行速度。

尽管如此，目前美国涉及匝道端部间距的设计指南对于高速公路设计速度是不敏感的。例如，德克萨斯州道路设计手册（Texas Roadway Design Manual，TRDM）[54]提供了入口后紧接出口（EN-EX）组合形式时匝道最小间距：无辅助车道时为 2000ft，含一条辅助车道时为 1500ft。设计指南中匝道最小间距的应用不考虑设计速度。

1.3.2.2 国内互通立交与匝道端部间距研究与应用

我国对互通式立交间距的研究起步较晚，且多集中于互通立交各组成细部的通行能力、服务水平，交通流运行特性、交织区交通安全等方面的研究，针对交通事故模型、驾驶员视觉理论等致因研究较少。当前研究工作者取得的丰富成果主要体现如下所述。

20 世纪 80 年代，始于交通部公路科学研究所、公路规划研究院、同济大学、北京工业大学、东南大学等科研单位，在学习借鉴国外通行能力研究方法与思路的同时，针对我国状况进行研究，编写《公路通行能力手册》和《高速公路分合流区辅助车道长度设计标准》等。

冯玉荣等[55]选择冲突数与交织区交通需求总量、交织区长度的比值即冲突率作为交织区交通安全的评价指标，并通过聚类分析将交织区的安全水平进行分级，在满足互通式立交区域目标安全等级的前提下，计算以辅助车道相连的相邻互通式立交最小间距。

贺玉龙等[56]综合考虑驾驶员心理特征及最不利交通条件，提出相应的最小间距计算方法；东南大学肖忠斌等[57]采用概率论、可接受间隙理论及运动学方法，建立相应的最小间距计算模型。

东南大学李增爱等[58]综合运用数学分析方法、交通流理论、汽车动力学原理等，建立相应的最小间距模型；东南大学王莹系统分析城市互通立交最小间距的影响因素，建立城市互通立交最小间距的计算模型[59]。

龙科军等分析匝道组合模式、计算匝道加减速车道长度以及车辆从匝道汇入主线后由于车流变道而形成的交织车流长度，确定匝道最小间距[60]。

华杰工程咨询有限公司编制的《公路项目安全性评价指南》（JTJ/TB05－2004）[61]提出高速公路互通立交间距小于规范规定值时，可根据互通式立交的转弯交通量、互通式立交间交织段长度、匝道的技术指标等方面综合考虑，对互通立交车辆运行进行安全性评价，但对于各种互通式立交间距的定量程度上保证安全性的研究缺乏。

综上可知，我国现有规范中有关高速公路互通式立交最小间距的规定是参考国外经验值设定的。我国近距离的"互通式立交群"逐渐增多，立交区域的交通问题凸显。本书力图从宏观和微观的交通流角度分析研究影响互通式立交间距的因素，并得出不同连接方式的互通式立交最小间距的计算方法。

1.3.3 多车道高速公路减速车道长度安全设计及参数研究

国内外工程研究人员对高速公路与城市道路互通立交减速车道长度与参数方面进行了前瞻性的研究，取得了丰富成果，但是，随着交通流急剧增加以及高速公路加宽改扩建进程的深化，同时，现代驾驶员与车辆的驾驶行为更为复杂多样，对减速车道的几何形式与参数安全设计的研究有值得提升的空间。

1.3.3.1 国外减速车道安全设计

本节的构架如下：首先简述现有减速车道原理，以及各国的减速车道设计值；然后对规范设计值的提出依据进行剖析，对其适用性进行分析；最后介绍在多车道高速公路减速车道设计方面各国已有的研究成果，并基于此简要阐述本书在减速车道研究上的切入点。

目前主流的减速车道设置方法都基于经典的二次驾驶减速原理。

1. 减速车道设计原理简述

（1）美国。对车辆在减速车道上行驶的减速过程，国内外都做过一些研究工作，并得出了一些较成熟的结论。目前，最具有代表性，而且得到普遍认可的是美国 AASHTO（美国各州公路与交通工程师协会）于 1965 年发布的《农村公路几何设计政策》（*A Policy On Geometric Design of Rural Highways*）蓝皮书中的二次减速理论。由于该书年代久远，原文无从考察，但是可从美国相关报告及我国早期的相关文献中得到二次减速理论的主要假设及主要结论。

其基本思想是：车辆以匀速横移一个车道宽度，进入减速车道后，先利用逐渐减小油门让发动机转速下降的方法来减小车速，此时减速度为 a_1，然后再利用制动器进行二次减速，此时减速度为 a_2。二次减速后，车速达到匝道速度，车辆离开减速车道进入匝道。具体地：车辆从主线分流，在过渡段上以直行车辆的行车速度行驶 3.5s 后，进入减速车道。在减速车道上开始利用逐渐减小油门让发动机转速下降的方法来减小车速，减速约 3s 后，速度降为 v_1；然后，再利用制动器进行减速，直到速度由 v_1 减速到匝道车速 v_r 为止[62]。

蓝皮书中指出，减速车道的长度是将三个因素结合综合考虑的：第一，驾驶员进入减速车道时的车速；第二，驾驶员横穿过减速车道之后使用的车速；第三，驾驶员的减速方式[63]。

（2）日本。日本计算减速车道的方法亦以 AASHTO 标准为依据，不同之处在于，日本将三角段起点设定为减速起点。即减速车道的计算长度包括三角段的长度。我国目前的公路路线设计过程中针对减速车道的设计参照最多的也是日本的标准。

2. 规范的适应性分析

尽管各国规范明确给出了减速车道的推荐值 [例如，美国的绿皮书（即 Green Book，*AASHTO's Policy on Geometric Design of Highways and Streets*）] [64]，但是直接将这一推荐值应用在多车道高速公路出口匝道区域的做法是值得商榷的。原因如下所述。

首先，AASHTO 的规范仅单车道出口。而在多车道高速公路互通立交路段则较多出现双车道出口。根据现场试验观测，不同出口类型（单车道与双车道）对运营安全的影响形式不同。这一不同导致减速车道的设置需要有所改变以满足新的安全需求。其次，双车道出口有更大的交通流量，而这一流量则是确定减速车道长度的必要考虑因素[65,66]。因此，双车道出口匝道减速车道设置方法需要进行重新探索研究。

目前减速车道相关研究的研究方法主要有两种：现场试验采集车辆行驶特性，进一步分析合理的减速车道长度；利用仿真软件，采集交通流特征参数以确定减速车道长度。第一种方法是美国 NCHRP Project 15-31A 项目报告中采用的（2011年与 2012 年 TRB 年会上出现了相关的总结阶段成果的论文[67,68]），该方法在我国适用性差，因国内主线为多车道的减速车道样本量较少，实地试验条件有限。第二种方法虽然有其明显优势（可以控制不同主线流量、不同匝道流量、不同驶出率等参数），但却因其使用工具为交通仿真软件而使其结论的科学性大打折扣。综合上述的分析，本书初步确定采用驾驶模拟进行实验。综合上述两种方法的优点，规避缺点：既模拟真实驾驶环境，也可以控制变量。

1.3.3.2　国内减速车道安全设计

同济大学郭忠印课题组在报告[69]中对交织区与变速车道进行了研究，其中研究了主线外侧车道车头时距的分布函数，建立了匝道车辆汇入主线的概率模型，在此基础上进行了加速车道的长度计算；对车辆减速模型进行了回顾，提出了减速车道长度设置的原则，并应用二次减速理论进行了减速车道长度设计；对影响交织区交通流运行的因素进行了分析，应用密度指标和试算法对交织区的长度进行了设计；应用微观仿真技术，构建了平均车公里冲突数作为交织区的安全评价指标，并建立了基于模糊理论的交织区安全评价模型。

武汉理工大学何雄君等[70]结合车辆运行特征，对变速车道的设计进行了安全性分析，得出了合理的变速车道长度的确定方法。该方法主要考虑了车辆在变速车道上行驶的物理特性，并没有考虑主线车辆对变速车道上车辆的行车影响。

北京工业大学曹荷红[71]从 AASHTO 对减速车道上车辆减速过程的描述出发，对其中两个阶段司机的行为进行了较为详细的描述。研究认为车辆在减速车道上的减速过程，属于预见性减速。其操作方法分为两个步骤：先用发动机怠速牵阻减速，利用发动机减速不能达到目的时，便开始改用制动器。具体减速过程分为三个阶段：车辆分流的第一阶段为分流阶段，这一阶段也可称为匀速行驶阶段；第二阶段为第一次减速阶段，这一阶段车辆开始利用发动机进行第一次减速，认为舒适减速度在 $1.0 \sim 1.5 \mathrm{m/s^2}$ 之间；第三阶段为第二次减速阶段，车辆开始利用制动器减速，这一减速过程一直持续到车辆车速减至匝道车速，即到达减速车道的终点为止。我国的《公路路线设计规范》（TG D20－2017）中规定，减速度一般取为 $2.5 \mathrm{m/s^2}$。

东南大学刘兆斌[72]从 AASHTO 对减速车道上车辆减速过程的描述出发，并借鉴了北京工业大学的研究成果，认为减速车道上减速度的一般分布规律：在减速车道的前半段，由于道路线形标准较高，行车视距等条件较好，车辆速度较快，采用的减速度较小；而在减速车道的后半段，受线形等多方面的约束，车辆行驶速度较慢，采取的减速度较大。

宜道光[73]对高速公路减速车道的形式、功能与长度进行分析，并提出减速车道长度计算公式；雄列强[74]研究交通流运动微分方程，研究出口匝道与主线连接段参数间关系模型；长安大学孔令臣[75]对多车道高速公路建立变速车道长度计算模型，并通过现场观测试验进行验证。

1.3.4 多车道高速公路加速车道长度安全设计及参数研究

1.3.4.1 国外加速车道安全设计

回顾 Green Book 2004/2011 中加速车道长度设计推荐值，Fitzpatrick 与 Zimmerman[76]认为对加速度值的应用主要参考 1940 年前的研究成果。同时表明，加速车道长度设计推荐值仍然与 AASHO Blue Book 1965 中推荐值极为相似，主要不同存在于渐变段长度的考虑。现场试验一致表明驾驶员超过限速标准甚至超过设计速度。

JoeBared 等[77]以发生在立交加减速车道上的事故数据为样本，从安全的角度对互通立交加减速车道长度进行了评价。研究发现：变速车道的长度对事故率有一定的影响，较长的变速车道表现出了较低的事故率。该文献评价了现有的变速车道长度，但没有给出实际使用时的合理长度。

在设计加速车道过程中，设计者需考虑能够满足驾驶员加速达到合适合流速度的需求设计长度，在临近交通流中寻找一个合适的间隙并接受此间隙，然后才能实现与主线交通流的汇合。如果驾驶员不能在加速车道终端之前完成加速与合流操作，交通干扰极有可能出现并导致交通事故的发生。研究成果已经证实互通立交是高速公路上事故数量与严重性明显的区域[78]。

加速车道能根据匝道速度、入口速度、最终合流速度及加速度等参数采用运动学原理进行简单计算。在目前的设计指南中，对不同的变量而言，设计值被特定地选用，在这样的决定型设计方法中，对于所有的变量通过假设保守数值的方式来考虑各自的变异性。

研究[79]表明，这些假设的累积可能使得与现场实际相关联的设计交通环境场景在现实工程中根本不存在，从而导致对设计方案评价过高。

1.3.4.2 国内加速车道安全设计

同济大学周鑫等[80]通过广泛的实地调研，收集了有关立交的设计图纸资料，实地观测立交匝道及变速车道上的运行车速。

福州大学吴志贤[81]在研究高速公路互通式立交加速车道长度时认为，加速车道除了为合流车辆提供加速所需长度外，还应为合流车辆提供等候主线可供驶入空隙所需长度，并提供相应计算方法。

李硕[82]提出以合流等待理论为基础的加速车道长度设计方法合以排队论为基础的入口匝道交通控制方法。

西南交通大学罗霞[83,84]对合流车辆的合流行为进行研究，认为在相同的可接受间隙时间内不同车型接受合流概率不同。

东南大学石小法等[85]利用概率论方法，提出一种计算高速公路加速车道长度的模型。

东南大学李铁柱等[86]运用相关数据分析软件，对影响加速车道长度的关键参数（速度、加速度、可接受间隙等）与车辆的交通特性进行研究。

李文权等[87,88]利用摄像机调查高速公路入口合流区，加速车道上车辆的汇入特征，运用概率论和微分法建立了匝道车辆的汇入概率模型和行驶距离分布概率模型，提出了基于交通流理论的互通立交加速车道设计方法。

赵春等[89]认为合流车辆汇入概率及主线服务交通量不同时，所需加速车道长度各异。何雄君等[71]结合车辆运行特征，对变速车道的设计进行了安全性分析，得出了合理的变速车道长度的确定方法，指出了变速车道设计中出口匝道设计要点及技术指标。该方法主要考虑了车辆在变速车道上行驶的物理特性，并没有考虑主线车辆对变速车道上车辆的行车影响。

邵长桥等[90,91]认为主线交通流量、主线及合流车辆运行速度对车辆合流影响大，提出相对车头时距对其描述，建立相应的计算模型。

徐秋实[92]对影响高速公路加速车道长度的参数进行研究，提出加速车道长度及参数推荐值；智永峰[93]以高速公路和加速车道车流量、最小车头时距等参数为基础，提出新的加速车道长度计算方法。

1.3.5 多车道高速公路分流区指路标志设计的研究

高速公路出口前置指路标志（Advance Guide Sign，AGS）对于驾驶员顺利、安全地驶离高速主线起到了重要作用，在多车道高速公路出口区域的 AGS 尤为如此。AGS 主要提供出口位置信息及前方出口道路相关信息，对于不熟悉路况的驾驶员找到正确的出口有很大的帮助。因此，在高速公路出口区域内，指路标志设置的有效性对驾驶员快速视读标志信息、决策、反应起到了至关重要的作用。对于多车道高速公路出口区域来说，需要驶离主线的驾驶员在进行标志视认之后，要进行一系列的变道行为，才能顺利进入匝道出口。在这一过程中，AGS 的视认性便起到了重要作用。

在 AGS 的视认性规定上，各国规范、手册等出版物上都有相应的推荐值。在标志的版面设计上，我国主要控制参数为设计车速，并据此选用适当的字符（汉字、字母、数字）高度。针对标志的版面设计而开展的研究较多，研究成果也较为成熟。

根据实地观察可以发现，单个标志版面（甚至标志群）的视认性在简单的交通流下足够驾驶员顺利获取信息。故标志版面设计的问题此处不再赘述。下面主要从三个方面进行文献综述：标志偏转角度、标志纵向设置方法、标志信息选取原则。

在标志设计方面，各国均有相关的规定。有些规定（例如，美国对标志设置的规定）可以通过追溯文献而查找到当年制订规范时的理论依据，有些则无从可考。

作者将每类设计的规范规定及可考的依据均列出来，并进行了适用性分析，指出了目前设计方法中对于多车道高速公路来说不合适而需要改进或废弃的地方，在充分进行文献调研的基础上，阐述了本书标志设计研究的切入点。

1.3.5.1　标志横向偏转角度的研究综述

在《道路交通标志和标线》（GB 5768－2009）中，提到了标志要与行车方向成一定角度[35]，以指路和警告标志为例，如图 1.6 所示。

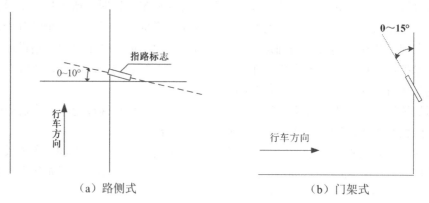

（a）路侧式　　　　　　　　　　（b）门架式

图 1.6　标志偏转示例

（1）规范规定。标志偏转角度在各国规范中的规定见表 1.5，为方便溯源查找，将各条数据出处列在表的最后一行。

表 1.5　标志偏转角度在各国规范或手册中的设计值

	中国	美国	加拿大
偏转角度	路侧式：0～10° 门架式：0～15°	所有的标志都应面对其应服务的交通流，保证昼夜的可视性	
数据出处	道路交通标志和标线（GB 5768－2009），p9	*Manual on Uniform Traffic Control Devices*（2009 版），Part2，Section 2A.20，p43，文字描述，无图	*Manual of Standard Traffic Signs & Pavement Markings*（2000 版），p20，文字描述，无图

（2）适应性分析。曾有研究计算出路侧标志应横向偏转 5° 的结果，其考虑

的出发点为标志的逆反射性能。而在多车道的环境下，标志的逆反射性能尤其重要，而横向偏转正是影响逆反射性能的主要影响因素。故多车道环境下的标志横向偏转角度需要重新进行计算，对既有规范进行修正。门架式标志由于设置于道路中央上方，其偏转角度与车道数没有关系，虽然如此，本书还是计划从逆反射效率的角度计算这一偏转角度的合理范围。

（3）既有的相关研究及评述。杨阿荣计算出路侧标志的横向偏转角为 5°时标志的逆反射性能最佳[38]，文章通过试算不同的横向角度下标志逆反射性能而得到这一结论。而这一结论是否适合多车道还需要进行进一步的计算，而计算方法则可沿用杨阿荣的试算法。对于门架式标志，杜志刚、潘晓东等认为标志采用一定俯角之后，标志牌文字在视平面上投影高度和面积增加，标志文字信息的视认性增强，并据此计算出了高速公路标志牌合理俯角为 4°的结果。本书将试从逆反射效率的角度对这一角度重新进行计算，并与既有结果进行对比，以确定合适俯角。

1.3.5.2 标志纵向布置方法的研究综述

（1）规范规定。现针对影响标志视认的另一个因素——设置位置——进行探讨。表 1.6 归纳了各国的 AGS 前置位置推荐值。为方便溯源查找，同样地，将各条数据出处列在表 1.6 的最后一行。

表 1.6 AGS 纵向设置参数在各国规范或手册中的设计值

	中国	美国	加拿大
AGS 个数	3	3	2
第一块 AGS 距分流鼻距离注	2000m	3219m（2mi）	1200m
第二块 AGS 距分流鼻距离	1000m	1609m（1mi）	600m
第三块 AGS 距分流鼻距离	500m	805m（0.5mi）	--
数据出处	公路交通标志和标线设置规范（JTG D82—2009），p33	*Manual on Uniform Traffic Control Devices*（2009 版），p194～p195	*Manual of Standard Traffic Signs & Pavement Markings*（2000 版），图 4.26～图 4.29

注：以从驾驶方向看到的 AGS 顺序为排序依据，第一个看到的 AGS 即为第一块 AGS，以此类推。

（2）适应性分析。以上各国规定中，目前可以查找到具体理论与实验依据的是美国的规定。其设置的依据及该规定在多车道高速公路上的应用适应性分析如下所述。

首先，在各块 AGS 中，最后一块的设置位置尤为重要。一旦错过该指路标志，很有可能错过正确出口。该标志最靠近分流区，对分流区的安全和运行影响最显著。这一块标志位置的确定来自于 20 世纪 60 年代美国所做的双车道公路的实地试验，经试验确定，随着最后一块标志距出口的距离的变化，交通流的各参数也随之发生变化，当这一距离为 1mi 和 0.5mi 时，车辆运行状况变化不大，故最终将这一值取为 0.5mi。所以，在多车道的设计中，最后一块的 AGS 的设置位置需要进行进一步的探讨。

其次，AGS 的信息需要重复设置。这一操作的初衷主要是：①给驾驶员以重复信息刺激，以防遗忘信息；②防止标志因货车或植物遮挡而影响驾驶员视认。重复设置的工作需要考虑到重复次数及重复间距两个问题。重复间距的计算主要利用 Lunenfeld 给出的驾驶员的短时记忆区段为 0.5~2min 这一参数，而重复次数则与主线基本车道数、交通量、大车比例等多个参数有关。所以，在多车道的设计中，AGS 的设置重复次数需要进行进一步的探讨。

（3）既有的相关研究。我国随着高速公路改扩建的不断进行，而既有规范对车道数的考虑也几乎为零，故在标志设置上遇到了新的问题，所以近些年出现了越来越多的对 AGS 设置问题的重新探讨。这些新的研究成果主要集中解决了多车道上大货车对于小汽车的遮挡问题、由于 AGS 离出口过近而车辆无法及时变道驶离主线的问题。

1）遮挡问题。孙乔宝通过计算得出云南安楚高速公路内侧小客车司机视认标志的视线被外侧大客车遮挡的概率为 0.55，并认为应采取一定的工程措施，例如采用龙门架来解决遮挡问题。李文权通过概率论的相关知识进行计算，得到了当出口标志设置 3 块时，能满足小汽车司机阅读到标志内容的需求。叶海飞、陆建利用同样的思路，求出了小汽车司机无法一次性阅读标志内容时的最大大车率，并认为当大车率超过阈值后，需要对标志进行重复设置或移位。

2）AGS 前置距离问题。郭唐仪、胡启洲、姚丁元通过理论计算，认为当单侧车道数超过 3 个时，我国规范规定的最后一块 AGS 距分流鼻处的距离 0.5km 是不够的，并通过计算得到不同主线、匝道设计车速下这一距离的值，见表 1.7。最后，通过 TSIS-CORSIM 仿真，验证了计算结果的合理性。

（4）研究评述。上面所述的三篇论文中，对于遮挡问题的计算方法异曲同工。其同样可以用于计算多车道高速公路标志重复设置次数。对于 AGS 设置位置的问题，首先，由于条件所限，无法通过实地实验进行，美国实地实验的操作方法无法参考，可考虑通过理论计算的方法进行。

表 1.7 路边直立式预告指路标志设置距离表

主线设计速度	N=2, 匝道限速/(km/h)				N=3, 匝道限速/(km/h)				N=4, 匝道限速/(km/h)				N=5, 匝道限速/(km/h)			
	30	40	50	60	30	40	50	60	30	40	50	60	30	40	50	60
60km/h	191	181	170	155	304	295	283	269	418	409	397	383	532	523	511	496
70km/h	236	227	215	200	372	363	31	337	508	499	487	473	644	635	623	609
80km/h	282	273	261	247	441	432	420	406	600	591	579	564	758	749	737	723
90km/h	330	321	309	295	511	502	490	476	692	683	671	657	874	865	853	838
100km/h	379	370	358	344	583	574	562	547	786	777	765	751	990	981	969	955
110km/h	429	420	408	394	655	646	634	620	882	872	861	846	1108	1099	1087	1072
120km/h	481	471	460	445	729	720	708	694	978	969	957	943	1227	1218	1206	1191

1.3.5.3 标志信息选取方法的研究综述

（1）规范规定。标志信息的选择方法多以定性描述为主。标志信息选择原则的提出，是为了给候选信息以适当优先级排序，从而解决出口标志信息过载或无效的问题。我国的标志设计手册上有对信息选择的要求，近些年类似的研究也较多，大多以定性规定为主。

（2）适应性分析。我国标志设置手册中的设计方法只是从类别上为标志信息分类，却没有涉及不同距离下信息对于驾驶员的吸引程度。这种分类方法可以沿用，但是需要新的方法以确定不同距离下不同信息对于驾驶员的吸引程度，以弥补现有信息选择原则的不足。

（3）既有的相关研究及评述。宋晓莉借用信息衰减原理得到了 20km 为驾驶员信息需求半径的关键点。驾驶员主要关注 20km 以内的信息。对 20km 以外的信息关注衰减较严重，可以忽略[5]。现有的规范要求或研究成果在信息选择上考虑因素较为单一：或考虑信息重要程度，或考虑信息距驾驶员的距离，而没有统一的方法将这两种因素合二为一。

1.4　内容与方法

经上述讨论，针对多车道高速公路分合流区在交通安全方面存在的突出问题和理论、工程应用的现实需要，本书选定以下主要内容展开论述。

（1）多车道高速公路分合流区交通安全现状与交通事故衍生机理分析。以多车道高速公路分合流区为研究对象，以现场调研与理论分析为研究方法分析交通安全现状及交通事故主要类型、衍生机理；其次从道路交通事故的涵义分析入手，并针对现场观测数据回归的交通事故预测模型诠释事故交通事故发生的内在与外在表现属性。

（2）多车道高速公路减速车道驾驶行为与安全设计参数。为探索减速车道设计参数与分合流区交通安全的内在关系，着重从出口几何形式选择、设计基础理论与设计参数、驾驶模拟多参数仿真、现场试验验证等角度研究多车道高速公路减速车道驾驶行为特性及安全设计方法设计参数的合理性，并基于此提出适用的技术方法与设计参数。

（3）多车道高速公路加速车道驾驶行为与安全设计参数。为探索加速车道设计参数与分合流区交通安全的内在关系，重点从入口几何形式选择、加速车道安全设计基础理论与设计参数选取、多参数驾驶模拟试验仿真、现场试验验证等角度探索研究多车道高速公路加速车道驾驶行为特性及安全设计方法、设计参数的合理性，并在理论分析与工程论证的基础上提出适用的技术方法与参数。

（4）多车道高速公路互通立交与匝道端部间距的安全设计参数。多车道高速公路互通立交间距与匝道端部间距设计参数是影响互通立交分合流区交通安全的宏观参数，因此，从高速公路接入管理系统出发阐述多车道高速公路互通立交与匝道端部间距的内涵与外延，从理论与工程实践两方面分析互通立交与匝道端部间距对道路安全的内在影响机制，以事故统计数据作为互通与匝道端部间距设计中安全性能评价的主要依据，通过仿真技术模拟复杂交通与几何设计条件下多车道高速公路环境研究互通立交与匝道端部间距的合理设计参数，并通过现有工程的实践进行验证。

（5）多车道高速公路分流区指路标志安全设计。进行多车道高速公路出口匝道区域的指路标志设计研究，从三大方面进行：标志偏转角度、标志纵向布置、标志信息选择。其中，标志纵向布置又分为三个方面：最后一块指路标志距出口距离、标志群间距、重复次数的设计。

1.5 小结

本章通过分析多车道高速公路工程现实需要与理论背景，提出对多车道高速公路分合流区驾驶行为与安全设计问题进行探索必要性；融入多样化的驾驶行为、分合流区几何形式等关键因素对多车道高速公路分合流区交通安全与通行效率的作用，在对国内外多车道高速公路分合流区驾驶行为研究、安全设计技术指标研究等研究现状和存在突出问题深入发掘的基础上，制定了本书论述范畴、内容、思想方法等。

第2章 多车道高速公路分合流区交通安全现状与交通事故衍生机理分析

多车道高速公路分合流区是高速公路交通流转换的重点区域，道路几何线形与驾驶行为、交通运行特点等与常规高速公路有着特殊性。

本章首先以多车道高速公路分合流区为研究对象，以现场调研与理论分析为研究方法分析交通安全现状、交通冲突与交通事故的主要类型、衍生机理；其次，针对现场观测数据回归的交通事故预测模型诠释事故交通事故发生的内在与外在表现属性；基于理论分析与调研发现的问题提出解决多车道高速公路分合流区交通安全问题的技术突破途径。

2.1 多车道高速公路分合流区的涵义

分流区是一股交通流分流成为两股交通流的区域。合流区是各自合流车辆在相邻主线交通流中试图寻觅间隙的区域，如图 2.1 所示。

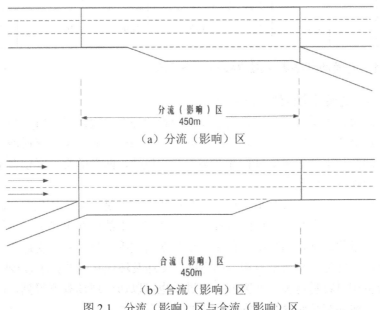

（a）分流（影响）区

（b）合流（影响）区

图 2.1 分流（影响）区与合流（影响）区

2.2 多车道高速公路分合流区交通安全现状调研

通过国内外资料收集与现场调研的方法，客观分析多车道高公路分合流区交通安全的现状是进行分合流区安全设计的现实依据。表 2.1 为交通事故与冲突的交通事件类型分布[94]。从表 2.1 可知，分合流区交通冲突存在潜在的交通事故风险，因此对分合流区交通安全的现状分析即从交通冲突分析入手，进而深入分析交通事故类型、严重程度及交通事故主要致因、解决思路等。

表 2.1　交通事故与冲突的交通事件类型分布

类别	交通事件类型					
	合流行驶状态			分流行驶状态		
	追尾	换道	全部类型	追尾	换道	全部类型
小时平均冲突/次	36,572	370	36,942	50,358	2,219	52,577
冲突类型百分比/%	99%	1%	100%	96%	4%	100%
年平均事故类型/起	234	82	315	298	87	385
冲突类型百分比/%	74%	26%	100%	77%	23%	100%
冲突-事故比（率）/次	156	5	117	169	26	137

2.2.1　交通冲突临界区域建模与现场观测

2.2.1.1　交通冲突内涵与事故演化

交通冲突在本质上是交通行为不安全因素的外在表现形式，每一个交通冲突均可能导致交通事故发生，亦可能因采取避险行为得当而避免。交通冲突与事故的成因、冲突与事故的发生过程存在极大的相似性，两者的唯一区别在于是否发生了直接的损害性后果[95]。

交通冲突、交通事故与道路交通安全性在本质上是一个一体化的问题。一起交通事故通常是一个相当随机的事件，希望从交通事故中找出发生的规律及原因需要采集大量的数据，而数据的积累需要长期的过程。目前我国交通事故的统计资料缺乏，特别是与交通事故相关的道路、交通及环境状况的记录较少[96]。交通冲突的分析相对容易得多，冲突的产生过程也可以通过现场观测得到，因而分析分合流区交通冲突是研究交通安全问题的科学有效方法。

2.2.1.2 交通冲突现场调研工作

为了分析多车道高速公路匝道分流与合流区域的交通冲突特征及现状,在沪宁高速公路(主线双向八车道)选取出口与入口区域进行现场调研,4 名调研人员,调研器材是照相机和摄像机。同时,在正式进行现场调研前,在室内通过Google Map 卫星图从总体上把握互通立交的位置与重点调研区域。

1. 多车道高速公路分流区交通冲突分析(表 2.2 至表 2.5)

表 2.2 苏州北枢纽互通立交分流区交通冲突特征分析表

现场调研地点:沪宁高速苏州北枢纽立交南京方向大分支分流区

Google Map 卫星图

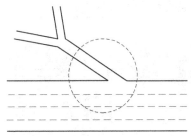

分流区俯视图

No.	现场调研交通运行场景	分流区交通运行俯视图	交通冲突状态描述	事发位置
1		①	1 号车的目的线路为通过换道驶离主线后驶入匝道,但由于交通量大或驾驶员操作迟疑等原因驶离操作过晚,在出口处压线行驶,并对后方欲驶入匝道的车辆造成阻碍	分流区的三角区
2		①	1 号车的目的线路为主线方向,但由于主线外侧车道大交通量作用而误行驶至减速车道上,故借用三角区向内侧车道行驶导致与内侧车辆的冲突并影响主线车辆正常行驶	分流区的三角区

续表

No.	现场调研交通运行场景	分流区交通运行俯视图	交通冲突状态描述	事发位置
3			1 号车在出口处自由换道行驶到内侧，2 号车期望驶离主线驶入匝道，故强制换道到外侧，两者出现交通冲突	分流区的三角区及匝道端部
4			车辆在分流区三角区停留一段时间，后缓慢加速驶入主线，由于与后方主线高速行驶车辆速度差及空间间隙小等原因形成交通冲突	分流区的三角区及匝道端部
5			交通较为密集状况下，车头时距与车辆间距较小，1 号车减速较快，2 号车速度下降较小，1、2 号车之间存在较大速度差，从而后车（2 号车）与前车（1 号车）有追尾风险，甚至引发连环追尾交通事故	减速车道上及匝道中
6			1 号车辆在出口硬路肩处停留一段时间，后缓慢加速驶入匝道，由于与后方 2 号车辆驶入匝道的车辆速度差及空间距离的局限性形成交通冲突	分流区的硬路肩

续表

No.	现场调研交通运行场景	分流区交通运行俯视图	交通冲突状态描述	事发位置
7			1 号车在中间车道突然换道进入减速车道（渐变段起点），2 号车在外侧车道以高速行驶，两车在渐变段起点附近形成交通冲突	分流区减速车道渐变段起点附近

表2.3　昆山分流区交通冲突特征分析表

现场调研地点：沪宁高速江苏段上海方向昆山下匝道出口区域

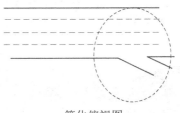

Google map 卫星图　　　　　　　　　　简化俯视图

No.	现场调研交通运行场景	分流区交通运行俯视图	交通冲突状态描述	事发位置
1			1 号车的目的线路为驶离主线驶入匝道，但由于交通量大或驾驶员迟疑操作等原因驶离操作过晚，在出口处压线，并对后方欲驶入匝道的车辆形成障碍造成交通冲突	分流区的三角区

续表

No.	现场调研交通运行场景	分流区交通运行俯视图	交通冲突状态描述	事发位置
2			1号车的目的线路为主线方向行驶却误入匝道或被密集交通流挤压到匝道，故借用三角区向内侧车道行驶导致与内侧车辆的交通冲突并影响主线车辆正常行驶	分流区的三角区
3			1号车在出口处自由换道到内侧，2号车欲通过换道驶离主线驶入匝道，故强制换道到外侧，1、2号车出现交通冲突，1号车甚至可能与其后车（3号车）出现交通冲突	匝道前
4			1号车辆在出口处停留，后缓慢加速转向驶入匝道，与后方驶入匝道的2号车辆形成交通冲突	分流区的三角区
5			2号车速度下降较慢从而与前车（1号车）有追尾风险，甚至易引起连环追尾重大交通事故	减速车道上及匝道上

表 2.4　正仪枢纽互通立交分流区交通冲突特征分析表

现场调研地点：沪宁高速江苏段正仪互通南京方向
大分支分流区

Google map 卫星图

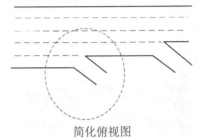

简化俯视图

No.	现场调研交通运行场景	分流区交通运行俯视图	交通冲突状态描述	事发位置
1			1 号车辆在出口处停留，后缓慢加速转向驶入匝道，与后方驶入匝道的 2 号车辆由于行驶方向与速度差异过大形成交通冲突	分流区的三角区，匝道端部附近区域
2			1 号车辆在出口处停留，后缓慢加速转向驶入主线，与后方主线方向高速行驶的 2 号车辆由于行驶方向与速度差异过大形成交通冲突	分流区的三角区，匝道端部附近区域
3			2 号车在分流区域借用辅助车道或减速车道进行强制变道（攻击性驾驶行为）导致与内侧车辆的交通冲突并影响主线车辆正常行驶	分流区变速车道上

续表

No.	现场调研交通运行场景	分流区交通运行俯视图	交通冲突状态描述	事发位置
4			1、2号车同时停留在三角区，后1号车缓慢变向驶入匝道，2号车缓慢变向驶入主线，1、2号车分别与其后方车辆形成交通冲突，易引发重大交通事故	分流区的三角区，匝道端部附近区域

表2.5　正仪枢纽互通立交分流区交通冲突特征分析表

现场调研地点：沪宁高速江苏段正仪互通南京方向
大分支后的匝道出口区域

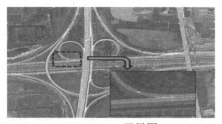

Google map 卫星图

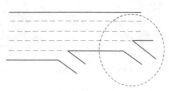

简化俯视图

No.	现场调研交通运行场景	分流区交通运行俯视图	交通冲突状态描述	事发位置
1			1号车欲驶离主线驶入匝道，但变道过晚从而强行换道到最外侧车道，从而造成了与后方2号车的冲突	匝道前
2			1号车本应在主线上行驶却误入辅助车道在出口前临时强制变道到内侧	匝道前

续表

No.	现场调研交通运行场景	分流区交通运行俯视图	交通冲突状态描述	事发位置
3			2号车在出口处借用辅助车道或减速车道进行变道导致与内侧车辆的冲突并影响主线车辆正常行驶	匝道前
4			前后两车存在较大速度差或较小车头距从而有追尾风险	减速车道上及匝道中

2. 多车道高速公路合流区交通冲突分析（表2.6、表2.7）

表2.6 苏州北枢纽互通合流区交通冲突特征分析

现场调研地点：沪宁高速苏州北枢纽互通南京方向大入口合流区

Google Map 卫星图

合流区俯视图

No.	现场调研交通运行场景	合流区交通运行俯视图	交通冲突状态描述	事发位置
1	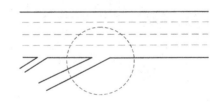		1号车沿主线外侧行车道高速行驶，但加速车道上2号车辆换道插入相邻主线车道间隙，与1号车辆形成交通冲突	合流区加速车道与相邻的主线行车道

No.	现场调研交通运行场景	合流区交通运行俯视图	交通冲突状态描述	事发位置
2			后方4号车辆在加速车道上自由换道并加速行驶到内侧，2号车遮挡4号后车驾驶员视线，4号车与1号车易出现交通冲突造成追尾事故	合流区加速车道与相邻的主线行车道
3			1号车辆在加速车道硬路肩停留一段时间，后缓慢换道并加速驶入加速车道上，与加速车道后方处于加速行驶的2号车辆形成交通冲突	合流区加速车道与硬路肩
4			后方4号车辆在加速车道上自由换道并加速行驶到内侧，2号车遮挡4号后车驾驶员视线，4号车与1号车出现交通冲突易造成追尾事故	合流区加速车道上
5			2号车辆在加速车道上被3号慢速大型车辆压制住，2号车压线并加速从3号大型车左侧超车，从而与加速车道相邻车道的车辆形成冲突	合流区的三角区及加速车道起点附近

表 2.7　正仪枢纽互通合流区交通冲突特征分析

现场调研地点：沪宁高速正仪枢纽互通立交南京方向大入口合流区

Google Map 卫星图

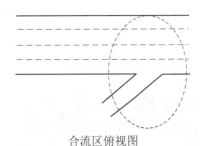

合流区俯视图

No.	现场调研交通运行场景	合流区交通运行俯视图	交通冲突状态描述	事发位置
1			2 号车驾驶员采取攻击型驾驶行为加速并换道插入相邻车道的间隙期望尽早合流，而相邻车道后方 3 号车高速行驶与 2 号车辆形成交通冲突	合流区的加速车道中段附近区域
2			3 号车辆受前方 1 号车辆的压制采取迅速加速换道进入相邻车道，而与相邻车道的后方 2 号车辆形成交通冲突，存在潜在的交通事故风险	合流区的加速车道中段附近区域
3			4 号车受低速行驶的 2 号车压制采取加速换道合流进入主线车道的驾驶操作，而与高速行驶的 3 号车产生交通冲突	合流区的加速车道中、后段附近

续表

No.	现场调研交通运行场景	合流区交通运行俯视图	交通冲突状态描述	事发位置
4			4号车受前方2号慢速大车的压制，加速换道合流道相邻车道而与1号与3号车辆形成交通冲突	合流区的加速车道中段
5			加速车道上的3号车由于交通量大或驾驶员迟疑操作等原因，在加速车道上未能成功汇入主线，车辆在加速车道末端强制性换道汇入主线与相邻车道的3号车与4号车辆形成交通冲突	合流区的加速车道渐变段末端

2.2.1.3 临界冲突区域模型抽象化与危险阈值判别

（一）交通冲突的类型与界定

交通冲突的类型较多，根据不同的分类依据，其分类方法亦不同。图 2.2 为依据冲突车辆间的夹角 θ 定义交通冲突类型，其定义方式与分类标准可作为参考[97]。

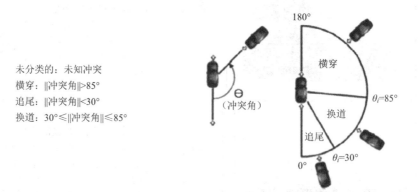

未分类的：未知冲突
横穿：‖冲突角‖>85°
追尾：‖冲突角‖<30°
换道：30°≤‖冲突角‖≤85°

图 2.2 交通冲突类型与冲突角度的界定

图 2.2 中的交通冲突主要形式为横穿冲突、追尾冲突、换道冲突。上文中对

多车道高速公路分合流区交通冲突的现场调研表明，交通冲突的主要形式为换道冲突、追尾冲突、横向侧碰冲突。因此，采取该分类标准定义交通冲突的类型是符合实际情况的。

图 2.3 中描述的交通冲突类型与车辆间冲突角度的界定如下所述。

类型 A-横穿冲突表现特征：$\|\theta\| > 85°$

类型 B-横穿冲突表现特征：$\|\theta\| < 30°$

类型 C-横穿冲突表现特征：$30° \leqslant \|\theta\| \leqslant 85°$

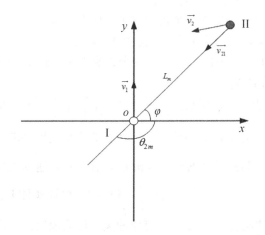

图 2.3　临界冲突区域分析通用模型

（二）交通冲突区域模型化

传统的交通冲突判别方法基本以距离或时间作为鉴别标准，而不考虑交通冲突车辆之间运动属性、驾驶员心理反应等作用机制，与真实状态存在一定差异。交通参与者不仅对某一方向与距离的潜在危险存在感知能力，且对特定区域有感知能力，因此，将冲突车辆运动属性及危险感知区域融合而建立交通冲突临界区域模型或许更为客观与现实[98]。

临界冲突区域的空间大小与形状随交通实体自身状态变化而改变，同时，受外部干扰（交通实体运动方向与速度大小）而变化。I 代表中心交通实体，II 代表干扰交通实体。假设车辆所在运行区域范围的外界环境中所有物体均相对静止，参与车辆在运动中只需与静止物体保持某安全距离 D_s 即可。假设周围车辆以某速度运动。下面根据其运动方向（采取速度矢量角度表征）与速度大小分析临界冲突区域的动态变化属性。

1. 车辆运动方向与临界冲突区域

建立直角坐标系 xoy。从图 2.4 可知，当交通实体 II 相对 I 的速度大小、方向改变时，I 所需安全距离亦改变。从安全角度思考，I 的临界冲突区域半径应满足 II 速度方向任意改变的需求，那么，则寻求最大安全距离，同时将其确定为临界冲突区域半径 R。显然，图 2.4 中相对速度 $\overrightarrow{v_{21}}$ 方向沿 I 与 II 的连线 L_m 并指向 I 时，I 所需要的安全距离最大。

$$R(\varphi) = f_1\left(\left|\overrightarrow{v_1}\right|, \left|\overrightarrow{v_2}\right|, \theta_{2m}, \varphi\right)$$

2. 车辆运行速度与临界冲突区域

交通实体 II 速度大小影响临界冲突区域。现在，探究 II 的速度位于不同范围时对临界区域的作用，并假设 I 的运动速度不为 0。

若 II 为静止，I 只需保持与 II 一定安全距离即可，仅 II 位于 I 正前方时，需考虑 I 本身安全停车距离。

若 II 运动处于状态下，那么分 $\left|\overrightarrow{v_2}\right| < \left|\overrightarrow{v_1}\right|$，$\left|\overrightarrow{v_2}\right| = \left|\overrightarrow{v_1}\right|$，$\left|\overrightarrow{v_2}\right| > \left|\overrightarrow{v_1}\right|$ 三种情况讨论。

（1）$\left|\overrightarrow{v_2}\right| < \left|\overrightarrow{v_1}\right|$。对于该运动状态，只有 φ 处于特定区间取值时，临界冲突区域才可能存在。可借助向量几何原理分析 φ 取值区间与速度大小的关系。

如图 2.4 所示，假设 II 位于 $\varphi \in \left[0, \dfrac{\pi}{2}\right]$ 区间时，交通实体 I 的速度向量在特定情况下，若假设交通实体 I 与 II 发生交通冲突，II 的速度向量取值有多种情况。由向量几何原理与图 2.4 可知，需向量 $\overrightarrow{v_2}$ 的终点均落在虚线 L_n 上，才能使得相对速度 $\overrightarrow{v_{21}}$ 沿 L_m 并指向 I。那么，需保证下面的条件：

$$\left|\overrightarrow{v_2}\right| \geqslant \left|\overrightarrow{v_1}\right| \cdot \cos\varphi$$

同时，若 $\left|\overrightarrow{v_2}\right|$ 变小，则需 φ 变大；若 $\left|\overrightarrow{v_2}\right|$ 变大，则需 φ 变小，以适应相对速度 $\overrightarrow{v_{21}}$ 沿 I 与 II 的连线方向 L_m 并指向 I。对于每一给定 $\left|\overrightarrow{v_2}\right|$，均存在最小 φ 值，限定可能发生交通冲突的临界范围。

$$\varphi \geqslant \arccos\frac{\left|\overrightarrow{v_2}\right|}{\left|\overrightarrow{v_1}\right|}$$

如图 2.5 所示，在坐标系 xoy 中，假设 II 位于 $\varphi \in \left(\dfrac{\pi}{2}, \pi\right)$ 阈值，可知：

$$\left|\overrightarrow{v_2}\right| \geqslant \left|\overrightarrow{v_1}\right| \cdot \cos(\pi - \varphi)$$

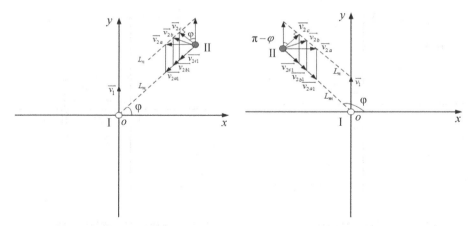

图 2.4　车辆间冲突域分析（一）　　　图 2.5　车辆间冲突域分析（二）

那么：

$$\varphi \leqslant \pi - \arccos\frac{\left|\overrightarrow{v_2}\right|}{\left|\overrightarrow{v_1}\right|}$$

综上可知 φ 的阈值为

$$\varphi \in \left(\arccos\frac{\left|\overrightarrow{v_2}\right|}{\left|\overrightarrow{v_1}\right|}, \pi - \arccos\frac{\left|\overrightarrow{v_2}\right|}{\left|\overrightarrow{v_1}\right|} \right)$$

其中，$\arccos\dfrac{\left|\overrightarrow{v_2}\right|}{\left|\overrightarrow{v_1}\right|} \in \left(0, \dfrac{\pi}{2}\right)$。

（2）$\left|\overrightarrow{v_2}\right| = \left|\overrightarrow{v_1}\right|$。如图 2.6 所示，采用类似思考方法，可知 φ 的阈值，其中 $\varphi=0$ 与为边界值。

$$\varphi = \pi$$
$$\varphi \in \left(0, \pi\right)$$

如图 2.7 所示，若 $\varphi=0$，由几何关系可知：

$$\left|\overrightarrow{v_2}\right| > \left|\overrightarrow{v_1}\right|$$

则与前提假设相矛盾，所以将 $\varphi=0$ 排除，同理可以将 $\varphi=\pi$ 予以排除。

（3）$\left|\overrightarrow{v_2}\right| > \left|\overrightarrow{v_1}\right|$。如图 2.8 所示，II 处于任何方位，都有可能发生交通冲突，所以 φ 的阈值可表达为

$$\varphi \in \left(0, 2\pi\right]$$

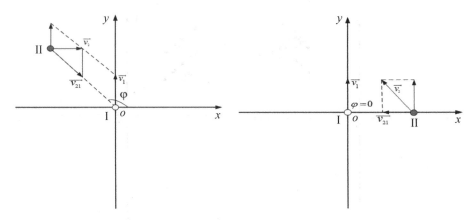

图 2.6　车辆间冲突域分析（三）　　　　图 2.7　车辆间冲突域分析（四）

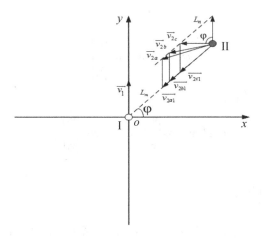

图 2.8　车辆间冲突域分析（五）

由上述理论分析方法可以构建临界冲突区域的计算模型：

当 $\vec{v_2} = 0$ 时，

$$R(\varphi) = l_0 \varphi \neq \frac{\pi}{2}$$

$$R(\varphi) = l_0 \varphi + \frac{|\vec{v_1}|^2}{2a_2} = \frac{\pi}{2}$$

其中，a_2 为交通实体 II 的减速度。

此时，外部交通实体都相对静止，交通实体 I 的临界冲突区域表明它与静止状态交通实体之间存在的安全空间。只有当正前方存在干扰交通实体时，临界冲突区域半径才相应延长。临界冲突区域的形状可近似看作一个特殊圆。

当 $\vec{v_2} \neq 0$，

$$R(\varphi) = l_0 + \frac{\left| \left| \vec{v_2} \right| \cdot \dfrac{\cos\left[\varphi - \arcsin\left(\dfrac{\left| \vec{v_1} \right|}{\left| \vec{v_2} \right|} \cdot \cos\varphi \right) \right]}{\cos\varphi} \right|^2}{2a_2}$$

分析模型中为任意方向保证交通安全所需最小距离，该距离随交通冲突双方的运动速度及相对位置的改变而改变，能同时表达速度、距离、角度等变量对交通冲突的内在作用。当 φ 为自变量，其阈值内数值，便形成临界交通冲突区域。φ 的阈值由双方相对速度大小决定，具体为 I-I，II-II，III-III。

$$\text{I-I：} \left| \vec{v_2} \right| < \left| \vec{v_1} \right|$$

$$\varphi \in \left(\arccos\frac{\left| \vec{v_2} \right|}{\left| \vec{v_1} \right|}, \pi - \arccos\frac{\left| \vec{v_2} \right|}{\left| \vec{v_1} \right|} \right]$$

否则，$R(\varphi) = l_0$

$$\text{II-II：} \left| \vec{v_2} \right| = \left| \vec{v_1} \right|$$

$$\varphi \in (0, \pi)$$

否则，$R(\varphi) = l_0$

$$\text{III-III：} \left| \vec{v_2} \right| > \left| \vec{v_1} \right|$$

$$\varphi \in (0, 2\pi] \text{ 且 } \varphi \neq \pm\frac{\pi}{2}$$

若 $\varphi = \pm\dfrac{\pi}{2}$

$$R(\varphi) = l_0 + \frac{\left(\left| \vec{v_2} \right| \pm \left| \vec{v_1} \right| \right)^2}{2a_2}$$

上述为各情况时的临界冲突区域分析模型，在判别两相对运动交通实体间发生冲突的可能性时，以一方为中心分析对象，采集双方速度与相对位置关系等变量，由分析模型可得临界冲突区域，若另一方处于临界区域范围内则表明发生交通冲突，反之则不发生交通冲突。现实工程应用时，依据交通冲突对象间相对速度大小选择其合适的分析模型。

2.2.2 多车道高速公路分合流区交通事故现状调研

2.2.2.1 多车道高速公路分合流区交通事故类型与严重程度分析

多车道高速公路分合流区是交通事故多发的区域，且交通事故的形式多样。交通事故中除人员死伤的统计外，同时造成医疗消耗与其他财产损失。图 2.9 为碰撞－事故概率分布与解释变量关系直观图[99]。美国对交通事故资料的储备及分析较为深入，通常细化地分析交通事故伤害的严重性与程度。

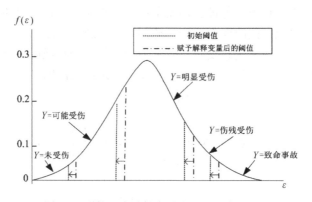

图 2.9　碰撞－事故概率分布与解释变量关系

根据统计数据[100]，路线出入口附近的车辆分合流区，如公路的平交路口、接入道口、立交出入口匝道、服务区进出口过渡段等均存在较高的行车危险性，属于事故易发区域。

美国高速公路上 20%～30%卡车事交通事故发生在占高速公路长度不到 5%的匝道或匝道出入口。沈大高速公路 1994 年 1 月至 1995 年 6 月在互通立交范围内交通事故占 13%；沪宁高速公路 1998 年至 2000 年互通立交与服务区过渡段范围内事故占 15%；交通事故比例大，表明互通立交相关区域运行风险大。图 2.10 为互通立交路段事故类型分布图[101]。

分析图 2.10 可知，在互通立交范围内，追尾、侧面碰撞及撞护栏是主要事故类型，约占总量的 85.07%，且主要集中在互通立交分合流区附近。统计表明，分合流区附近事故数量约占互通立交路段事故总量的比例约为 83.33%，其他区域仅占约 16.67%。

2.2.2.2 多车道高速公路分合流区交通事故数据统计分析

多车道高速公路分合流区交通安全问题研究的首要工作是对该区域交通事故资料的分析，而我国多车道高速公路建设处于初步阶段，相关交通事故的数据还不足，鉴于高速公路交通安全问题的相似性，因此，参考美国 NHTSA[102]完善的交通事故数据库对多车道高速公路交通安全现状进行分析。

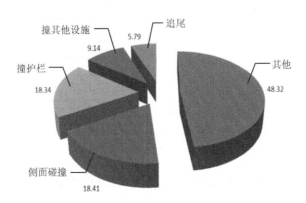

图 2.10　互通立交路段事故类型分布图（%）

图 2.11 为美国 NHTSA 交通事故数据统计界面，统计历年交通事故形态与路段信息等。图 2.12 为美国严重交通事故数据变化趋势统计图，从图中可知交通事故数的变化趋势。

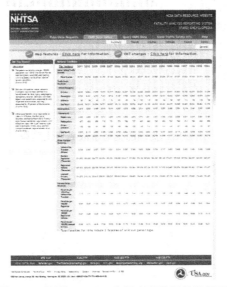

图 2.11　美国 NHTSA 交通事故数据统计界面

图 2.13 为美国的交通事故率变化趋势，图 2.14 为美国交通事故与涉事车辆所占比例。从图 2.13 可知，美国（严重）交通事故率从 1988 年至 2012 年呈现总体降低的趋势；从图 2.14 可知，美国交通事故的涉事车辆中 56.3%为客车，38.5%为轻型卡车，即 94.8%的交通事故由客车与轻型卡车引起。

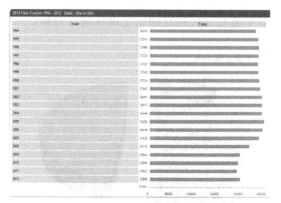

图 2.12　美国严重交通事故数据变化趋势统计

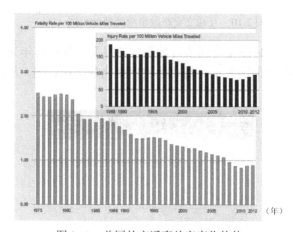

图 2.13　美国的交通事故率变化趋势

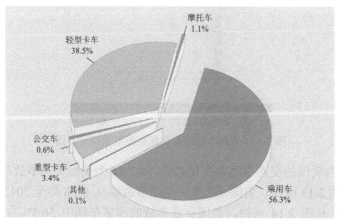

图 2.14　美国交通事故与涉事车辆所占比例

　　文献[103]研究成果表明：立交区域内的事故水平从中心向两侧递减，近似正态分布，且事故主要集中在立交中心两侧各 500m 的范围内，并将 5km 以外的路段取为事故预测模型研究时的不受立交影响的基本路段。

　　本书通过对我国南方某经济发达省份高速公路互通立交区域连续两年交通事故的数据收集与调研，以期研究互通立交的事故类型严重性及互通立交路段交通事故的空间分布特性，如图 2.15 至图 2.28 所示。

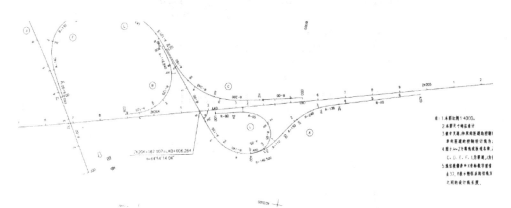

图 2.15　白沙互通平面线形图

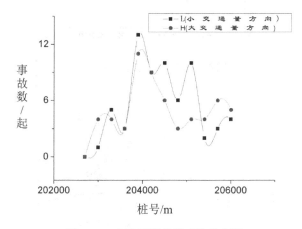

图 2.16　白沙互通交通事故分布图

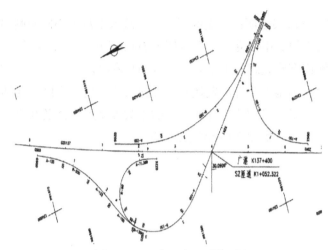

图 2.17　恩城互通平面线形图

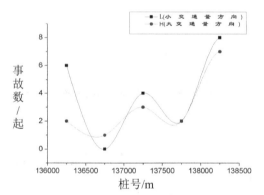

图 2.18　恩城互通交通事故分布图

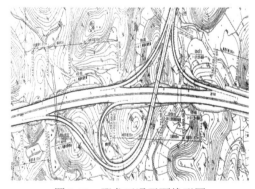

图 2.19　那龙互通平面线形图

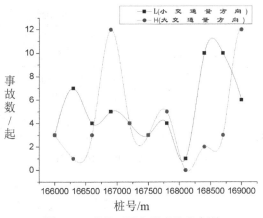

图 2.20　那龙互通交通事故分布图

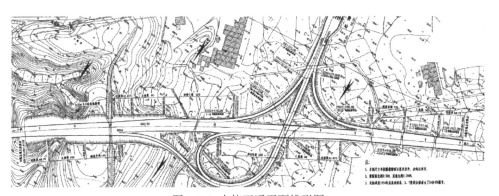

图 2.21　大槐互通平面线形图

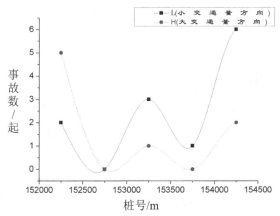

图 2.22　大槐互通交通事故分布图

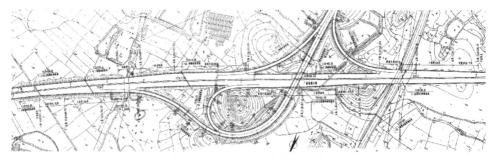

图 2.23　圣堂互通平面线形图

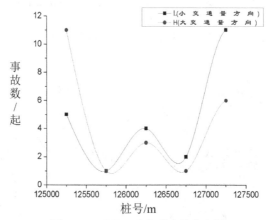

图 2.24　圣堂互通交通事故分布图

图 2.25　沙塘互通平面线形图

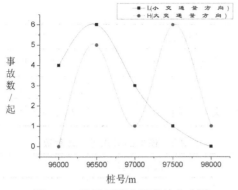

图 2.26　沙塘互通交通事故分布图

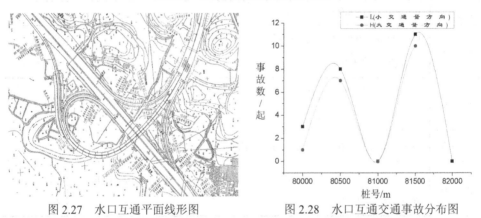

图 2.27　水口互通平面线形图　　　图 2.28　水口互通交通事故分布图

2.3　高速公路分合流区交通事故预测模型

2.3.1　高速公路交通事故预测模型的典型形式

道路交通事故预测模型主要研究对象为路段上交通事故总数量，即模型的因变量为路段事故总数。表 2.8 为事故模型构建的设置条件，表 2.9 为模型的形式与估计参数[105]。

表 2.8　事故模型构建的设置条件

模型	回归方法	过度分散系数	偏移变量
模型 1	变量恒弹性负二项模型	β（常量）	-
模型 2	变量恒弹性负二项模型	β（常量）	$\ln L$
模型 3	变量恒弹性广义负二项模型	$\beta = \mathrm{e}^{(\lambda_0 + \lambda_1 \ln L)}$	-

续表

模型	回归方法	过度分散系数	偏移变量
模型 4	变量恒弹性广义负二项模型	$\beta = e^{(\lambda_0 + \lambda_1 \ln L)}$	$\ln L$
模型 5	变量柔性负二项模型	β（常量）	-
模型 6	变量柔性广义负二项模型	$\beta = e^{(\lambda_0 + \lambda_1 \ln L)}$	-

表 2.9　模型的形式与估计参数

模型	典型模型形式	估计参数
模型 1	$\ln u_i = \alpha_0 + \alpha_1 \ln(Q_i) + \alpha_2 \ln(L_i)$	$\alpha_{0\text{-}2}$, β
模型 2	$\ln u_i = \alpha_0 + \alpha_1 \ln(Q_i) + \ln(L_i)$	$\alpha_{0\text{-}1}$, β
模型 3	$\ln u_i = \alpha_0 + \alpha_1 \ln(Q_i) + \alpha_2 \ln(L_i)$ $\beta_i = e^{[\lambda_0 + \lambda_1 \ln(L_i)]}$	$\alpha_{0\text{-}2}$ $\lambda_{0\text{-}1}$
模型 4	$\ln u_i = \alpha_0 + \alpha_1 \ln(Q_i) + \ln(L_i)$ $\beta_i = e^{[\lambda_0 + \lambda_1 \ln(L_i)]}$	$\alpha_{0\text{-}1}$ $\lambda_{0\text{-}1}$
模型 5	$\ln u_i = \alpha_0 + \alpha_1 \ln(Q_i) + \alpha_2 \ln(L_i) + \alpha_3 \left[\ln(Q_i)\right]^2 + \alpha_4 \left[\ln(L_i)\right]^2 + \alpha_5 (Q_i)(L_i)$	$\alpha_{0\text{-}5}$, β
模型 6	$\ln u_i = \alpha_0 + \alpha_1 \ln(Q_i) + \alpha_2 \ln(L_i) + \alpha_3 \left[\ln(Q_i)\right]^2 + \alpha_4 \left[\ln(L_i)\right]^2 + \alpha_5 (Q_i)(L_i)$ $\beta_i = e^{[\lambda_0 + \lambda_1 \ln(L_i)]}$	$\alpha_{0\text{-}5}$ $\lambda_{0\text{-}1}$

2.3.2　多车道高速公路分合流区事故预测模型分析

通过对多条道路长期的交通事故观测，将采集的交通事故数据进行回归分析而得相应路段与交通条件的交通事故预测模型。由于客观条件的限制，大量交通事故数据的准确、全面获取难度较大。本节采用美国收集互通立交路段交通事故数据而建立的预测模型，分析影响互通立交分合流区交通安全的关键因素及其关系。

1. 互通立交间距与交通事故预测模型[104]

交通事故与交通量观测数据源于加州三条高速公路：州际 5 号、10 号和 15 号，观测年限为 5 年，样本量为 4375 起（占总交通事故的 33%），总交通事故为 13210 起。以下交通事故预测模型的分散系数最小，其相关系数最高，因此，可很好地表述交通事故内在属性。

$$Crashes_{\text{Total}} = (years) \cdot e^{-11.9958 + 1.122\text{Ln}(AADT) + 0.6394\text{Ln}(Spacing) + 0.2213\text{Ln}(AADTAll_{\text{Ramps}})}$$

$$Crashes_{\text{Fatal.Injury}} = (years) \cdot e^{-9.8199 + 0.8618\text{Ln}(AADT) + 0.5918\text{Ln}(Spacing) + 0.2088\text{Ln}(AADTAll_{\text{Ramps}})}$$

其中，$AADTAll_{\text{Ramps}}$ 为所有匝道的 AADT（包含出口与入口）。

分析以上互通立交间距与交通事故预测模型可知，影响互通立交的总交通事故数与严重伤害的交通事故数的主要因素是所有匝道的年平均日交通量与匝道间距。

2. 分合流区交通事故预测模型[105]

通过观测高速公路 74 个位置点的分流区交通事故，其中，7 个位置为单车道左转出口匝道，53 个位置为单车道右转出口匝道，4 个位置为双车道左转出口匝道，10 个位置为双车道右转出口匝道。表明，左转匝道事故率更高且更为严重。

采用单车道左转出口匝道的观测数据进行回归分析，最终模型中的数据来源于 60 个位置的单车道左转出口匝道，由于车道数、设计速度与交通事故数之间无统计相关性，建立高速公路分流区交通事故预测模型如下：

$$Y_1 = (X_1)^{0.5060}(X_2)^{0.7412} e^{(-1.7518 + 0.1817X_3 + 0.8401X_4 - 0.7575X_5)}$$

其中，Y_1 为预测的平均事故频数（次/年）；X_1 为主线 AADT 的对数；X_2 为匝道 AADT 的对数；X_3 为 1，左转出口匝道，为 0，右转出口匝道；X_4 为减速车道长度（km）；X_5 为匝道长度（km）。

分析以上事故预测模型可知，主线与匝道交通量 AADT 是影响高速公路分合流区交通安全的关键因素之一，随交通量的增加，事故率提高。

3. 匝道端部间距与交通事故预测模型

（1）EN-EX 组合型。以下为 EN-EX 匝道组合型情形下交通事故预测模型[106]。

$$TOTAL = 9.7 \times 10^{-6} L^{1.0} (DADT)^{1.12} (ADT_{\text{EN}})^{0.18} (ADT_{\text{EX}})^{0.02} e^{\left(\frac{450}{S} - 0.23 \times AuxLn\right)}$$

其中，L 为入口匝道与出口匝道鼻端的路段距离（mi）；S 为合流点与分流点之间的匝道端部间距（ft）；$DADT$ 为分析方向主线上游平均日交通量（vel/d）；ADT_{EN} 为入口平均日交通量（vel/d）；ADT_{EX} 为出口平均日交通量（vel/d）；$AuxLn$ 为辅助车道参数（1=设置贯穿的辅助车道用于交织，0=不设置贯穿辅助车道用于交织）；$TOTAL$ 为 L 路段上预测总交通事故数（包含所有类型与严重性）。

（2）EN-EN 组合型。以下为 EN-EN 匝道组合型情形下交通事故预测模型[108]。

$$TOTAL = 5.0 \times 10^{-5} L^{1.0} (DADT)^{0.81} (ADT_{\text{EN-1}})^{0.34} (ADT_{\text{EN-2}})^{0.09} e^{\left(\frac{420}{S}\right)}$$

其中，L 为入口匝道与相邻入口匝道鼻端的路段距离（mi）；S 为合流点与下一合流点之间的匝道端部间距（ft）；$DADT$ 为分析方向主线上游平均日交通量（vel/d）；

ADT_{EN-1} 为第一入口平均日交通量（vel/d）；ADT_{EN-2} 为第二入口平均日交通量（vel/d）；$AuxLn$ 为辅助车道参数（1=设置辅助车道，0=不设置辅助车道）；$TOTAL$ 为 L 路段上预测总交通事故数（所有类型与严重性）。

4. 变速车道几何参数与交通事故预测模型[107]

有学者依据 5 年交通事故观测数据建立变速车道类型、长度与交通事故的回归关系，以下为评估高速公路交通安全性能的两个模型。

$$TCol = e^{2.5389+0.0168(Expo)-0.0020L_{Acc}+1.6269(AccCo)}$$

$$TCol = e^{2.7238+0.01368(Expo)-0.0015L_{Acc}+1.2143(AccCo)}$$

其中，$TCol$ 为交通事故（碰撞）数（起）；L_{Acc} 为加速车道长度（m）；$Expo$ 为交通状况水平。

2.4 多车道高速公路分合流区交通事故衍生机理分析

2.4.1 分合流区交通安全影响要素与致因分析

2.4.1.1 驾驶员及行为特性

图 2.29 为驾驶员与车辆、道路环境作用机制关系描述模型[108]。

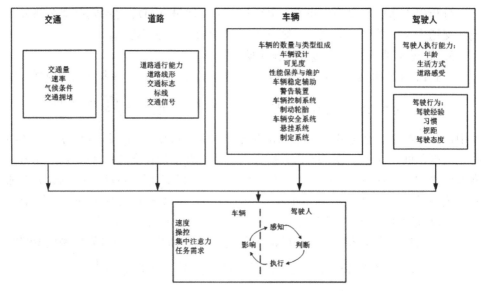

图 2.29 驾驶员与车辆、道路环境作用机制关系描述模型

根据西方发达国家的统计，交通事故的 80%～85%与交通参与者有关，且主要

在于驾驶员。英国的研究得出仅仅是由驾驶员因素引起的交通事故占 65%（美国为 67%），而与驾驶员因素相关（驾驶员－车辆因素、驾驶员－道路环境因素、驾驶员－车辆－道路环境因素和驾驶员因素）的百分率占到近 95%（美国占 94%）。两项研究均表明：仅仅是由于车辆和道路环境因素诱发的道路交通事故百分率是相对较小的，其中英国研究发现涉及道路环境与驾驶员因素的事故百分率仅为 24%（美国为 27%）。我国道路交通的事故也表明，主要由驾驶员造成的事故占 90%左右，道路环境引起的事故占 30%左右，车辆技术状况差诱发的事故约占 10%[110]。

1. 驾驶员心理与生理要素

驾驶员交通心理的研究起始于美国哈佛大学心理学家闵斯泼格，他认为一位良好的驾驶员，必须具备特有的、复杂的注意力，在千变万化的道路环境中，能够持续地接受和分析为数众多的行人和车辆移动状态，并掌握住方向，而重要的是善于预见各种各样的变化，并在一瞬间作出迅速、准确的判断。而不同驾驶员群体其交通心理特性又存在差别，进而对交通安全造成连锁效应，如激怒型驾驶员、攻击型驾驶员、稳重型驾驶员等之间的驾驶行为差异。

驾驶员生理状态对行车安全至关重要。药物，尤其是酒精的副作用增大了驾驶车辆的风险性，此外，驾驶员的视觉、听觉状态及对外界的反应特性直接影响行车安全。驾驶疲劳成为引起交通事故的重要原因之一。疲劳驾驶对行车安全性的影响自 20 世纪 50 年代就展开研究，但是驾驶疲劳机理研究上尚存在较多困难。不同年龄的驾驶员疲劳前后的反应时间见表 2.10。

表 2.10　不同年龄的驾驶员疲劳前后的反应时间[109]

年龄/岁	疲劳前反应时间/s	疲劳后反应时间/s
18～22	0.48～0.56	0.60～0.63
22～45	0.58～0.75	0.53～0.82
45～60	0.78～0.80	0.64～0.89

1972 年，Hulbert 的研究发现，35%～40%的道路交通事故与疲劳驾驶有关，然而，Naatanen 和 Summala 根据驾驶员的生理测试，发现疲劳驾驶与睡眠有一定的关系，即疲劳驾驶导致驾驶员打盹的概率提高，同时，交通事故发生的概率也提高，从而引申出长时间驾驶对行车安全不利的结论，但是，定量研究疲劳驾驶导致的交通事故是困难的。

2. 驾驶员的交通事故致因

以上从驾驶员心理与生理角度分析了其对交通事故的影响，但是驾驶员引发的交通事故成因可从驾驶失误、个体差异与驾驶员期望等角度进行分析。

（1）驾驶失误。从本质上讲，驾驶失误是引发交通事故的根本原因。驾驶员的驾驶能力与对道路环境的适应性均可诱发驾驶失误。

（2）个体差异。知觉方式、选择性注意及知觉-运动反应时间三个要素是个体差异的重要表现形式。选择性注意的预测能力最高、最稳定。车辆驾驶与飞机操控这一类复杂的驾驶操作任务均需要注意的快速、准备转移，选择性注意与事故有显著相关。

（3）驾驶员期望。客观地讲，每一个驾驶行为均存在一定的危险。现实情况下的驾驶员只能通过主观判断危险的程度，而不能意识到客观的危险。当驾驶员对危险的主观评估比客观存在的危险要高时，就会小心驾驶，否则就会粗心驾驶。尽管上文的阐述对交通事故统计结果如此，但是如果认为车辆、道路和环境是相对安全的，那是片面的，因为部分交通事故在统计过程中事故原因认定较为单一，往往根据事故结果的外在表现定性，而实际上一部分司机的失误或者错误可能也是由于车辆、道路和环境诱发的。另外，对于同一个安全问题往往有多种解决方法，同时采取多种措施的结果往往大于单独使用效果的累加，因而，笔者在下文中对道路、环境、车辆等要素进行分析。

2.4.1.2　车辆行驶特征

高速公路上车辆在行驶过程中不受非机动车和行人的干扰，其交通流中个体车辆的运行状况除受静态运行环境影响外，还存在车辆间的相互影响。对个体车辆而言，周围的其他车辆构成它的交通行车环境，其行车状态和安全性受周围交通行车环境的影响。因此，在一定交通行车环境中，车辆表现出不同的行车状态：在低交通密度时，车辆处于自由行驶的状态，车辆间相互影响小；在中等交通密度时，车辆处于跟驰和超车状态，车辆间有一定的影响；在高密度交通流时，车辆处于跟车状态，超车较为困难；而针对多车道高速公路分合流区路段，主线车辆与分流、合流车辆争夺场所致使车辆行驶更为复杂。

2.4.1.3　道路几何线形安全设计

图 2.30 为美国的道路种类与交通量及事故件数关系的统计结果[110]。从图 2.30 中可以看出交通事故数与车道数有关系，车道数越多则道路交通事故比例越小。

由图 2.31 拟合结果可见，当曲线转角在 0°～45°之间变化时，亿车事故率与转角的关系近似成抛物线形，即随着转角的增大事故率逐渐降低，当转角增大到某一数值时事故率降到最低值（抛物线的极值点），此时随着转角的继续增大事故率又开始上升，变化规律明显。

2.4.1.4　交通环境

1. 交通密度等级与交通量

交通密度越大，即车辆之间距离越小，高速公路高速行车条件下受到周围车辆的干扰越大，车辆需频繁变换行驶方式（如加速、减速、换道等）应对其他车辆的干扰，交通流运行状态为强制流或约束流，因而交通冲突（如追尾、侧碰等）频数相应提高，交通事故发生的概率必然快速增长；反之，交通密度下降时，交通流为自由行驶状态，驾驶员驾驶负荷适度，车辆受到周边车辆的干扰较小，在一定速度范围内行车时交通冲突少，那么，引发交通事故的概率相应降低。英国公布的路线曲率与交通事故关系统计表见表 2.11。

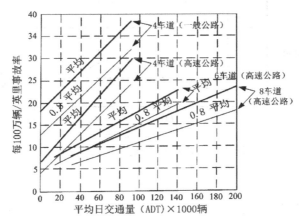

图 2.30 高速公路车道数与事故率的关系图

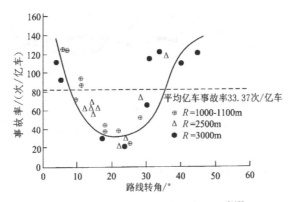

图 2.31 事故率与曲线转角的关系[112]

表 2.11 英国公布的路线曲率与交通事故关系统计表[110]

曲率/（°）	0～1.9	2～3.9	4～5.9	6～9.9	10～14.9	>15
每千米事故率/（次/百万辆）	1.62	1.86	2.17	2.36	8.45	9.26

根据文献[111]，交通流饱和度会影响交通事故的频率和严重程度，也即高速

公路事故率与交通量之间存在密切的关系，如图 2.32 所示[112]。可见当交通流为不稳定流和饱和流时，交通事故发生的概率显著增大，亦即交通流密集程度、稳定状态与运营风险直接相关。行驶风险、速度和几何线形的关系如图 2.33 所示。

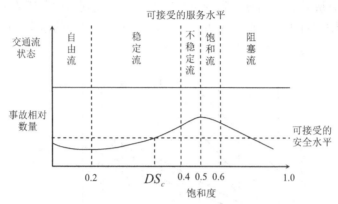

图 2.32　交通量与交通事故率的关系

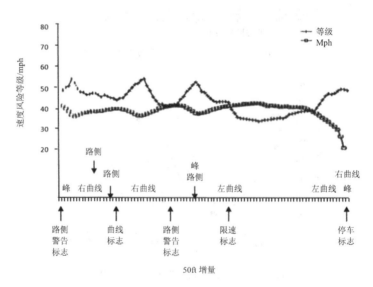

图 2.33　行驶风险、速度和几何线形的关系

以上分析了交通流密度等级与交通事故的关系，对于本书集中研究的多车道高速公路分合流区交通安全问题，上述的分析结论可以拓展分析。

2. 车辆速度及加速度

驾驶员确定行驶速度的主要感知信息或指示来自于视觉信息，特别是视觉范围内的交通流运行速度；声音也是影响速度决策的重要因素，试验表明当驾驶员戴上耳罩时，速度会比正常情况下 6～10km/h；驾驶员对行驶速度连续性的惯性期望也是影响速度的重要因素之一，当车辆从高速公路上转入干线公路或干线公路进入城市道路时，驾驶员往往需要一定时间或行驶距离适应较低的限速。美国联邦公路局通过研究给出了图 2.34 所示的行驶风险、速度和几何线形的关系[113]。

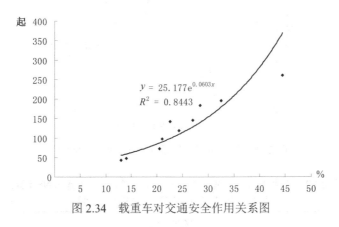

图 2.34　载重车对交通安全作用关系图

3. 客货车百分比

车型组成是指交通流中车辆类型及其比例。已有的研究表明，在非饱和流中，高速公路的事故率总体上随着重型货车比例的上升而上升。

重型货车对交通安全的影响主要体现在以下五方面：①车速慢，影响交通流的稳定性；②占有路幅宽，内轮差大；③重心高，摆动幅度大；④惯性大，与路面的附着系数小，制动距离长；⑤驾驶环境差，驾驶员易疲劳。

由于大型货车行驶速度慢，在互通立交进出口区段行驶时，易造成后方车辆驾驶员因无法看清楚前方路况而增加了追尾的风险。另外，在出口处，当小汽车行驶在重型货车的阴影内时，如同一个黑影，后方驾驶员无法看清小汽车的运行情况。根据已有的研究成果，载重车混入率与每亿车公里交通事故率的关系曲线，如图 2.34 所示，当载重车混入率超过 25%时，曲线迅速变陡，事故率迅速上升[111]。

2.4.1.5　自然条件与事件

雾、雨、冰、雪等自然条件及交通事故、地质灾害等事件对交通安全有不同程度的影响。但道路交通设施的规划与设计不可能保证各种气候环境条件下安全性和各类事件交通运行安全性；各种气候环境条件和事件状态下交通安全一般通过运行安全管理予以保障。图 2.35 为驾驶员对天气条件变化适应状况[100]。自然条件尤其是天气对驾驶员的视觉与心理产生直接影响，同时影响车辆的行驶性能。不同天气与光线条件下严重交通事故的数量见表 2.12。

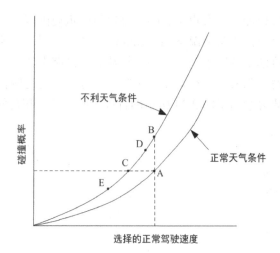

图 2.35　驾驶员对天气条件变化时的适应状况

表 2.12　不同天气与光线条件下严重交通事故[114]（美国 NHTSA，
2010－2011 年统计数据）（单位：起）

天气条件	光线条件					
	日光	黑夜（灯光）	黑夜	黎明或黄昏	未知的	总数
正常	13152(13530)	4844(4818)	7374(7518)	1040(1090)	48(60)	26458(27016)
雨天	951(834)	414(479)	598(570)	75(110)	4(2)	2042(1995)
雪/冻雨	287(365)	75(71)	209(210)	21(39)	3(0)	595(684)
其他	121(118)	58(50)	184(177)	41(38)	2(1)	406(384)
未知的	78(62)	19(15)	86(71)	4(6)	69(62)	256(216)
总数	14589(14909)	5410(5433)	8451(8546)	1181(1283)	126(125)	29757(30296)

注：括号中为 2010 年数据。

2.4.1.6　社会环境与管理

交通安全教育与交通法规制定与执行、交通管控等直接影响道路交通安全，应从提高驾驶员的交通安全意识与驾驶习惯出发进行全民管理和敢于。管理因素作为道路交通系统的外部人为环境因素，是通过对道路交通系统中人、车和路的可靠性进行影响来实现对道路交通系统整体可靠性的影响，因此，这种影响可认为是间接影响；然而，国外大量研究表明，其影响依然是十分明显的，且随着智能交通管理系统建设的不断完善，管理条件因素对交通安全的影响将越来越大。

2.4.2 考虑纵向驾驶行为的多车道高速公路分合流区追尾事故模型

纵向驾驶行为是驾驶员在驾驶车辆过程中沿道路方向操纵车辆时所表现的一系列行为。纵向驾驶行为可根据车辆间相互作用分为两部分。第一部分为自由驾驶,即驾驶员能自由选择行驶速度,极少受到其他车辆的影响,此时的驾驶行为受交通流自身的作用较小;第二部分为跟驰驾驶,即驾驶员驾驶车辆因与前方车辆间距较近,受前方车辆直接影响,驾驶员需根据前方车辆行驶状态选择合适行车速度与车间距以保证安全。纵向驾驶行为主要表现为车辆运动过程中的加、减速行为以及车辆间车距分布状态。

驾驶行为模型是用来描述在各种不同的交通状况下车辆运动的。它包括跟驰模型、换道模型和事件反应模型等[115]。换道模型主要包括两个方面的研究内容。一方面,在何种交通状况下需要进行换道行为,指的是在当前的状况下是否需要进行换道,是紧急换道还是缓慢换道等;另一方面,根据目前的交通状况确定速度、加速度和换道偏转角度等车辆的运行状态参数,也就是如何执行换道行为[116-118]。

对于多车道高速公路分合流区跟驰驾驶行为与追尾交通事故衍生机理研究,其假设条件为路分合流区交通密度大,换道行为难以实现,而这正是多车道高速公路分合流区常见的交通流运行状态之一[119]。

2.4.2.1 追尾事件模型化

设定前车的初始速度与减速度分别为 v_1 与 a_1,而 v_2 与 a_2 分别为后车的初始速度与减速度,h_2 与 r_2 分别表示车头时距与后车的反应时间。当后车的有效停车距离小于必须停止而不与前车碰撞的停车距离时,追尾碰撞发生,可构建其数学描述模型为

$$\left(v_2 h_2 + \frac{v_1^2}{2a_1}\right) < \left(v_2 r_2 + \frac{v_2^2}{2a_2}\right)$$

依据交通冲突特性,可把模型参数分为初始条件、逃避行为与碰撞后果。当模型的其他变量被初始条件限制时,后车的减速度作为逃避行为。碰撞后果可用初始条件、逃避行为的函数表述为

$$y = \left(v_2 h_2 + \frac{v_1^2}{2a_1}\right) - \left(v_2 r_2 + \frac{v_2^2}{2a_2}\right)$$

即有:$y<0$ 时,前后两车不发生追尾碰撞。

2.4.2.2 碰撞与冲突模型化

Hauer 与 Gårder[120](1986)指出,交通冲突分析中碰撞事故与交通冲突比率

随碰撞事故严重性的差异而变化，那么，碰撞事故与冲突之间的非线性关系可表达为

$$\lambda = \sum_i \pi_i c_i$$

式中，λ 为预测的碰撞事故数；π_i 为冲突严重性水平 i 时碰撞事故与交通冲突比率值；c_i 为交通冲突严重性水平 i 时的交通冲突数。

分析该模型可知，不同交通冲突严重水平时，潜在交通冲突演化为交通事故的概率是不同的，预测的碰撞事故数是基于此假设而推导出来，与现场调研的交通冲突状态切合，那么，多车道高速公路分合流区交通事故衍生机理的探究亦可从交通冲突的类型、严重程度入手，而模型参数的标定需依据现场大量观测与长期交通事故数据积累完成。

2.4.2.3 不安全的跟车条件分析

交通冲突可依据研究与设计目标进行不同形式的限定[121]。图 2.36 为不安全的跟车条件分析模型图。本节限定交通冲突为连续两辆汽车行驶于相同方向并导致非正常的行驶条件 UFC，诸如前车 m 突然停车或大幅度减速致使后车 n 碰撞前车与前车追尾。假设前车能对突发事件进行反应并实施紧急停车（减速）操作且后车对前车的刹车操作进行反应。

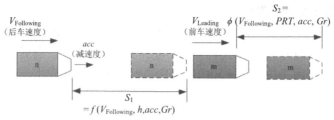

图 2.36　不安全的跟车条件分析模型

基于以上假设，连续两辆汽车的安全（不发生碰撞）条件限定为前车 m 最小停车距离大于后车 n。因此，采用最小停车距离模型，安全条件的数学表达式为

最小停车距离（前车）>最小停车距离（后车）

$$0.28 \times (V_{\text{Leading}} \times h) + \left[\frac{V_{\text{Leading}}^2}{254 \times \left(\dfrac{acc}{g} \pm Gr \right)} \right] > 0.28 \times (V_{\text{Following}} \times PRT)$$

$$+ \left[\frac{V_{\text{Following}}^2}{254 \times \left(\dfrac{acc}{g} \pm Gr \right)} \right]$$

其中，$V_{Leading}$ 为前车 m 的速度（km/h）；$V_{Following}$ 为后车 n 的速度（km/h）；acc 为减速度值（m/s²）（采用 3.42m/s²）；g 为重力加速度（9.8m/s²）；Gr 为坡度（%）（采用 0%）；h 为车头时距（s）；PRT 为驾驶员反应时间（s）（采用 1.5s）。

上式中采用的减速度值、坡度、驾驶员反应时间等为交通分析与试验中通常取值。分析过程中期望采用特征路段、特征点及驾驶员的具体值作为计算参数更为合理。图 2.37 为车辆跟驰行驶时的轨迹－时间相对变化位置图。

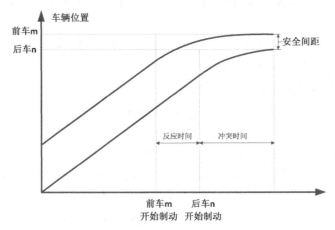

图 2.37　前车与后车跟车轨迹－时间相对变化位置图

本书实地调研获取多车道高速公路分合流区域的交通流数据，调研地点选取在沪宁多车道高速公路。调研人员 4 人。调研器材：照相机、摄像机。

外业工作：照相机采集出口段的设计及交通组织形式；摄像机采集车辆驾驶特性。图 2.38 为沪宁高速公路分流区车辆跟驰行驶的现场，图 2.39 为沪宁高速公路合流区车辆跟驰行驶的现场。

图 2.38　沪宁高速公路分流区车辆跟驰行驶　　图 2.39　沪宁高速公路合流区车辆跟驰行驶

内业工作：整理视频照片，分析分流与合流段的设计及交通组织要点，采用人工计时方法对所采集的视频进行交通量以及车头时距采集。

分流区域假设检验的流程如下所述。

（1）理论依据。为了检验假设 H_0，在实数轴上取 k-1 个点 $t_1 < t_2 < ... < t_{k-1}$，把实数轴分成 k 个区间。对于总体 X 的一个样本观测值 $x_1, x_2, ..., x_n$，计算出 $x_1, x_2, ..., x_n$ 落入第 i 个区间 $(t_{i-1}, t_i]$ 的个数 n_i（实际频数），则落入该区间的频率为 n_i/n（i=1，2，…，k）。如果假设 H_0 成立，即 $F(x) = F_o(x)$，则 X 落入第 i 个区间内的概率为

$$p_i = P\{t_{i-1} < X \leqslant t_i\} = F_0(t_i) - F_0(t_{i-1}) , \quad i=1，2，…，k.$$

在这里，视 $t_0 = -\infty, t_k = +\infty$。称 p_i 为理论概率，称 np_i 为理论频数。

由频率与概率的关系，如果原假设 H_0 成立，则 $(n_i/n - p_i)^2$ 应该比较小，故有

$$\chi^2 = \sum_{i=1}^{k} \frac{(n_i - np_i)^2}{np_i}$$

上式的值比较小才合理。上式为皮尔逊统计量。

可以证明，在假设 H_0 成立的条件下，不论 $F_o(x)$ 是怎样的分布函数，当样本容量充分大（$n \geqslant 50$）时，皮尔逊统计量总是近似服从自由度为 k-1 的 χ^2 分布。

如果 $F_0(x)$ 中含有 r 个未知参数 $\theta_1, \theta_2, ..., \theta_r$，则此时假设 $H_0: F(x) = F_0(x; \hat{\theta_1}, \hat{\theta_2}, ..., \hat{\theta_r})$ 的拒绝域为

$$W = \{\chi^2 \geq \chi_\alpha^2(k - r - 1)\}$$

（2）检验过程与结果。实地采集的车头时距示意图如图 2.40 所示。

车道一		车道二		车道三		车道四	
到达时间	车头时距	到达时间	车头时距	到达时间	车头时距	到达时间	车头时距
00:00:00, 00	00:00:00, 00	00:10:31, 50	00:00:13, 25	00:00:07, 42	00:00:07, 42	00:00:02, 53	00:00:02, 53
00:00:00, 00	00:00:00, 00	00:10:41, 07	00:00:09, 56	00:00:09, 90	00:00:02, 47	00:00:05, 46	00:00:02, 92
00:00:06, 08	00:00:06, 08	00:10:45, 57	00:00:04, 50	00:00:22, 77	00:00:12, 87	00:00:14, 05	00:00:08, 58
00:00:20, 38	00:00:14, 29	00:10:49, 24	00:00:03, 66	00:00:26, 17	00:00:03, 40	00:00:19, 66	00:00:05, 61
00:00:29, 56	00:00:09, 18	00:10:51, 72	00:00:02, 47	00:00:35, 81	00:00:09, 63	00:00:20, 59	00:00:00, 93
00:00:32, 68	00:00:03, 11	00:10:55, 09	00:00:03, 36	00:00:39, 40	00:00:03, 59	00:00:23, 85	00:00:03, 25
00:00:59, 07	00:00:26, 38	00:11:03, 01	00:00:07, 92	00:00:42, 34	00:00:02, 93	00:00:26, 01	00:00:02, 15
00:01:08, 44	00:00:09, 37	00:11:05, 69	00:00:02, 67	00:00:44, 70	00:00:02, 36	00:00:28, 84	00:00:02, 82
00:01:12, 70	00:00:04, 25	00:11:08, 15	00:00:02, 46	00:00:46, 23	00:00:01, 52	00:00:32, 32	00:00:03, 48
00:01:15, 29	00:00:02, 59	00:11:18, 27	00:00:10, 12	00:00:47, 81	00:00:01, 57	00:00:33, 34	00:00:01, 01
00:01:31, 47	00:00:16, 18	00:11:26, 26	00:00:07, 99	00:00:48, 77	00:00:00, 96	00:00:34, 53	00:00:01, 19
00:01:34, 28	00:00:02, 80	00:11:28, 27	00:00:02, 00	00:00:49, 89	00:00:01, 12	00:00:35, 55	00:00:01, 01
00:01:40, 95	00:00:06, 67	00:11:34, 98	00:00:06, 71	00:00:53, 16	00:00:03, 26	00:00:37, 77	00:00:02, 22
00:01:47, 64	00:00:06, 68	00:11:40, 85	00:00:05, 86	00:00:55, 01	00:00:01, 85	00:00:39, 37	00:00:01, 59
00:01:56, 17	00:00:08, 53	00:11:41, 77	00:00:00, 88	00:00:58, 20	00:00:00, 88	00:00:41, 32	00:00:01, 95

图 2.40 实地采集的车头时距示意图

对所采集的车头时距进行拟合检验，结果见表 2.13。

表 2.13 车头时距拟合检验与检验结果

车道（从中央分隔带始为第一车道）	平均小时流量/（veh/h）	假设	显著性水平	结论
4	276	$H_0: F(x) = F_0(x)$ 其中，$F_0(x)$ 为负指数分布的分布函数	$\alpha = 0.01$	接受 H_0
3	588			
2	678			
1	784			

由上述计算结果（接受 H_0）可知，车头时距符合负指数分布，从而主线车辆达到服从泊松分布。

本书依据现场观测数据与既有文献中的取值，依据多车道高速公路分合流区几何特征、交通流调研与驾驶员特性考虑对各计算参数进行修正与调整。基于上式，两连续汽车的 UFC 采用其最小停车距离差异表达式为

$$UFC_i = \max\left[-\Delta D_i, 0\right];$$

$$\Delta D_i = 0.28 \times (V_{\text{Leading}} \times h - V_{\text{Fllowing}} \times PRT) + \left[\frac{V_{\text{Leading}}^2 - V_{\text{Fllowing}}^2}{254 \times \left(\dfrac{acc}{g} \pm Gr\right)}\right]$$

2.4.3 考虑横向驾驶行为的多车道高速公路分合流区换道碰撞事故模型

换车道行为是驾驶员由自身驾驶特性，针对周围车辆的车速、空档等周边环境信息的刺激，调整并完成自身驾驶目标策略的包括信息判断和操作执行的综合行为过程。目前，变换车道模型的主要类型是基于人工假设的可接受间距离理论，以假设目标车道的可接受车头时距为变换车道条件。除此之外，还有角速度可接受理论。从根本上说，车道变换模型和间隙可接受理论是密切相关的，因此，司机在进行换车道之前必须寻找到合适大小的间隙。

车辆在分合流区换道的类型有强制性换道与自由性换道。强制性换道指驾驶员在出口区域意欲驶离主线驶入匝道从而进行的换道行为。自由性换道指驾驶员对所在车道或行驶速度不满意从而更换车道行为。无论是自由换道还是强制性换道，都会对主线的车辆产生影响，轻则产生交通流扰动，重则导致车辆擦碰或追尾。图 2.41 为车辆变换车道的类型。

通过对沪宁多车道高速公路分合流区车辆换道行为的现场调研，可以发现，在交通流较大的环境下，分合流区车辆常发生强制性换道与自由换道引起的交通冲突。图 2.42 为车辆换道过程（强制性、自由换道）交通冲突示意图。

图 2.41　车道变换的类型

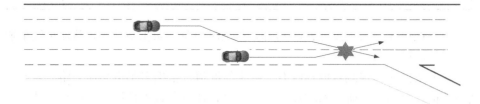

图 2.42　车辆换道过程（强制性、自由换道）交通冲突示意图（沪宁多车道高速公路）

分合流区车辆换道现场图如图 2.43、图 2.44 所示。

图 2.43　分流区车辆换道现场

图 2.44　合流区车辆换道现场

图 2.45 为多车道高速公路合流区车辆加速换道分析模型的基本构架。

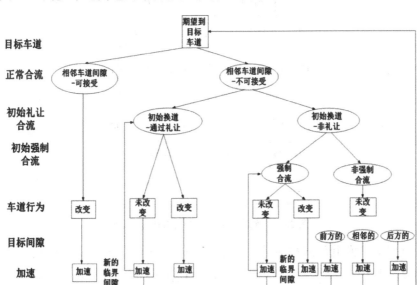

图 2.45　合流区加速模型的基本框架

在换道过程中，车辆行驶轨迹为典型的 S 型。当目标车道上的车头时距满足车辆的转弯极限值时，在保证车辆不发生侧滑或侧翻的同时，应保证车辆与目标车道上的前车或后车不发生碰撞。车辆同时进行横向与纵向运动。因此，往往需要驾驶员预测出合适的换道轨迹，以求在获得较理想的行驶速度的同时避免碰撞。只有确定了换道轨迹后，才能判断车辆之间是否发生碰撞以及发生碰撞的概率[122]。

Jula 对车辆换道进行细致研究，假定换道前各车位置如图 2.46 所示，换道车辆 M 的设计侧向加速度 $a_{lat}(t)$ 为

$$\frac{2\pi H}{t_{lat}^2} \cdot \sin\left[\frac{2\pi}{t_{lat}}(t - t_{adj})\right]$$
$$t_{adj} \leqslant t \leqslant t_{adj} + t_{lat}$$

$$-\frac{H}{2\pi} \cdot \sin\left[\frac{2\pi}{t_{lat}}(t - t_{adj})\right] + \frac{H}{t_{lat}}(t - t_{adj})$$

逐一分析换道车辆 M 和原车道前后车以及目标车道前后的可能碰撞情况。如图 2.47，假设换道车辆和目标车道前车 L_d 的初始侧向距离为 S；LS 表示经过目标车道前车 L_d 右侧面的水平线；w_{Ld} 为目标车道前车的车宽；w_M 为换道车辆的车宽；l_{ld} 为目标车道前车的车长；l_w 为换道车辆的车长。

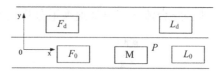

图 2.46　换道前车辆与周边交通状态图

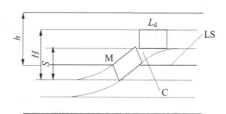

图 2.47　换道车辆与目标车辆换道轨迹

在 t 时刻，换道车辆 M 的水平、竖直坐标分别由 $x_M(t)$、$y_M(t)$ 表示。目标车道前车 L_d 的水平、竖直坐标分别由 $x_{LD}(t)$、$y_{LD}(t)$ 表示。假设换道车辆 M 左前角接触到线 LS 的时刻为 $t_{adj}+t_C$。当 $t \geqslant t_{adj}+t_C$ 时，换道车辆 M 经过 LS 线，目标车辆前车 L_d 发生角碰或侧面刮擦事故；当换道车辆 M 完成换道操作后，易与目标车道前车 L_d 发生追尾碰撞。因此，$t \in [t_{adj}+t_c, T]$ 为危险时间段。此处，T 为整个过程需考虑的时间段长度。可知：

$$y_{lat}(t_{adj}+t_C) = S = y_{Ld}(t_{adj}+t_C) - w_{Ld}$$

显然，此时两车不发生碰撞的条件是：

$$x_M(t) < x_M(t) - l_{ld} - w_M \cdot \sin(\theta(t)), \quad t \in [t_{adj}+t_c, T]$$

其中，$\theta(t)$ 为换道车辆在 t 时刻与水平方向的夹角，满足：

$$\tan(\theta(t)) = \frac{\partial y_{lat}(t)}{\partial x_M(t)} = \frac{\partial y_{lat}(t)/t}{\partial x_M(t)/t} = \frac{v_{lat}(t)}{v_M(t)}$$

令

$$l_{L1} = l_{Ld} + w_M \cdot \sin(\theta(t_C+t_{adj})),$$

$$x_M(t) < x_{Ld}(t) - l_{L1}$$

设换道车辆 M 左前角点 P 和目标车道前车 L_d 的水平距离为 $S_r(t)$。即有

$$S_r(t) = x_{Ld}(t) - l_{L1} - x_M(t)$$

显然只有 $t \geqslant t_{adj}+t_C$ 时，$S_r(t) > 0$，才能保证无碰撞交通事故的发生，因此有

$$S_r(t) = \left[S_r(0) + \int_0^t \int_0^\lambda \left(a_{Ld}(\tau) - a_M(\tau) \right) d\tau d\lambda + \left(v_{Ld}(0) - v_M(0) \right) t \right] > 0$$

其中 $S_r(0) = x_{Ld}(t) - l_{L1} - x_M(0)$。

分析 $S_r(t)$ 的极值点，可以得到换道车辆 M 和目标车道前车 L_d 的最小水平距离为

$$MMS(L_d, M) = \underset{t}{\text{Max}} \left[\int_0^t \int_0^\lambda (a_M(\tau) - a_{Ld}(\tau)) d\tau d\lambda + (v_M(0) - v_{Ld}(0)) t \right]$$

类似可得 $t \in [t_{adj} + t_C, T]$ 时，换道车辆 M 和目标车道后车 F_d 的最小水平距离为

$$MMS(F_d, M) = \underset{t}{\text{Max}} \left[\int_0^t \int_0^\lambda (a_{Fd}(\tau) - a_M(\tau)) d\tau d\lambda + (v_{Fd}(0) - v_{Md}(0)) t \right]$$

而 $t \in [0, t_{adj} + t_C]$ 时，换道车辆 M 和原车道前车 L_0 的最小水平距离为

$$MMS(L_0, M) = \underset{t}{\text{Max}} \left[\int_0^t \int_0^\lambda (a_M(\tau) - a_{L0}(\tau)) d\tau d\lambda + (v_M(0) - v_{L0}(0)) t \right]$$

那么 $t \in \left[0, t_{adj} + t_C \right]$ 时，换道车辆 M 和原车道后车 F_0 的最小水平距离为

$$MMS(F_0, M) = \underset{t}{\text{Max}} \left[\int_0^t \int_0^\lambda (a_{F0}(\tau) - a_M(\tau)) d\tau d\lambda + (v_{F0}(0) - v_{Md}(0)) t \right]$$

可根据极值点在解集空间中寻找即可得到相应的设计侧向加速度 $a_{lat}(t)$ 的约束条件。

2.5 多车道高速公路分合流区交通安全问题解决思路探究

2.5.1 突出的科学问题

通过上文对多车道高速公路分合流区交通安全现状从工程应用现状、交通事故状况等角度进行调研与分析可知，解决多车道高速公路分合流区交通安全问题是需要解决的突出科学问题，人、车、道路、环境整个道路系统中，环境是难以改变的，从研究人的驾驶行为、车辆的运动行为及道路几何安全设计作为切入点客观上可以提升分合流区的交通安全性能。

2.5.2 解决思路探究

多车道高速公路分合流区交通安全问题的解决思路如下。

1. 多车道高速公路分合流区驾驶员、车辆的交通行为特征试验与特征分析

通过现场观测与驾驶模拟仿真试验方法研究驾驶员与车辆在不同交通条件下的交通行为特征，在交通行为特征基础上结合交通冲突与交通事故致因分析，为多车道高速公路分合流区安全设计提供现实支撑与方向。

2. 多车道高速公路分合流区变速车道安全设计参数合理性

通过对运营中的多车道高速公路变速车道现场进行试验，采集交通流与交通

行为数据，分析不同交通水平与几何构型分合流区交通安全性能，采用驾驶模拟技术重现分合流区工程场景，结合理论模型提出分合流区减速车道安全设计参数合理配置。

3. 多车道高速公路分合流区不同匝道组合形式时的间距安全设计参数

不同出入口匝道组合状态时间距安全设计直接影响多车道高速公路分合流区交通安全与运行效率。通过事故预测模型与理论计算的方法对互通立交与匝道端部间距进行研究，提出多车道特殊条件下匝道组合形式与间距的安全设计参数，从宏观与微观角度对多车道高速公路接入管理技术进行深化。

2.6 小结

本章通过沪宁多车道高速公路现场调研工作分析多车道高速公路分合流区交通冲突特征及潜在的安全风险，在此基础上分析交通事故的成因与事故模型。融合调研与理论成果，明确多车道高速公路分合流区交通安全问题的解决思路与理念，进而提出以驾驶员与车辆交通行为、变速车道安全设计参数及互通立交、匝道端部间距安全设计等作为切入点进行多车道高速公路分合流区安全设计问题的探索。

第 3 章　多车道高速公路减速车道驾驶行为
与设计参数

多车道高速公路分流区是主线交通流快速、高效、安全地转换进入交叉支线的核心地带，而减速车道的驾驶行为与设计参数是影响分流区交通运行风险的关键因素。

本章从多车道高速公路现状出发提出分流区减速车道安全设计研究问题的技术需求，追溯高速公路减速车道设计方法与参数研究与应用的变革历程，揭示减速车道安全设计问题的本质与根源，并提出多车道高速公路分流区安全设计方法新构架。着重从出口几何形式选择、减速车道设计的基础理论与设计参数、驾驶模拟多参数仿真、现场试验观测与论证等角度探究多车道高速公路减速车道安全设计方法与参数的合理性，并基于此提出适用的技术方法与设计参数。

3.1　减速车道

高速公路分流区是高速公路互通立交的核心区域之一，从主线分流的车辆集中换道操作对主线交通流造成扰动，该扰动可能造成交通冲突并增加交通冲突潜在可能性，甚至引发交通事故。合理的互通立交匝道终端设计可保证高速公路出口交通不相互干扰。高速公路互通立交分流区设置减速车道可使车辆从主线分流，减速至合适的匝道速度并以安全、放松的状态驶入匝道。

变速车道包括减速车道和加速车道。减速车道是车辆由正线驶入匝道时减速所需的附加车道。图 3.1 为减速车道组成示意图。

减速车道作为分流区中主线与匝道关键过渡段，在主线与匝道交通流转换运行过程中起到"桥渡"作用，其设计的合理性与否直接影响到驾驶员在匝道出口区域的速度与加速度梯度变化程度，继而波及主线上、下游分流影响区及匝道车辆的通行能力、服务水平、运营风险。减速车道长度与车辆碰撞事故相关性高，图 3.2 为减速车道长度与车辆碰撞频数的关系[123]，从图 3.2 可知，随减速车道长度增加车辆碰撞频数减少，分流区安全性能提高。

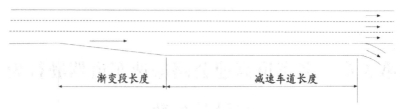

图 3.1　减速车道组成示意图

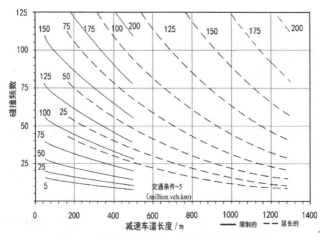

图 3.2　减速车道长度与车辆碰撞频数关系

　　但是，从工程经济等角度分析，需研究提出适合多车道特殊交通与几何条件的减速车道设计技术标准，因而本章针对多车道高速公路减速车道的方式与设计方法、设计理论等进行论述。

3.1.1　减速车道长度安全设计参数与方法简评

3.1.1.1　减速车道设计标准演变历程

　　美国国家公路和运输协会（AASHTO）在 2004/2011 版绿皮书[44]中指出车辆应在识别交通分流行车道之后及到达匝道端部渐变段速度限制点之前从高速公路主线分流，而这两点之间长度不小于完成合适减速所需的最小距离，此最小距离由交通分流行车道与匝道端部速度共同决定，AASHTO2004/2011 版绿皮书的表10-73 中根据高速公路与匝道两者设计速度不同组合条件下提出最小减速车道长度推荐值，表 3.1 为绿皮书中基于以下设计指南的减速车道长度标准的发展进程对比分析。

- 绿皮书（2011/2004 版[44]，2000 版[124]，1994 版[125]，1990 版[126]，1984版[127]）；

- 1973 版红皮书[128]；
- 1965 版蓝皮书[129]；
- 1954 版蓝皮书[47]。

表 3.1　减速车道长度设计标准的变化历程

年份与版本	变化与进展描述
2011/2004 版绿皮书	当前 AASHTO 政策（10-73）中包括单独的技术标准：减速车道长度、渐变段长度。2004 版绿皮书中推荐的减速车道长度值与 1965 版蓝皮书中减速车道值相差极小。2004 版绿皮书包括 35,45,55mph 设计速度时设计值，但是 1965 版蓝皮书中的 0mph 未包括在其中
2001，1994 1990，1984 版绿皮书	相似长度包括在 2004 版绿皮书中： 2001 版：图表 10-73，1994 版：表 X-6， 1990 版：表 X-6，1984 版：表 X-6
1973 版红皮书	1973 版红皮书中表 J-10 包括相似于 2004Green Book（绿皮书）的减速车道值。减速车道长度从渐变段终点开始，不包含渐变段。因此，1965 至 1973 之间渐变段长度单独从减速车道几何设计中提出
1965 版蓝皮书	减速车道长度值与 2004 版绿皮书的减速车道值相似。一个关键不同点在于蓝皮书中减速车道值包括渐变段，但 2004 版绿皮书把渐变段值单列出来
1954 版蓝皮书	最早提出减速车道长度。其值与 2004 版绿皮书与 1965 版蓝皮书不同

　　我国经历 1994 版《公路路线设计规范》（JTG D20－1994）的编写与完善阶段，对于减速车道的设计标准的提出主要仿照日本的技术标准，也与当初德国的长度相同。此长度比多数国家的小，比少数国家的小得多。某些国家的固定出入口（无变速车道的说法）与主线共铺面的长度（即我们所称变速车道的定义）不见得比我们的大，但是匝道的平面指标高，有充分的"继续减速"余地。

　　我国变速车道长度的不足在已建成的交通量较大的高速公路已有明显的暴露。由于减速车道的长度较短，它所邻接匝道的平面线形指标又较低，驾驶员见此情景后往往在进入减速车道之前就开始减速，影响后随直行车辆的正常行驶，

　　鉴于以上问题，我国 2017 版《公路路线设计规范》（JTG D20－2017）对减速车道长度适当增加，并规定不同主线设计速度时对应的减速车道长度，从数值上看似乎与速差不合逻辑，是考虑实际行驶速度的需要。

　　尽管变速车道比以前增长了，但是紧邻变速车道部分的匝道线形应采取较高的指标，仅靠增加变速车道长度来满足变速从容的要求未必奏效，而且往往是不经济的。所以，变速车道形式、几何长度及匝道线形指标的合理配合是分合流区安全设计的有效途径。

3.1.1.2 减速车道长度计算

1965版蓝皮书[131]提出减速车道长度是基于以下三个因素综合考虑进行计算。

A. 驾驶员操纵进入附加车道的速度。

B. 驾驶员横越变速车道后转弯的速度。

C. 车辆减速或减速度的表征因子。

对于因素 A，1965 版蓝皮书提出大多数驾驶员驾驶操控速度不大于高速公路主线上车辆的平均运行速度。例如，高速公路设计速度为 70mph，那么假设驾驶员进入附加车道的速度为 58mph（表 3.2）——存在 12mph 的减少。对于因素 B，同样提出匝道曲线上车辆平均运行速度的假设，例如，对于匝道曲线设计速度为 40 mph，那么就假设变速车道末端的速度为 36 mph。1965 版蓝皮书中明确提出因素 A 与 B 的值。但是，对于因素 C——车辆减速或减速度表征因子——其取值在 1965 版蓝皮书中并未明确提出。表 3.2 为平曲线上车辆的行驶速度。

表 3.2　车辆在平曲线的行驶速度

设计速度/ mph	平均行驶速度/mph（1965 版蓝皮书）[a]		行驶速度/mph （2004/2011 版 绿皮书）
	出口匝道曲线采用速度 （1965 版蓝皮书，图 VII-3）	高速公路平均行驶速度 （1965 版蓝皮书，图 VII-16）	
15	14		15
20	18		20
25	22		24
30	26	28	28
35	30	32[b]	32
40	36	36	36
45	40	40[b]	40
50	44	44	44
55		48[b]	48
60		52	52
65		55	55
70		58	58
75		61	61
80		64	64

注：[a] 对于设计速度 15～40mph，采取 1965 蓝皮书中的图 VII-3；对于设计速度大于 40mph，采取 1965 蓝皮书中的图 VII-16。

　　[b] 作为相邻两种设计速度评估值。

1965 蓝皮书提出高速公路分流区变速车道上汽车两阶段加速过程。首先，加速器踏板放松（假设为 3s）且汽车在低挡位不使用刹车，接着开始刹车[130]。1998年，Bared 等[131]以匝道 AADT、主线 AADT、减速车道长度、匝道形式等为参变量建立泊松回归模型评估减速车道与匝道的事故频率。他们发现长减速车道有利于减少交通事故频率。随后，Sarhan 等[132]提出一种基于交通事故频率的减速车道与加速车道长度最优性能预测模型，主要结论为：①随变速车道长度增加，交通事故率减少；②为了通行能力需要增加或减少基本车道数时，增加或减少的车道数宜应用于基本路段且远离变速车道及影响路段。

Garcia[133]等通过采集出口车辆行驶轨迹、速度、位置研究不同减速车道长度，提出平衡主线与变速车道效果、安全的减速车道长度是容许两种驾驶行为（车辆离合器减速换道操纵紧接着刹车减速）按次序舒适地完成。Abdel-Aty[134]等在奥兰多、佛罗里达通过试验研究不同限速条件对道路安全性能提高的作用，得出速度限制对高速公路分流区上游与下游中交通事故有特定的影响。Janson[135]研究华盛顿州匝道设计与货车事故率之间的关系并分析对比科罗拉多与加利福尼亚有限的数据资料，结果表明环圈式匝道事故率最高，事故表现形式为侧翻。

日本计算减速车道的方法也是以 AASHTO 的标准为依据，不同点在于，日本将三角段起点设定为减速起点。即认为减速车道的计算长度包括三角段的长度。我国目前的公路路线设计中对变速车道问题的处理主要参照日本技术标准。

3.1.2 减速车道长度安全设计存在的问题

上文对减速车道安全设计的历程进行了回顾，对于当前交通水平与道路建设水平的多车道高速公路而言，减速车道安全设计方法与应用过程中存在的突出问题体现在：

（1）如何对分流车辆在减速车道全程中运动过程进行定量描述。

（2）如何将驾驶员与车辆交通行为融入减速车道安全设计方法与理念中。

（3）如何综合考虑交通量、车辆参数及道路几何参数（如车道数）、设计参数（如设计速度等）对减速车道几何安全设计参数提出对应的推荐值与技术指标。

多车道高速公路减速车道安全设计涉及分流区出口几何形式设计、减速车道长度设计等内容。通过对减速车道交通冲突特征与交通事故现状的现场调研分析及分流区驾驶行为远场观测试验可知，交通量、车型比例、出口形式直接影响减速车道的有效性，同时，直接决定减速车道的交通安全性。

基于上述分析，对减速车道安全设计的研究主要将减速车道形式与几何长度作为关键研究问题，而减速车道长度安全设计方法及理念是以现实的车辆减速度、车辆交通行为、交通量为依托，采取理论方法计算不同交通条件、几何形式的多车道高速公路减速车道长度。

3.2 多车道高速公路分流区安全设计方法框架与设计参数

3.2.1 分流区安全设计方法框架与技术手段

高速公路分流区交通安全是本章研究的出发点。分流区交通安全的作用因素较多，主要有：道路因素（线形、路面、路侧等）、交通因素（车辆组成、车辆速度、加速度、车型组成等）、环境因素（天气、温度与湿度、能见度、地形与地物等）、人的因素（驾驶员与其他交通参与者）等。图 3.3 为基于交通安全的多车道高速公路分流区设计方法新构架。

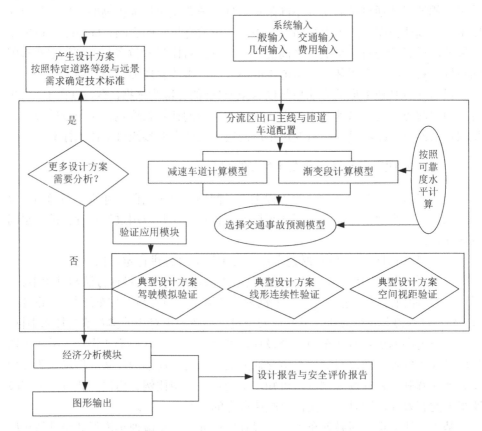

图 3.3　基于交通安全的多车道高速公路分流区设计方法新构架

对于分流区车道形式与车道配置问题，鉴于当前研究现状成果较为丰富，且多车道高速公路技术指标极高的现实依据，该问题采取的研究对策是汲取最新成果并加以转化。

驾驶行为研究的出发点是多车道高速公路分流区现场观测，由于交通量与车辆运行参数可作为我国多车道高速公路运行状态的代表，因此，本书选取沪宁高速公路为实体工程。室内驾驶模拟仿真试验是现场观测试验的补充与拓展，可根据需要模拟多样化的环境下分流区车辆驾驶行为。采用现场调研分流区路段交通流参数、几何参数，进而对减速车道几何长度计算模型进行修正，标定计算模型的变量与参数。

3.2.2 分流区安全设计的关键参数

3.2.2.1 设计车辆与车型

高速公路几何设计中的关键控制元素为使用该道路的不同类型与几何尺寸车辆的物理特性。选择车辆应有代表重量、体积、操控特性等，减速车道安全设计时的设计车辆为客车，但是，由于卡车在互通立交分合流区端部的物理特性与客车之间存在大的差异，在某些情形下卡车应比客车更应作为设计车辆进行减速车道安全设计。

3.2.2.2 设计速度与运行速度

高速公路分流区路段的设计速度包括主线设计速度、匝道设计速度。设计速度是确定高速公路技术标准的关键依据。较高的设计速度需求的线形指标要求高，如：平纵指标、平面（或空间）视距、横向宽度与侧向净空等。

高速公路分流区各类型车辆在特征点或特征路段的实际行驶速度遵循一定的规律动态变化，而车辆的实际行驶速度的分布特征与行为属性决定车辆自身的安全及交通流的稳定，因此，采取刻画车辆实际行驶速度行为的运行速度（V_{85}）进行减速车道安全设计或许更为合理，本章的试验与理论分析均基于此考虑进行。

减速车道的设计参数中关于设计速度的选取，理应考虑车辆在减速前（位于主线或减速车道起点）和减速后（位于匝道曲线控制点）运行速度的不同。本书针对两个特征位置点，依据现场观测与驾驶模拟仿真试验数据作为来源，选择代表的运行速度值进行计算模型的变量与参数标定。

3.2.2.3 减速度

分流区车辆的减速度是车辆速度变化梯度的表征。重型货车与客车由于车辆减速性能的差异而表现出不同的减速度，同时，由于减速车道形式与交通流密度对驾驶员驾驶行为的影响，减速度与减速行为得到不同的体现。

本书采取基于经典的运动学理论的计算模型进行减速车道几何设计技术指标的研究与驾驶行为分析。而物体运动学理论的变量与参数中，运动物体的减速度值描述了物体的速度变化过程属性，是计算物体位置变化的核心参数之一。由于减速车道上车辆的减速度与减速行为差异极大，需依据以往大量的减速度测试数据与车辆物理运动特性选择代表性的减速度值或减速度阈值作为计算模型分析值进行参数标定。

3.2.2.4　出口型式与车道数配置

多车道高速公路出口型式与减速车道型式相对应地有直接式与平行式，车道数的配置针对交通量预测水平而设置为单车道与双车道型式。由于多车道高速公路自身技术标准高、交通量大的特殊性，双车道减速车道型式的设置较为典型，其安全设计更为复杂，因此，本书研究重点对双车道减速车道进行研究，单车道减速车道的问题在某些层面有所涉及。

车道数的平衡是出入口设计过程中车道数配置时考虑的基本原则，以往研究成果与实践应用均论证其合理性。因此，本书未对其进行专门研究，而从不同角度进行论述，突出其作用与地位。

3.2.2.5　空挡滑行时间

空挡滑行时间是刻画车辆在分流区减速车道两阶段运动过程中驾驶行为的一项参数，即车辆不采用刹车踏板而减速运动的时间。空挡滑行时间的长短直接决定车辆在减速车道上由主线运行速度过渡到匝道控制曲线速度所需的减速车道长度。修正计算模型对空挡滑行时间标定时，考虑到大量观测成果与观测场景条件，分析时选择空挡滑行时间为5.1s。

3.2.2.6　坡度调整系数

平面与坡度减速车道上车辆的物理特性（减速特性等）存在差异，因此，坡度上减速车道长度与水平面上减速车道长度比率可作为减速车道坡度调整系数的理论基础。

文中对减速车道安全设计分析与计算时，主要考虑平面坡度上（平面或坡度小于2%时）车辆的驾驶行为参数，从现场观测与理论层面对减速车道几何设计提出设计方法与技术指标，在此基础上依据推荐的坡度调整系数完成坡度条件下减速车道的安全设计。

3.3　分流区减速车道驾驶行为远场观测试验

3.3.1　远场观测实体工程及构想

3.3.1.1　远场观测试验实体工程

远场观测试验实体工程选择沪宁（上海—南京）多车道高速公路（G2/G42）

互通立交（群）。沪宁高速公路为全封闭、全立交、高等级、多功能的双向八车道高速公路，主线设计速度为 120km/h。图 3.4 为分合流区驾驶行为远场观测试验实体工程沪宁高速公路（G2/G42）卫星地图。

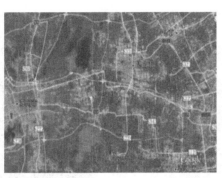

图 3.4　沪宁高速公路（G2/G42）卫星地图

3.3.1.2　试验设计

远场试验的目的是采集不同类型合流与分流匝道车辆速度与行驶距离信息，从采集信息提炼反映驾驶行为及车辆性能的速度梯度及运行速度指标，为后续通过速度梯度、运行速度与车辆在变速车道上加速与减速性能（加速度、减速度等指标）对比研究最小变速车道长度提供现实依据与参数基础。

考虑互通立交的总体构型、匝道形式、变速车道形式、交通量及互通立交、匝道端部间距等因素，具体选择我国高速公路工程中常用的部分或全苜蓿叶互通立交、单（双）喇叭互通立交作为互通立交（群）的组合元素。借助 Google Map 强大的视图功能，并全程踏勘考察沪宁高速公路路段，详尽量测互通立交间距、变速车道长度、匝道端部间距及综合考虑互通立交的类型，把昆山市正仪枢纽互通及苏州市苏州北枢纽互通等作为集中研究对象，同时对比研究两枢纽互通立交之间的单喇叭、双喇叭互通，如图 3.5、图 3.6 所示。

速度梯度与运行速度分析是远场观测试验采集数据的主要目的之一，同时，采集交通量、车型与车辆分合流位置、换道行为等数据进行驾驶行为分析。制定精细试验方案并分析数据采集可行性，采用课题组 MC5600 型气压管式车辆分型统计与测速系统采集匝道断面交通流量与速度等数据。

1. 试验仪器设备与试验对象

数据采集仪器设备为 MC5600 气压管式车辆分型统计与测速系统、摄像设备、测量仪器及视频分析软件 Corel Video Studio Pro X4 等，如图 3.7 所示。

2. MC5600 型气压管式车辆分型统计与测速系统

MC5600 型气压管式车辆分型统计与测速系统可获得交通量、车速、车辆类型、车流密度等相关参数，其特点是精度较高，流量观测精度为 99%，车辆分型精度为 99.7%，图 3.8 为试验设备 MC5600 型气压管式车辆分型统计与测速系统，试验实施原理如图 3.9 所示，试验观测现场布置图如图 3.10 所示。

图 3.5　正仪枢纽互通总体图

图 3.6　苏州北枢纽互通总体图

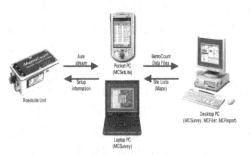

图 3.7　交通数据分析与管理软件 MC5600

图 3.8　车辆分型统计与测速系统 MC5600

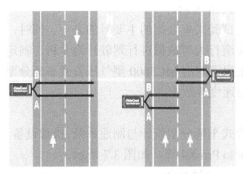

图 3.9　MC5600 设备试验原理图

图 3.10　MC5600 试验观测现场布置图

3. 视频采集及分析工具

视频采集技术的基本原理是：通过摄像机监视交通，然后对获得的实时视频图像进行处理分析、提取出车辆运动信息甚至交通流参数[136]，如图 3.11 所示。

图 3.11   视频分析软件 Corel Video Studio Pro X4

4. 试验车型

通过对我国高速公路上交通组成特征及车辆性能的抽样统计分析，根据车辆轴数、轮数以及车辆最大轴距 H 将车辆分为以下四类。

（1）A：2 轴 4 轮，$H \leqslant 1.3m$，主要为小汽车、小型面包车。

（2）B：2 轴 4 轮，$H > 1.3m$，2 轴 6 轮，$H \leqslant 2.5m$，主要为小型货车、中型货车。

（3）C：2 轴 6 轮，$H \leqslant 5m$，主要为大型客车、中型面包车。

（4）D：2 轴 6 轮，$H > 2.5m$，或 3 轴以上，主要为大货车，拖挂车。

3.3.2   试验路段选取

本章分合流区驾驶行为研究选取沪宁多车道高速公路江苏段苏州北枢纽互通、正仪枢纽互通作为远场观测的试验载体，具体到分流区驾驶行为的现场观测时，选择苏州北枢纽、正仪枢纽互通与主线直接相接的大分支为主要研究路段，且部分观测试验在大分支后的小分支完成以进行对比分析。

3.3.3   试验方案设计与数据采集

3.3.3.1   数据采集准备工作

减速车道现场数据采集试验在沪宁高速公路主线双向六车道的苏州北枢纽互通与主线双向八车道的正仪枢纽互通进行，其减速车道均为双车道形式，试验仪器为雷达枪 2 支、MC5600 型气压管式车辆分型统计与测速系统一套、摄像机三台，试验人员 4 名。

3.3.3.2 试验方案设计

图 3.12 为分流区驾驶行为远场试验方案，图 3.12 中摄像机设备 1、2、3 分路段同步拍摄现场交通流运行状况；由于现场交通流量大、车速高及车道数多等客观现实条件限制，MC5600 型气压管式车辆分型统计与测速系统仅用于匝道端部或匝道路段试验研究。

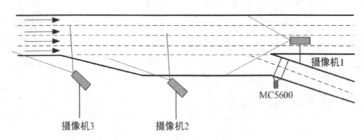

图 3.12　分流区驾驶行为远场试验方案

3.3.3.3 数据采集与试验过程

1. MC5600 型气压管式车辆分型统计与测速试验

图 3.13 为分流区 MC 试验现场，图 3.14 为分流区视频观测试验现场。

图 3.13　分流区 MC 试验现场　　　　图 3.14　分流区视频观测试验现场

2. 视频采集及分析

三台摄像机联合拍摄分流区车辆运行状况，每次拍摄时间为 2h，选取其中 15min 时段视频进行详细研究。对于这 15min 视频录像，其中记录了每一辆汽车驶出主线时的分流位置点。

分流位置点的评估是在首先分流区现场沿着减速车道具体距离作标记，然后在室内通过视频分析软件 Corel Video Studio Pro X4 处理，统计 15min 内车辆分流所处的空间位置点，并在记录本上分类记录，绘制数据分析图表。

通过三台摄像机拍摄减速车道渐变段起点、减速车道中段、匝道端部位置的视频，并采取室内人工视频计数的手段采集减速车道与主线车道交通量、车头时距车型与车型组成比例；断面速度数据通过 MC5600 型气压管式车辆分型统计与测速系统和雷达枪采集，结合 GPS 实车观测车辆速度，其中 MC5600 分别布置于减速车道渐变段起点与出口匝道端部，雷达枪布置渐变段终点及减速车道中点。

3.3.4 交通数据分析

3.3.4.1 交通量

图 3.15 为苏州北枢纽立交分流区 12h 分车道交通量统计图，图 3.16 为正仪枢纽立交分流区 12h 分车道交通量统计图。

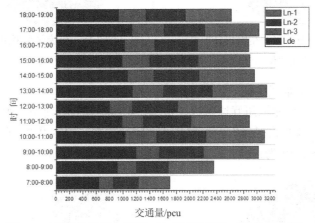

图 3.15 苏州北枢纽分流区 12h 交通量统计（双向六车道）

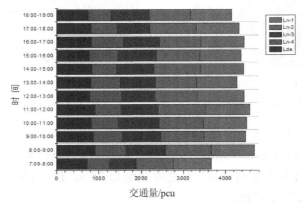

图 3.16 正仪枢纽分流区 12h 分车交通量统计（双向八车道）

3.3.4.2 车型组成比例

1. 分流区车型组成比例

分析苏州北枢纽互通与正仪枢纽互通 12h 车型组成比例，如图 3.17、图 3.18 所示。

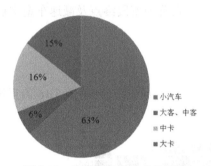
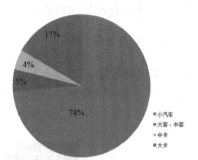

图 3.17　分流区车型组成分析图　　　　图 3.18　分流区车型组成分析图
（苏州北枢纽立交）　　　　　　　　　（正仪枢纽立交）

2. 减速车道车型组成比例

图 3.19 为苏州北枢纽互通减速车道车型组成分析图；对正仪枢纽互通的减速车道 1h 试验观测的数据分析，小汽车 512 辆，大客、中客共 24 辆，中卡 52 辆，大卡 16 辆，图 3.20 为正仪枢纽互通减速车道车型组成分析图。

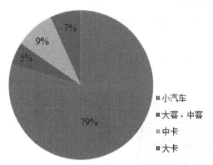
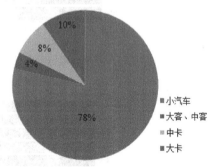

图 3.19　减速车道车型组成分析图　　　　图 3.20　减速车道车型组成分析图
（苏州北枢纽互通）　　　　　　　　　（正仪枢纽互通）

分析图 3.19 与图 3.20 可得，沪宁多车道高速公路苏州北枢纽互通减速车道与正仪枢纽互通加速车道车型组成百分比特性相似度大，具体表现为以下几方面：

（1）小汽车所占比例最高，分别为 79% 与 78%，接近 80%，且两枢纽互通小型汽车百分比仅相差 1%。

（2）大客车与中型客车所占比例最低，分别为 5% 与 4%，且两枢纽互通小型汽车百分比仅相差 1%。

（3）大型卡车与中型卡车所占比例基本相当，且两者总比例为 17%±1%。

3. 分流区各行车道车型组成比例分析

分析试验中采集的车型组成与交通流量数据，对于双向六车道与双向八车道多车道高速公路主线各行车道车型统计分析，见表 3.3、表 3.4。

表 3.3　多车道高速公路主线各车道车型组成
（苏州北枢纽互通-双向六车道-高峰 1h 观测值）

	小汽车	大客车、中型客车	中型卡车	大型卡车
3 车道（外侧）	44（8.8%）	4（0.8%）	212（42.4%）	240（48%）
2 车道（中间）	412（69.1%）	88（14.8%）	64(10.7%)	32(5.4%)
1 车道（内侧）	820（100%）	0（0%）	0（0%）	0（0%）
减速车道	696（77.7%）	44（4.9%）	76（8.5%）	60（8.9%）

分析表 3.3 可知，双向六车道高速公路分流区中，靠近中央分隔带的内侧 1 车道为小型汽车，2 车道（中间车道）69.1% 为小汽车，其余为大客车与卡车（依次占 14.8%、16.1%），同时，观测发现，96% 大型客车行驶于中间车道（2 车道），其余 4% 大型客车行驶于外侧车道（3 车道）；分析 3 车道车辆组成可知，3 车道主要车辆组成为卡车，卡车占 3 车道车辆总数 90.4%，其余为大型客车与小汽车（分别占 0.8%、8.8%）。

表 3.4　多车道高速公路主线各车道车型组成
（正仪枢纽互通-双向八车道-高峰 1h 观测值）

	小汽车	大客车、中型客车	中型卡车	大型卡车
4 车道（外侧）	66（22.4%）	0（0%）	18（6.1%）	210（71.5%）
3 车道（中间）	115（27.4%）	10（2.4%）	95（22.6%）	200（47.6%）
2 车道（中间）	755（86.8%）	115（13.2%）	0（0%）	0（0%）
1 车道（内侧）	1015（100%）	0（0%）	0（0%）	0（0%）
减速车道	512（78.5%）	24（3.7%）	52（8.0%）	64（9.8%）

分析表 3.4 可知，双向八车道高速公路分流区中，靠近中央分隔带的内侧 1 车道为小型汽车，2 车道（中间车道）86.8% 为小汽车，其余为大、中型客车（共 13.2%），同时，观测发现 3 车道主要车辆组成为卡车，中形、大型卡车占 3 车道车辆为 22.6%、47.6%，其余主要为大型客车与小汽车（分别占 2.4%、27.4%）；观测发现 4 车道主要车辆组成为大型卡车(71.5%)，其余主要为小汽车（占 22.4%）。

3.3.5 分流区驾驶行为远场数据分析

3.3.5.1 分流位置

分流位置的选择体现了驾驶员分流意图实现的途径，车辆需要在分流区某一关键点之前完成其车辆换道分流行为，而决定是否会产生换道分流意图的最直接因素是车辆与关键点之间的距离。

驾驶是一种复杂的智能行为，对于分流区及出口匝道，车辆理论上沿主线外侧车道行驶并在该区间某位置进行换道分流进入减速车道及出口匝道。但是，由于主客观因素的互相影响，多车道高速公路分流区车辆分流位置呈现差异性。在基于人机工程的安全设计理念下，道路设计应该以人为本[137]。

由于高速公路出入口区域存在直行和合流的交通流，交通行为较一般的路段复杂，车辆在驶入或驶离过程中的加减速、变换车道等会形成较多的冲突，易引发交通事故[138]。国内外许多学者对微观交通安全进行了研究，分析道路几何设计、车辆运行特征、驾驶员的心理和生理反应、环境因素与交通安全的关系并建立模型[139]。

分流区车辆从主线沿减速车道在渐变段外分流鼻前某一点选择分流，由于驾驶员在渐变段之前或之内开始分流操作，通常会选择以上两种场景中特定的一种，因而渐变段区域是分流区中极为特殊的区段。

为了通过远场观测试验研究多车道高速公路分流区车辆驾驶行为，需将所有车辆的可能分流位置按照其特征划分为五类：渐变段及上游、减速车道前 1/3 段（早）、减速车道中间 1/3 段（中）、减速车道后 1/3 段（晚）、分流鼻之外（三角端）。

分流位置点的采集采用人工现场记录与视频软件复核两者结合的方式，现场以 10 为基本时间单位按照上述五类分流位置区间记录车型等信息，室内通过视频分析软件 Corel Video Studio Pro X4 分析相同时间段内车辆分流点信息，采用雷达枪测量车辆的行驶速度。图 3.21 至图 3.23 为根据汽车类型不同统计的车辆分流位置与速度。

图 3.21 为全部高速公路速度时车辆分流位置，图 3.22 为高速公路自由分流条件下车辆分流位置（速度不小于 80km/h），图 3.23 为约束性分流时车辆分流位置（速度小于 65km/h）。分析图 3.21 可得，观测 643 辆重型货车与客车中，78%重型货车在渐变段内开始分流，17%重型货车在减速车道前 1/3 分流，仅 5%重型货车在减速车道中间 1/3 分流；87%客车在渐变段内开始分流，11%客车在减速车道前 1/3 分流，仅 2%客车在减速车道中间 1/3 分流。

分析图 3.22 中不同车型车辆分流位置可得，84%重型货车在渐变段内开始分

流，13%重型货车在减速车道前 1/3 段分流，仅 3%重型货车在减速车道中间 1/3
段分流；77%客车在渐变段内开始分流，19%客车在减速车道前 1/3 段分流，仅
4%客车在减速车道中间 1/3 段分流。

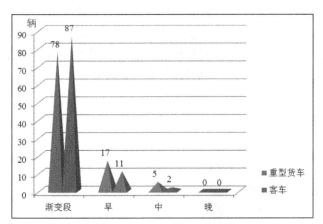

图 3.21　车辆分流位置（全部高速公路速度与交通流条件下）

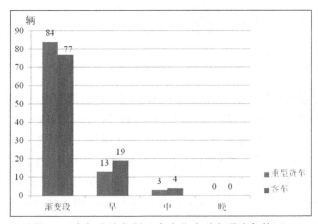

图 3.22　车辆分流位置（自由分流时交通流条件下）

　　分析图 3.23 中不同车型车辆分流位置可得，仅 1%重型货车在渐变段内开始
分流，88%重型货车在减速车道前 1/3 段分流，8%重型货车在减速车道中间 1/3
段分流，而 3%重型货车在减速车道后 1/3 段分流；73%客车在渐变段内开始分流，
21%客车在减速车道前 1/3 段分流，5%客车在减速车道中间 1/3 段分流，而 1%客
车在减速车道后 1/3 段分流。

　　首先，从车型对多车道高速公路分合流区车辆分流位置作用分析。挖掘图 3.21
至图 3.23 中信息可知，自由分流条件下重型货车与客车两者的分流位置类似，即

分流位置主要集中在渐变段区间内，而分流点集中程度从减速车道前 1/3 段至中间 1/3 段依次减少，所占百分比不存在明显差异。分析其内在作用机制可知，自由流条件下车辆间车头时距较大，车辆之间相互干扰作用小，换道分流行为选择随意性大，因而驾驶员通常选择提前换道分流进入减速车道，该行为选择从行车安全与舒适性角度都是合理的，在该过程中不同车型的车辆物理性能差异由于自由选择空间大、干扰小等因素而得以弱化，进一步可以得出，自由流条件下多车道高速公路分流区车型差异对车辆分流位置关联度低。

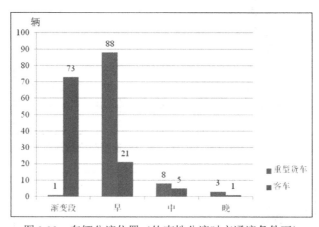

图 3.23   车辆分流位置（约束性分流时交通流条件下）

其次，从交通流环境差异性角度分析多车道高速公路分合流区车辆分流位置。那么，对比图 3.22（自由分流）与图 3.23（约束性分流）可知，约束性分流条件下重型货车与客车两者的分流位置出现极大分化现象，即重型货车分流位置首要集中在减速车道前 1/3 段（占 88%），其次为减速车道中间 1/3 段（占 8%），而客车分流位置则首要集中在渐变段（占 73%），其次为减速车道前 1/3 段（占 21%）。但是，对比自由分流与约束性分流的数据信息可知，约束性分流的位置中含有减速车道后 1/3 段，分析约束性分流位置移动方式可以发现，重型货车与客车的分流位置随交通流由自由流向约束性分流变化过程中均有向分流鼻端靠近的趋势。

3.3.5.2   分流区速度

每一名驾驶员在特定交通流密度或道路条件下都有一定的期望速度，该期望车速与车辆机械性能、驾驶员特性、道路限速措施等相关。在接近出口匝道区域时，驾驶员会根据周边交通状况调整车速或考虑采取期望换道通过减速车道的"桥渡"作用进入出口匝道。那么，实现一系列操作与驾驶行为过程中车辆速度发生不同程度的变化，必然对主线交通流形成干扰作用，通过远场试验观测手段测试不同车型车辆的速度特性，分析其内在作用机制并揭示其对道路交通安全构成的影响。

多车道高速公路分流区端部速度由 MC5600 设备现场实测与分析（图 3.24、图 3.25），并采用 SPSS Statistics 统计软件分析现场实测的速度数据，按照双车道匝道出口、单车道匝道出口及货车与客车类型分别进行分析。

图 3.24　MC5600 数据采集与分析平台界面

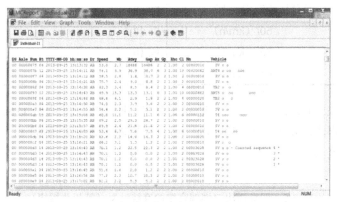

图 3.25　MC5600 数据输出表格

1. 互通立交分流区端部客车速度分析

（1）双车道匝道端部客车速度。双车道匝道是多车道高速公路适应大密度交通量分流匝道的重要形式，常在枢纽互通立交中得到应用。表 3.5、表 3.6 分别为采用 SPSS Statistics 统计软件分析的沪宁多车道高速公路正仪枢纽互通与苏州北枢纽互通双车道出口匝道端部客车速度统计量表，图 3.26、图 3.27 为对应沪宁多车道高速公路正仪枢纽互通与苏州北枢纽互通双车道出口匝道端部客车速度统计图。

表 3.5　双车道出口端部客车速度统计量（正仪枢纽）

N　有效/辆	1166
均值/（km/h）	86.53
中值/（km/h）	86.30
众数/（km/h）	92
标准差/（km/h）	14.347
方差/（km/h）	205.831
偏度	−0.199
偏度的标准误差	0.072
峰度	0.619
峰度的标准误	0.143
全距/（km/h）	107
极小值/（km/h）	20
极大值/（km/h）	126
百分位 25/（km/h）	77.07
50/（km/h）	86.30
75/（km/h）	96.10
85/（km/h）	101.20

分析表 3.5 可知，正仪枢纽互通立交双车道匝道出口共测量 1166 辆客车的有效速度作为样本，均值为 86.53km/h。通常采用测定速度的第 85 百分位行驶速度作为运行速度（V_{85}），即实测得正仪枢纽双车道匝道出口端部运行速度（V_{85}）为 101.2km/h。

表 3.6　双车道出口端部客车速度统计量（苏州北枢纽）

N　有效/辆	982
均值/（km/h）	75.30
中值/（km/h）	75.70
众数/（km/h）	69
标准差/（km/h）	11.772
方差/（km/h）	138.574
偏度	−0.681
偏度的标准误差	0.078

峰度	3.370
峰度的标准误差	0.156
全距/（km/h）	95
极小值/（km/h）	15
极大值/（km/h）	110
百分位 25/（km/h）	68.65
50/（km/h）	75.70
75/（km/h）	82.20
85/（km/h）	86.70

分析表 3.6 可知，苏州北枢纽互通立交双车道匝道出口共测量 982 辆客车的有效速度，均值为 75.30km/h。统计分析实测实测数据知苏州北枢纽互通立交双车道匝道出口端部运行速度（V_{85}）为 86.72km/h。

对比分析表 3.5 与表 3.6 可得，从均值、方差、众数、极大值等角度苏州北枢纽均比正仪枢纽小，但是两者之间差异性为 10km/h 左右，对于分流区驾驶行为中速度行为均是客观、具有代表性的，可满足从定量与变化趋势角度定性分析问题的需求。究其原因，从出口匝道方向分析，苏州北枢纽试验中出口匝道选择苏州、杭州等方向的出口，而正仪枢纽试验中为正仪方向的出口，那么，前者交通量与重型货车比例大于后者，这是出现差异性的主要原因；从出口匝道几何形式分析，两者均位于平原区，但是，苏州北枢纽分流区主线平曲线半径比正仪枢纽明显小，视距受到一定影响，而正仪枢纽分流区位于直线段，视距良好，因而分流区几何线形差异对速度差异化影响起到重要作用。

图 3.26 与图 3.27 直观表达了多车道高速公路分流区双车道出口匝道客车速度分布。从直方图形式分析，客车速度与出现频率之间可采用正态分布曲线拟合；综合统计量表分析各量值可得，多车道高速公路分流区双车道匝道端部客车平均速度为 75～85km/h，运行速度（V_{85}）为 90～100km/h。

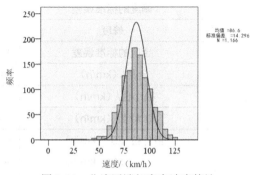

图 3.26　分流区端部客车速度统计
（正仪枢纽双车道匝道）

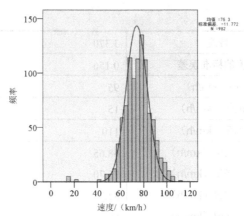

图 3.27   分流区端部客车速度统计（苏州北枢纽双车道匝道）

（2）单车道匝道端部客车速度。多车道高速公路互通立交方向交通量较小情况下可设置单车道出口匝道。表 3.7 为苏州北枢纽杭州方向单车道匝道端部客车速度统计量，表 3.8 为苏州北枢纽苏州方向单车道匝道端部客车速度统计量。

表 3.7   单车道出口端部客车速度统计量（苏州北枢纽杭州方向）

N 有效/辆	291
均值/（km/h）	69.50
中值/（km/h）	66.70
众数/（km/h）	52
标准差/（km/h）	24.765
方差/（km/h）	613.320
偏度	−0.078
偏度的标准误差	0.143
峰度	−0.430
峰度的标准误差	0.285
全距/（km/h）	104
极小值/（km/h）	12
极大值/（km/h）	116
百分位 25/（km/h）	52.00
50/（km/h）	66.70
75/（km/h）	91.50
85/（km/h）	95.80

表 3.8　单车道出口端部客车速度统计量（苏州北枢纽苏州方向）

N　有效/辆	112
均值/（km/h）	63.30
中值/（km/h）	64.40
众数/（km/h）	80
标准差/（km/h）	14.471
方差/（km/h）	209.418
偏度	−0.387
偏度的标准误差	0.228
峰度	0.145
峰度的标准误差	0.453
全距/（km/h）	72
极小值/（km/h）	28
极大值/（km/h）	100
百分位 25/（km/h）	56.15
50/（km/h）	64.40
75/（km/h）	72.80
85/（km/h）	78.91

　　分析表 3.7 可知，采集的 291 辆的有效速度，均值为 69.50km/h。统计分析实测实测数据知苏州北枢纽互通杭州方向单车道匝道出口端部客车运行速度（V_{85}）为 95.80km/h。

　　分析表 3.8 可知，采集的 112 辆的有效速度，均值为 63.30km/h。统计分析实测实测数据知苏州北枢纽互通苏州方向单车道匝道出口端部客车运行速度（V_{85}）为 78.91km/h。

　　图 3.28 与图 3.29 表达了多车道高速公路分流区单车道出口匝道客车速度分布。从直方图形式分析，客车速度与出现频率之间可采用正态分布曲线拟合；综合统计量表（表 3.7、表 3.8）分析各量值可得，多车道高速公路分流区单车道匝道端部客车平均速度为 60～70km/h，运行速度（V_{85}）为 80～95km/h。

　　2. 互通立交分流区端部货车速度分析

　　（1）双车道匝道端部货车速度。双车道匝道是多车道高速公路适应大密度交通量分流匝道的重要形式，常在枢纽互通立交中得到应用。表 3.9、表 3.10 分别为采用 SPSS Statistics 统计软件分析的沪宁多车道高速公路正仪枢纽互通与苏州北枢纽互通双车道出口匝道端部货车速度统计量表，图 3.28、图 3.29 为对应沪宁多车道高速公路正仪枢纽互通与苏州北枢纽互通双车道出口匝道端部货车速度统计图。

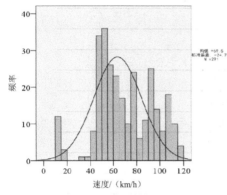

图3.28　分流区端部客车速度统计
（苏州北枢纽杭州方向单车道匝道）

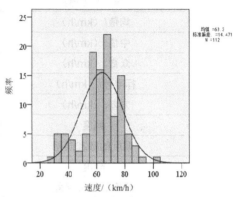

图3.29　分流区端部客车速度统计
（苏州北枢纽苏州方向单车道匝道）

表3.9　分流出口货车速度统计量（正仪枢纽）

N　有效/辆	525
均值/（km/h）	77.73
中值/（km/h）	76.40
众数/（km/h）	65
标准差/（km/h）	13.354
方差/（km/h）	178.340
偏度	0.458
偏度的标准误差	0.107
峰度	0.230
峰度的标准误差	0.213
全距/（km/h）	84
极小值/（km/h）	43
极大值/（km/h）	126
百分位　25/（km/h）	67.80
50/（km/h）	76.40
75/（km/h）	86.30
85/（km/h）	91.91

分析表3.9可知，正仪枢纽互通立交双车道匝道分流出口共测量525辆货车的有效速度作为样本，均值为77.73km/h。通常采用测定速度的第85百分位行驶

速度作为运行速度（V_{85}），即实测得正仪枢纽双车道匝道分流出口端部运行速度
（V_{85}）为 91.91km/h。

表 3.10　互通出口货车速度统计量（苏州北枢纽）

N　有效/辆	181
均值/（km/h）	68.41
中值/（km/h）	68.70
众数/（km/h）	71
标准差/（km/h）	10.410
方差/（km/h）	108.377
全距/（km/h）	66
极小值/（km/h）	35
极大值/（km/h）	101
百分位 25/（km/h）	62.00
50/（km/h）	68.70
75/（km/h）	74.80
85/（km/h）	79.62

　　分析表 3.10 可知，苏州北枢纽互通立交双车道匝道出口共测量 181 辆货车的
有效速度，均值为 68.41km/h。统计分析实测实测数据知苏州北枢纽互通立交双车
道匝道出口端部运行速度（V_{85}）为 79.62km/h。

　　图 3.30 与图 3.31 表达了多车道高速公路分流区双车道出口匝道货车速度分
布。从直方图形式分析，货车速度与出现频率之间可采用正态分布曲线拟合；综
合统计量表（表 3.9、表 3.10）分析各量值可得，多车道高速公路分流区双车道匝
道端部货车平均速度为 70～80km/h，运行速度（V_{85}）为 80～90km/h。

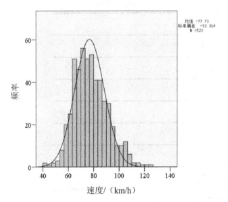

图 3.30　正仪枢纽分流出口货车速度分布

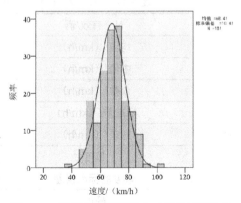

图 3.31　苏州北枢纽互通出口货车速度分布

（2）单车道匝道端部货车速度。表 3.11 为苏州北枢纽杭州方向单车道匝道端部货车速度统计量，表 3.12 为苏州北枢纽苏州方向单车道匝道端部货车速度统计量。

表 3.11　单匝道出口货车速度统计量（苏州北杭州方向）

N　有效/辆	141
均值/（km/h）	85.01
中值/（km/h）	84.90
众数/（km/h）	102
标准差/（km/h）	17.943
方差/（km/h）	321.94
偏度	0.048
偏度的标准误差	0.204
峰度	−0.91
峰度的标准误差	0.41
全距/（km/h）	76
极小值/（km/h）	48
极大值/（km/h）	124
百分位 25/（km/h）	70.25
50/（km/h）	84.90
75/（km/h）	101.80
85/（km/h）	104.58

表 3.12　单匝道出口货车速度统计量（苏州北苏州方向）

N　有效/辆	40
均值/（km/h）	58.47
中值/（km/h）	59.50
众数/（km/h）	50
标准差/（km/h）	9.175
方差/（km/h）	84.180
偏度	−0.250
偏度的标准误差	0.374
峰度	1.253

续表

峰度的标准误差	0.733
全距/（km/h）	47
极小值/（km/h）	35
极大值/（km/h）	81
百分位 25/（km/h）	54.33
50/（km/h）	59.50
75/（km/h）	62.83
85/（km/h）	64.96

分析表 3.11 可知，苏州北枢纽杭州方向单车道匝道分流出口共测量 141 辆货车的有效速度作为样本，均值为 85.01km/h。通常采用测定速度的第 85 百分位行驶速度作为运行速度（V_{85}），即实测得苏州北枢纽杭州方向单车道匝道分流出口端部运行速度（V_{85}）为 104.58km/h。分析表 3.12 可知，苏州北枢纽苏州方向单车道匝道出口共测量 40 辆货车的有效速度，均值为 58.47km/h。统计分析实测数据知苏州北枢纽互通立交单车道出口匝道端部运行速度（V_{85}）为 64.96km/h。

图 3.32 与图 3.33 表达了多车道高速公路分流区单车道出口匝道货车速度分布。从直方图形式分析，货车速度与出现频率之间可采用正态分布曲线拟合；综合统计量表（表 3.11、表 3.12）分析各量值可得，多车道高速公路分流区单车道匝道端部货车平均速度为 60~85km/h，运行速度（V_{85}）为 65~100km/h。

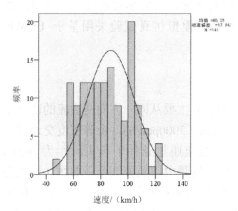

图 3.32 单车道出口端部货车速度分布
（苏州北枢纽杭州方向）

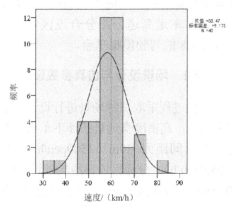

图 3.33 单车道出口端部货车速度分布
（苏州北枢纽苏州方向）

3.4 分流区减速车道驾驶行为仿真模拟试验

在研究交通流规律与驾驶行为方面，驾驶模拟是当前应用较为广泛的技术手段之一，而由日本 Forum8 公司开发的 UCWin Road 驾驶模拟软件则是目前较为成熟和性能优秀的软件之一。UCWin Road 主要提供了地形、道路构型、模型、交通流及自然环境的模拟，并能够连接多种性能与规模的驾驶模拟控制设备，进行车辆驾驶的模拟仿真并利用程序进行驾驶车辆及周边交通流的数据采集[140,141]，如图 3.34、图 3.35 所示。

图 3.34 驾驶模拟仿真试验平台

图 3.35 仿真试验场景界面

驾驶模拟仿真试验最重要的特性在于能进行详细的设计参数设置，真实高效地模拟虚拟环境，同时车辆的运动参数也较为合理，可采集数据量大，因而，本书进行多车道高速公路分合流区驾驶行为驾驶模拟仿真试验采用基于 UCWin Road Ver.8 的驾驶模拟平台。

3.4.1 场景设计与仿真参数设置

试验过程采取三种场景进行设计，场景的差异主要从同一方向交通流的密度差异来体现：高密度交通量条件下车头间距为 40m（3000pcu/h），中等密度交通量条件下车头间距为 80m（1500pcu/h），低等密度交通量条件下车头间距为 120m（1000pcu/h）。分流区的路线场景设计中，每一场景中均涵盖 2 个平曲线（半径为 2000m）及直线段 1km，直线段后衔接减速车道，减速车道采用平行式，且三种场景中一致，减速车道渐变段长度为 75m，减速车道的长度采取以下模型进行计算：

$$L_{de} = \frac{V_{d1}{}^2 - V_{d2}{}^2}{2a}$$

其中，L 为减速车道长度－渐变段中间点距离出口曲线的起点；V_{d1} 为不依赖于交通流状态的减速车道起点的设计速度；V_{d2} 为减速车道终点出口曲线的设计速度；a 为减速度值（假设为 $3m/s^2$）。

3.4.2　车辆行驶轨迹与横向偏移分析

对车辆行驶轨迹（车辆中央重心位置）的分析可直观显示所设计的分流区及出口是否合理。换言之，分流区与出口的效率、安全是考虑现有线型状态下的驾驶员行为分布状态，需通过研究车辆的行驶轨迹是否受到不同交通流状态的影响。

图 3.36 为单车在不同交通流状态下分流行驶时的轨迹，试验分析结果表明大多数驾驶员遵循相似的反曲线。随着交通流的变化，可观测并统计驾驶员车辆行驶轨迹的表征参数与变量。可以发现，随着交通流量的减少，直接向的行车轨迹频率提高。大约 46%驾驶员在低交通流量条件下采取直接向的行车操作驾驶行为，而仅仅 13%的驾驶员在高交通流量状态下采取直接向的行车操作驾驶行为。

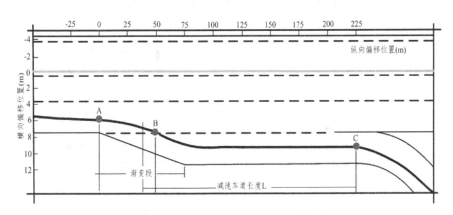

图 3.36　车辆行驶轨迹与横向偏移位置

相似的结论在 Bella 等[142]（2007）第一次标定用于减速车道设计的 CRISS 驾驶模拟器一致性时提及，无论在现场观测还是驾驶模拟器试验中，在高交通密度条件下，发现在平行式减速车道中，大多数驾驶员（约 85%）采取反向曲线轨迹行驶而不是采用直接向的行车轨迹，如图 3.37 所示。

图 3.38 至图 3.40 中菱形与圆形（内部含叉）显示车辆的中央重心跨越主线中心线与减速车道的实际位置。车辆跨越主线中心线与减速车道的位置点可表现出车辆沿路线纵向方向与横向偏移位置的相对关系。

分析驾驶模拟仿真的试验数据可以发现，交通流条件对于车辆出口位置未表现出特殊性。但是，在所有交通流情形下，车辆分流出分流区的大致位置为渐变段中间段前后。然而，大多数驾驶员在渐变段末端跨越中心线。因此，或许需在减速车道安全设计中考虑渐变段的功能与作用。

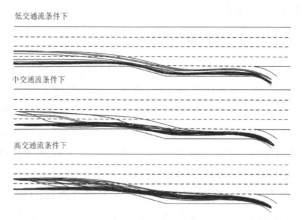

图 3.37   汽车在分流操作过程中的行驶轨迹

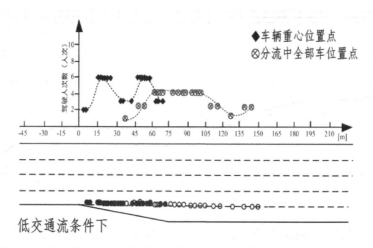

图 3.38   汽车的重心中心位置与分流中全部车位置点（低交通流条件下）

在低交通流条件下，所有驾驶员在渐变段内完成操作；在中等交通流条件下，仅仅三名驾驶员在渐变段后完成操作；在高密度交通流条件下，仅有一名驾驶员在渐变段后完成操作。

然而，图 3.38 至图 3.40 表明，如果数据分析均基于汽车完全位于减速车道上，车辆中心重心近似位于右侧线的 0.85m 附近，结果明显不同。大多数驾驶员在渐变段之后移入减速车道，意味着分流汽车仍然长时间在主线上进行操作。在低交通流状况下，67%驾驶员仍然部分地在主线车道上而干扰交通流。随着交通量增加，分流车辆整个操作过程中部分占用主线的频率增加。尽管如此，52%驾驶员在中等或高密度交通量条件下表现出相同的驾驶行为。正如 McCartt 等[152]（2004）提及，分流区与主线之间交通流相互干扰的问题，从而导致交通事故与低服务水平。

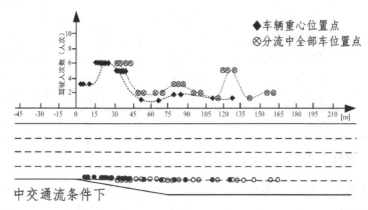

图 3.39 汽车的重心中心位置与分流中全部车位置点（中交通流条件下）

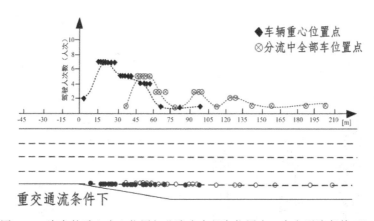

图 3.40 汽车的重心中心位置与分流中全部车位置点（高交通流条件下）

表 3.13 为驾驶模拟仿真试验的数据结果分析。分析表 3.13 可知，低、中、高密度交通流条件下，沿分流区纵向的 A、B、C 位置点的速度逐渐降低，且速度降低的梯度依次约为 10km/h、20km/h。并显示 V_A 值与 V_B 值极为相似（中等密度与高密度交通量条件下），该相似性体现驾驶员在减速车道起点前选择分流速度并获得该速度直到移动进入减速车道。在任何情况下，车辆进入分流车道之前速度显著减小。同时，交通密度越高，车辆的平均减速度值越小（约$-1.0 \sim -1.6 \text{m/s}^2$ 范围内），其最大减速度值亦越小，约为-5.0m/s^2。

表 3.13 驾驶模拟仿真试验数据结果分析

指标	单位	交通流条件		
		低密度	中密度	高密度
V_A	[m/s]/[km/h]	28.26/102	25.33/91	25.28/91
V_B	[m/s]/[km/h]	26.13/94	25.11/90	25.78/93
V_C	[m/s]/[km/h]	21.01/76	19.52/70	20.19/73
$\overline{a}$	[m/s²]	−1.56	−1.07	−0.98
出口位置	[m]	38.92	41.05	37.36
a_{max}	[m/s²]	−5.52	−5.01	−4.69

3.4.3 速度分析

各场景条件下驾驶员驾驶车辆的行驶速度可通过驾驶模拟器持续地观测并采集、存储。图 3.41 为各场景条件下不同位置点测得车辆的平均速度。中间位置的白色柱表示设计速度（渐变段中间 V_{d1}，以及出口曲线起点 V_{d2}）。

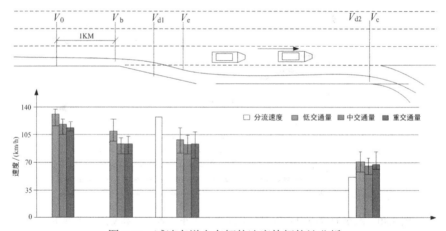

图 3.41 减速车道上车辆的速度特征统计分析

车辆需在主线行驶，V_0 可考虑作为驾驶员车辆不受分流区影响的行驶速度。V_0 仅受交通流的影响，且在渐变段起点前 1km 记录。V_b 为渐变段起点且驾驶员未进行分流操作的平均速度。基于 V_0 与 V_b，当驾驶员处于右侧主线行驶时，其车辆行驶速度在渐变段起点处显著减小。在低密度交通条件下减少量为 16%，中等密度交通条件下减小量为 22%，高密度交通条件下减小量为 19%。尽管如此，V_b 近似低于主线车辆速度约 25km/h。

Livneh 等[143]（1988）表明减速车道开端的出口车辆的平均速度低于主线车辆的行驶速度。而且，Bella[144]（2007）发现所有几何类型减速车道的渐变段起点处出口车辆的速度低于主线车辆的速度。在该研究成果中，出口车辆与主线车辆的速度差异为 10km/h，如图 3.42 所示。

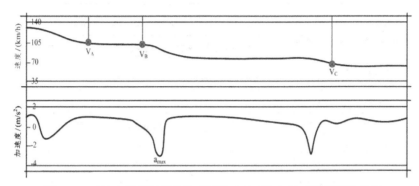

图 3.42　减速车道驾驶模拟仿真试验中速度与加速度数据采集分析

El-Basha 等[145]（2007）提出分流车辆的速度受到交通流密度的直接影响，文中同时指出分流车辆的速度受到上游交通流的影响，具体而言，增大交通流密度使得分流区车辆速度减小。

3.4.4　刹车与减速驾驶行为分析

为了证实减速车道安全设计过程中加速度设计参数的假设，对出口操作过程中的车辆加速度进行分析，可以发现，交通流直接影响出口车辆的减速度与减速行为，该发现与现场观测的驾驶行为特征相印证。

车辆第一次减速时的位置（采用或不采用刹车踏板）与减速度值达到最大的位置可表征驾驶员（车辆）对交通流、线形的实时驾驶行为响应。图 3.43 为驾驶员第一次减速时的位置，图 3.44 显示汽车减速度值达到最大值（位置 2）。从图 3.44 可知，在低交通量条件下，驾驶员的驾驶行为更为分散，大多数驾驶员采取刹车踏板。观测得到的最大减速度值为 5.63m/s²；高密度交通量条件下，驾驶员的减速驾驶行为相似并集中于减速车道的末端。分析以上表现的内在原因，由于交通流密度的差异造成车辆间隙的分布属性差异，进而反射到驾驶员操控车辆时的驾驶行为方式的变化（跟车行驶、换道或自然加减速等），该解释也许较为合理。依照此推理，分流区减速车道的安全设计应与服务水平等级或交通密度相对应。

试验揭示大多数车辆在专用（辅助）减速车道达到最大减速度值。然而，结果证实在统计学层面而言，交通流水平对车辆减速行为有重大影响，即随着交通流密度的降低减速度最大值增加，这与 El-Basha 等[147]（2007 年）提出的随着出口上游交通流的减小而最大减速度值增加的观点一致。

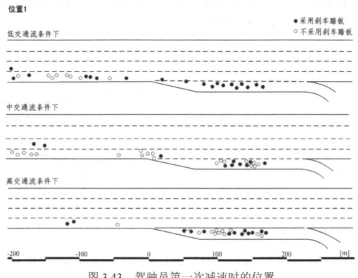

图 3.43　驾驶员第一次减速时的位置

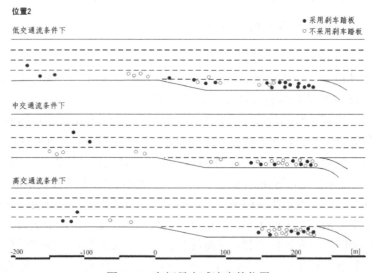

图 3.44　车辆最大减速度的位置

通过驾驶模拟器分析减速车道上车辆的分流与减速行为，可以延伸、拓展传统方法，用于分析驾驶行为特性与减速车道几何设计，诠释减速车道安全设计的整个知识体系。具体而言，车辆驾驶性能与交通流变量在试验探索与统计学分析层面均得以拓展。研究发现车辆接近出口时其驾驶行为受分流过程中主线交通流直接影响，具体地，低交通量引起高的驶出速度、高的平均与最大减速度值及主线路段较早的刹车行为。相反，减速车道末端及变换车道位置的速度似乎与主线交通流量大小无关。

然而，驾驶员（或车辆）真实的交通行为特性并非总是与模型假设和技术规范中的推荐参数值相一致。总体而言，差异性的存在原因是传统意义上将减速车道的几何安全设计机械地建立在车辆的物理运动特性的原理上，而忽视了驾驶员的真实特性与交通行为。首先，大多数情形下，且在所有的设计场景中，驾驶员在分流车道之前提前减速并在分流区相当长的一段距离内维持该低速度运行，这些交通行为影响后方交通并对主线交通流产生干扰。第二，车辆接近分流区末端的出口匝道时的速度比设计速度高得多。以上差异性似乎表明减速车道设计在一定程度上的无效性；第三，分流操作过程中车辆的行车轨迹与减速度值主要受主线交通流量的影响，因此，交通量应作为减速车道安全设计的考量参数。

这些研究成果均为驾驶模拟器室内试验分析所得，某种程度上具有一定的前瞻性，从侧面反映现行减速车道安全设计参数与方法在某种程度上存在局限性。主线与减速车道上交通量不同、分流区几何构型的差异等对参数标定层面的探索需深入，以证实驾驶模拟试验的发现，并集成研究成果。同时，这些数据分析需要延伸至大样本量的驾驶员及不同种类的道路类型，并可融入考虑先进的汽车技术，诸如自动刹车系统、电子稳定化控制、牵引力控制、自然驾驶等，只有这样，才能使得驾驶模拟的结果与现实的差异更小，更为适用。

3.5 分流区减速车道出口几何形式选择

从出口形式上来看，匝道出口主要有直接式出口和平行式出口，这两种形式直接决定了减速车道的类别也分为直接式与平行式。其中直接式又有单车道与双车道，平行式也同样分单车道与双车道，其组合形式如图 3.45 所示。

针对不同减速车道形式的特点进行简要分析。

1. 单车道出口

单车道减速车道分为直接式出口和平行式出口两种。

在国内外的道路设计规范、手册中，都明确提到了直接式出口的优势：直接式出口更符合驾驶员直接驶离主线的行驶轨迹，其特殊的形式使得出口也更易辨别。大部分驶出车辆能以比较高的车速驶离主线，从而减少了由于车辆在主线上开始减速而引起的车辆追尾事故发生的可能性[146,147]。

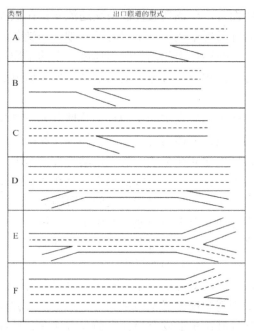

图 3.45　研究区域分流区出口匝道形式

　　从应用的角度来看，直接式出口一直颇受青睐：在 20 世纪 90 年代美国开展的一项 NCHRP 项目全国调查中，美国各州的 DOT 部门中，有 91% 的部门表示更偏向于采用直接式匝道出口（平行式入口的支持比率为 75%）[148]。

　　综上所述，在单车道出口处，直接式减速车道有毋庸置疑的优势。与此同时，需要注意的是，当主线为 L 弯左偏曲线，并接近圆曲线最小半径的一般值时，其后方的减速车道应为平行式，同时适当缩小渐变段，将此长度补在平行段[149]。

　　2．双车道出口

　　在 AASHTO2011/2004 手册[44]中，设有辅助车道的双车道出口（车道平衡时）推荐使用**平行式**。我国"十一五"国家科技支撑计划重大项目专题 20——公路标准中几何设计指标的安全性研究报告中提出，变速车道为双车道时，减速车道应采用**直接式**[150]。可是无论是美国 AASHTO 手册[44]还是我国的研究报告，都没有对出口方式选择说明理论依据。

　　需要说明的是，在双车道出口区域，由于匝道出口设计因地制宜，出口形式、主线基本车道数、车道平衡情况、选择车道设置情况、是否有车道被缩减等各异，从现有的出口匝道区域的道路安全研究成果中[151-153]，也很难得到双车道减速车道的最佳形式。考虑双车道减速车道内侧车道的分流车辆在主线上用发动机制动进行某种程度减速，同时考虑若内侧车道采用单车道规定长度，则计算的双车道减速车道长度过长，造成工程投资浪费。因而同加速车道一致，直接式双车道减速车道长度按 1.5 倍的单车道减速车道长度进行计算，但是缺乏理论与现实依据，需进一步论证。故可以认为，双车道的两种减速车道形式目前尚没有明确的优先级。

综上，再综合关于交通量范围的规定，得到多车道高速公路减速车道的推荐方式见表 3.14。

表 3.14　多车道高速公路减速车道推荐方式

交通量范围	主线线形	推荐车道数	推荐出口形式
小于 1200pch/h	ELSE[注]	单车道	直接式
大于或等于 1200pch/h	主线为 L 弯左偏曲线，并接近圆曲线最小半径的一般值	双车道	平行式
	ELSE[注]		直接式或平行式

注：ELSE 指的是除了 L 弯左偏曲线，并接近圆曲线最小半径的一般值这一情况以外的情况。

3.6　减速车道安全设计方法基本假设与计算模型

3.6.1　减速车道长度设计基本假设

3.6.1.1　两阶段减速过程

两阶段减速过程基本假设是进行减速车道长度安全设计的基础，假设车辆的在分流区的减速过程为：车辆以匀速横移一个车道宽度，进入减速车道后，先利用逐渐减小油门让发动机转速下降的方法来减小车速，此时减速度为 a_1，然后再利用制动器进行二次减速，此时减速度为 a_2。二次减速后，车速达到匝道速度，车辆离开减速车道进入匝道。具体地：车辆从主线分流，在过渡段上以直行车辆的行车速度行驶 3.5s 后，进入减速车道。在减速车道上开始利用逐渐减小油门让发动机转速下降的方法来减小车速，减速约 3s 后，速度降为 v_1；然后，再利用制动器进行减速，直到速度由 v_1 减速到匝道车速 v_r 为止。

通过远场试验及驾驶模拟试验发现，多数车辆在主线上即开始进行减速。这一过程对应 AASHTO2011/2004[44]减速模型中的发动机减速，当主线设计车速为 120km/h 时，出口处的速度可以下降至 70～80km/h。为安全起见，同时又考虑到驾驶员的实际操作，将这一减速过程放到减速车道上进行。结合上文实验结果，认为在第一阶段的减速过程中，驾驶员的减速过程抽象成物理模型为

$$L_{de_1} = v_{main} t_n - 0.5 a_{d1} (t_n)^2$$

式中，L_{de_1} 为第一阶段减速段长度（m）；v_{main} 为主线设计速度（m/s）；a_{d1} 为不采取刹车的减速度（m/s²）。

在减速车道上的第二减速过程抽象成物理模型为：初始速度为 V_r，匝道曲线段限速为 V_n，该过程加速度为 a_{d2}。则根据运动学理论可以得到第二阶段的减速所需要长度的计算公式为

$$L_{de2} = \frac{V_r^2 - V_n^2}{2a_{d2}}$$

由于多车道高速公路设计要求高，故可合理设定主线设计速度为 120km/h、100km/h、80km/h。

3.6.1.2 主线与匝道速度

当前的研究[154,155]表明农村双车道公路上 85%车辆的速度大于设计速度；其他研究[156,157]同时表明城市快速路与乡村高速公路运行速度 V_{85} 超过了限制速度标准。基于以上研究成果，从逻辑意义上讲可以假设驾驶员实际驾驶车辆速度可能超过主线设计速度或限制速度。尽管驾驶员进入辅助车道速度数据难以有效处理与分析，但是驾驶员在进入减速车道前即在主线开始减速行为已在上一章节分合流区驾驶行为远场试验速度分析中得到验证。同理，对于分流区中衔接减速车道的出口匝道端部曲线控制速度而言也存在相似的假设。在进行减速车道分析过程中，还假设驾驶员进入匝道端部曲线的速度小于曲线设计速度，该假设总体评价趋于保守。

高速公路主线速度相关研究[57]中指出实际运行速度（V_{85}）总体超过假设的行驶速度。因而，当前的研究提出运行速度（V_{85}）或设计速度比平均行驶速度更适合用于减速车道长度计算，见表 3.15。

表 3.15　匝道设计速度[138]

高速公路设计速度/（km/h）	匝道设计速度，设计阈值/（km/h）
60	50～40
70	60～40
80	70～40
90	80～50
100	90～50
110	100～60
120	110～60
130	110～70

3.6.1.3 空挡滑行时间

蓝皮书中假设驾驶员在使用刹车踏板前先采用空挡滑行 3s 方式在渐变段开始进行减速。红皮书对上述假设中车辆在渐变段开始减速进行修正，但是保留了空挡滑行时间 3s。

Texas Transport ation Institute（TTI）[158]采集收费高速公路驾驶员驾驶行为特征，分析出口匝道端部车辆空挡滑行时间。图 3.46 与图 3.47 为驾驶员使用刹车与离合器的情况。

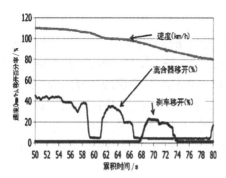

图 3.46　速度、离合器使用及刹车踏板
使用（位置 A）

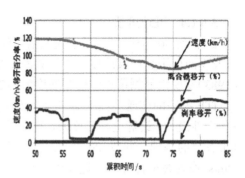

图 3.47　速度、离合器使用及刹车踏板
使用（位置 B）

图 3.46 体现蓝皮书中空挡滑行假设的合理性，驾驶员长时间使用离合器直至到达出口，而驾驶员既未使用离合器也未使用刹车踏板的时间为 2.92s。在采用空挡滑行方式后，驾驶员使用刹车踏板刹车的时间为 13.55s。刹车与离合器的使用代表了 1965 蓝皮书中对其使用方式的描述。尽管如此，一些驾驶员在使用刹车踏板前先两次采用空挡滑行方式减速，正如图 3.47 所示的另一种减速行为方式，即驾驶员的脚从离合器踏板立刻移开，然后减速极短时间，紧接着在采用刹车之前继续滑行一次。

图 3.47 同时阐述了驾驶员另一种行为，驾驶员并非立即放松离合器，放松离合器的比率是变化的。图 3.47 显示第一次放松离合器踏板比较迅速（在近似时间 59 位置），而第二次放松离合器踏板比较平缓（在近似时间 63 至 65）。数据样本的确支持决定使用刹车踏板前先空挡滑行的假设，假设蓝皮书中空挡滑行时间值包括放松离合器（因为在该阶段发生减速行为）及离合器或刹车踏板使用的时间，表 3.16 显示车辆在减速或刹车前使用的平均时间，同时提出 85%分位值而不是采用平均值简单地考虑大多数驾驶员行为。

根据西班牙现场试验[159]研究并评价驾驶员在不同几何形式及长度减速车道上的车辆速度与行为改变，发现车辆平均减速时间为 6.9s。

表 3.16 两出口处车辆减速时间

驾驶行为描述	位置 1 平均值/s	位置 2 平均值/s	两出口平均值（85%百分位）
松弛离合器的时间	0.8～3.0	2.3～2.7	**1.9～2.8（2.4～4.5）**
无需离合器及刹车时间	4.0	2.9	**3.2（5.8）**
减速时间（放松离合器且不使用刹车踏板）	4.7～7.0	5.2～6.3	**5.1～6.5（9.1～9.6）**

3.6.1.4 减速度值

20 世纪 80 年代[160]测量了交通信号间隔变化条件下车辆在干燥路面上的减速度，发现两处平交口减速度的中位数为 3.2m/s^2 与 3.8m/s^2，Wortman 与 Matthias[161]（1983）发现六处测量点中位减速度值为 2.1～4.0m/s^2，其中位减速度值为 3.5m/s^2。

ITE 编写的交通工程手册[162]对减速度值高度总结，包括无需刹车的减速度值及代表性最大、最舒适减速度值，其中无需刹车减速度值形成 1965 绿皮书中减速度推荐值的基础，并以 20 世纪 30 年代大量减速度值测算为研究基础，提出以 3.0m/s^2 作为客车合理的舒适减速度。

作为 20 世纪 90 年代对停车视距（SSD）[162]研究的一部分记录了刹车过程中车辆的减速度，SSD 研究同时测量了初始速度为 89km/h 时的停车视距，2011/2004 年绿皮书中停车距离计算所采用的减速度（3.4m/s^2）正是基于该研究成果提出的，对于突现目标减速的最大减速度值 7.5m/s^2 也是来源于此研究。

美国 AASHTO 及日本二次减速理论分流点初速度值如表 3.17、表 3.18[163,164]。

表 3.17 日本发动机减速度平均值

分流速度/（km/h）	90	80	70	60
发动机减速度 a_1/（m/s^2）	0.782	0.739	0.698	0.619

表 3.18 美国发动机减速度平均值

分流速度/（km/h）	90	85	70	60
发动机减速度 a_1/（m/s^2）	1	0.9	0.8	0.6

第二次减速度是指车辆经过第一次减速后，紧接着利用制动器进行再一次减速时的减速度，所采用的减速度满足"基本舒适"的要求。日本仅规定 a_2 最大值为 2.45m/s^2，未给出不同速度对应的减速度值。美国 AASHTO 制动器减速度采用的值见表 3.19。

我国《汽车驾驶员手册》认为"基本舒适"的减速度为 1.5～2.0m/s^2，与美国较为符合，见表 3.20 至表 3.22。

表 3.19　美国制动器减速度采用值

运行车速/（km/h）	90	85	70	60
制动器减速度 a_2/（m/s²）	2	1.8	1.6	1.2

表 3.20　Green Book 与平坡度现场试验对比

设计速度/（mi/h）	到达速度/（mi/h）	减速车道长度，L/ft；出口曲线设计速度/（mi/h）								
		停止	15	20	25	30	35	40	45	50
		出口曲线平均运行速度/（mi/h）								
		0	14	18	22	26	30	36	40	44
2004Green Book 减速度/（ft/s²）（来源于推荐的最小匝道长度）										
30	28	-3.59	-3.16	-2.91	-2.30	–	–	–	–	–
35	32	-3.93	-3.56	-3.59	-3.14	-2.50	–	–	–	–
40	36	-4.36	-4.01	-3.95	-3.72	-3.60	-2.75	–	–	–
45	40	-4.47	-4.31	-4.22	-4.07	-3.98	-3.42	–	–	–
50	44	-4.79	-4.62	-4.50	-4.40	-4.30	-3.91	-3.06	-2.07	–
55	48	-5.16	-4.98	-4.84	-4.77	-4.61	-4.31	-3.80	-3.22	-3.44
60	52	-5.49	-5.39	-5.33	-5.19	-5.07	-4.79	-4.33	-3.96	-4.18
65	55	-5.71	-5.63	-5.59	-5.47	-5.38	-5.19	-4.77	-4.51	-4.52
70	58	-5.88	-5.78	-5.74	-5.63	-5.56	-5.41	-5.06	-4.86	-4.52
75	61	-6.06	-5.97	-5.89	-5.80	-5.70	-5.67	-5.32	-5.18	-4.92
条件1：测量的客车平均减速度值/（ft/s²）（自由流与自由分流）										
30	28									
35	32									
40	36									
45	40						-1.13	-0.85		
50	44						-1.67	-1.37	-0.96	
55	48						-1.93	-1.64	-1.28	
60	52				-3.19	-3.15	-2.47	-2.41	-2.10	-1.71
65	55			-3.67	-3.59	-3.30	-2.61	-2.81	-2.44	-2.01
70	58						-3.91	-3.42	-3.04	-2.58
75	61							-2.82	-3.07	-2.57
条件2：测量的货车平均减速度值/（ft/s²）（自由流与自由分流）										
30	28									
35	32									
40	36									
45	40									
50	44				-1.65	-1.89	-1.90	-1.83	-1.73	
55	48					-2.35	-1.90	-1.65	-1.75	
60	52			-3.67	-3.05	-2.80	-2.57	-2.20	-2.03	
65	55			-3.77	-3.83	-3.19	-2.59	-2.27	-1.81	
70	58		-2.16	-2.09	-2.65	-3.12	-2.99	-2.72	-2.38	
75	61			-2.32	-2.26	-2.13	-1.90	-1.69	-1.55	
条件3：测量的客车平均减速度值/（ft/s²）（自由流/环圈式与约束性分流）										
30	28									
35	32									
40	36									
45	40						-1.17			
50	44					-1.30	-0.88	-0.52		
55	48					-3.00	-1.63	-1.37		
60	52							-2.12	-2.06	-1.84
65	55							-4.10	-3.30	-2.94
70	58								-4.47	-4.19
75	61									

表 3.21　不同车型车辆平均减速度

初始速度/（mi/h）	客车		重型卡车	
	平均减速度值/（ft/s²）	数量/辆	平均减速度值/（ft/s²）	数量/辆
24	2.77	1		
29	0.28	1		
30	0.59	1		
31	0.00	1		
32	0.21	2		
34	-0.16	2		
35	-0.36	1		
36	-0.43	8		
37	-0.39	5	-0.56	1
38	-0.77	4		
39	-0.67	11		
40	-0.94	10		
41	-0.98	3		
42	-0.87	7	-1.75	1
43	-1.12	18	-1.77	2
44	-1.87	19	-2.98	4
45	-1.67	22	-2.25	5
46	-1.92	36	-1.70	1
47	-2.10	54	-1.91	6
48	-2.44	59	-2.82	6
49	-2.19	81	-2.91	11
50	-2.55	95	-2.15	4
51	-2.56	94	-2.80	8
52	-2.69	126	-2.83	13
53	-2.71	147	-2.94	9
54	-3.02	145	-3.53	7
55	-2.92	154	-2.78	8
56	-3.01	138	-2.96	2
57	-2.98	138	-2.87	5
58	-3.18	157	-3.25	8
59	-3.09	100	-3.49	3
60	-3.19	90	-3.91	4
61	-2.98	100	-2.06	2
62	-3.08	86	-3.76	2
63	-2.96	60		
64	-2.61	52		
65	-2.92	27		
66	-2.51	32		
67	-2.80	17		
68	-2.47	12		
69	-2.22	11		
70	-2.40	11		
71	-2.70	7		
72	-2.79	4		
73	-2.85	1		
74	-1.67	2		

表 3.22　1965 蓝皮书中提出的减速度值

假设第一阶段减速过程的减速度 [a]（无需刹车的减速度）				
平均行车速度/ (mi/h)/(km/h)	美制		公制	
	ft/s²	mi/h/s	平均行车速度	
			km/h	m/s²
28/47	2.24	1.53	47	0.74
32/53	2.46	1.68	55	0.81
36/60	2.68	1.83	63	0.89
40/67	2.90	1.98	70	0.97
44/73	3.12	2.13	77	1.04
48/80	3.34	2.28	85	1.12
52/87	3.56	2.43	91	1.20
55/92	3.72	2.54	98	1.27
58/97	3.89	2.65		
61/102	4.05	2.76		
64/107	4.22	2.88		

假设第二阶段减速过程的减速度 [b]（采用刹车踏板时的减速度）				
3s 不采用刹车踏板后的速度/ (mi/h)/(km/h)	美制		公制	
	ft/s²	mi/h/s	3s 不采用刹车踏板后的速度	
			mi/h	m/s²
23.4/39	5.01	3.42	39.1	1.54
27.0/45	5.30	3.61	46.2	1.65
30.5/51	5.59	3.81	53.4	1.76
34.1/57	5.88	4.01	59.6	1.86
37.6/63	6.17	4.20	65.7	1.96
41.2/69	6.45	4.40	72.9	2.07
44.7/75	6.74	4.60	78.1	2.15
47.4/79	6.96	4.75	84.2	2.24
50.1/84	7.18	4.89		
52.7/88	7.39	5.04		
55.4/93	7.61	5.19		

注：[a] 减速踏板放松，车辆不采用刹车踏板而采用空挡减速。

　　[b] 采用刹车踏板减速。

3.6.1.5　基本假设的更新

探讨当前 2011 版绿皮书中计算减速车道长度过程并对其进行更新是必要的。以下三个关键假设应更新。

（1）高速公路主线及匝道曲线段上的速度。

（2）初始加速度特性，包括：①不使用刹车与离合器时放松离合器时间，与 AASHTO 中探讨的空挡滑行时间相类似；②不使用刹车踏板时的减速度值。

（3）使用刹车踏板时的最终减速度值。

3.6.2　减速车道长度计算模型构建与推演

基于以上分析，减速车道上车辆的运动学过程可明确为两阶段运动完成，即不采用刹车踏板减速行驶（第一阶段）与采用刹车踏板减速进入匝道曲线行驶（第二阶段），而两阶段过程顺滑衔接为减速车道上车辆的全程运动，通过对长期研究成果分析可知，减速车道两阶段减速过程符合车辆的行驶特性，现以运动学理论为理论基础对减速车道长度计算模型进行推导。图 3.48 为减速车道车辆两阶段减速过程运动学模型图。

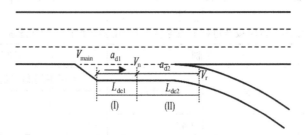

图 3.48　减速车道车辆运动学模型图

进行多车道高速公路减速车道安全设计时，主线设计速度与匝道设计速度的单位均为 km/h，以下为两阶段减速运动过程车辆行驶距离的理论推导过程。

当主线设计速度 V_{main}（m/s），无需刹车的减速度 a_{d1}（m/s²），无需刹车的减速时间 t_{n}（s）（试验观测值）时，第一阶段减速运动时车辆行驶距离 L_{de1}（m）为

$$L_{\mathrm{de1}} = V_{\mathrm{m}}t_{\mathrm{n}} - 0.5a_{\mathrm{d1}}(t_{\mathrm{n}})^2$$

当主线设计速度为 V_{main}（km/h）时，第一阶段减速运动时车辆行驶距离 L_{de1}（m）为

$$L_{\mathrm{de1}} = V_{\mathrm{main}}t_{\mathrm{n}} - 0.5a_{\mathrm{d1}}(t_{\mathrm{n}})^2 = \frac{1}{3.6}V_{\mathrm{main}}t_{\mathrm{n}} - 0.5a_{\mathrm{d1}}(t_{\mathrm{n}})^2 = 0.278V_{\mathrm{main}}t_{\mathrm{n}} - 0.5a_{\mathrm{d1}}(t_{\mathrm{n}})^2$$

同理，采用刹车的减速度为 a_{d2}（m/s²），V_{r}（m/s）为匝道曲线段限速，V_{n}（m/s）

为第一阶段 t_n（s）减速过程末的运行速度，那么，第二阶段减速运动时车辆的行驶距离 L_{de2}（m）为

$$L_{de2} = \frac{v_r{}^2 - v_n{}^2}{2a_{d2}}$$

当匝道曲线段限速为 V_r（km/h），第一阶段 t_n（s）减速过程末的行车速度为 V_n（km/h）时，第二阶段减速运动时车辆行驶距离 L_{de2}（m）为

$$L_{de2} = \frac{(0.278V_r)^2 - (0.278V_n)^2}{2a_{d2}}$$

$$L_{de} = L_{de1} + L_{de2} = 0.278V_{main}t_n - 0.5a_{d1}(t_n)^2 + \frac{(0.278V_r)^2 - (0.278V_n)^2}{2a_{d2}}$$

其中，$V_n = V_{main} - 3.6a_{d1}t_n$。

3.7 多车道高速公路减速车道计算模型参数标定

高速公路分流区设计目标是提供合适的接入方式使得主线交通流能安全、顺畅转换到分流匝道，分流区两个主要组成部分设计目的具体表现为：①为主线车辆分流提供足够的区域空间；②为车辆以舒适的减速度从主线速度减速至匝道曲线控制速度提供足够的距离。通过观测可以明显发现，如果减速车道长度设计过短，那么分流车辆可能会在上游渐变段提前换道分流或在进入减速车道前的主线路段即减速，导致主线与减速车道相邻区域内车辆速度差异性大，冲突与事故风险增大。

在理想操控条件下，车辆应从主线分流进入减速车道时即开始减速，并且车辆在减速车道上减速至合适的速度后进入匝道曲线区域。但是，通过远场观测试验可以得出，车辆进入匝道曲线区域时的速度往往远高于设计速度，并且车辆在进入减速车道前已开始减速操作[165]。

3.7.1 速度

分流区车辆运动的速度参数值直接决定减速车道几何长度的安全设计，而速度参数可具体化为主线设计速度、分流点初速度、匝道设计速度等。表 3.23 为美国主线设计速度与分流点初速度，表 3.24 为日本主线设计速度与分流点初速度，表 3.25 为主线与匝道设计速度。

第一次减速度是指车辆由三角渐变段进入减速车道全宽断面，并利用发动机进行减速的减速度。因车辆刚刚从主线上驶离，驾驶员有一个适应的过程，所采

用的减速度要以舒适为前提[163,166]。

表 3.23　美国主线设计速度与分流点初速度

主线设计速度/（km/h）	120	110	100	90	80	70	60	50
分流点速度/（km/h）	98	91	85	77	70	63	55	47

表 3.24　日本主线设计速度与分流点初速度

主线设计速度/（km/h）	120	100	80	60	50	40
分流点速度/（km/h）	90	80	70	60	50	40

表 3.25　主线与匝道设计速度[142]

主线设计速度/（km/h）	匝道设计速度设计范围/（km/h）
60	50～40
70	60～40
80	70～40
90	80～50
100	90～50
110	100～60
120	110～60
130	110～70

3.7.2　减速度值

车辆最重要的物理运动特性之一减速特性直接影响车辆在分流区减速车道上的减速度值。当加速踏板放松状态下，车辆的自然减速度值由车辆机动车减速效果、发动机压缩动力决定。尽管如此，车辆刹车应该用于限制车辆减速度及达到最大减速度。车辆运动阻力抵抗特性（如空气阻力）对减速度值起重要作用，例如以速度 110km/h 行驶的汽车可以不采用刹车踏板使得减速度为 1.0m/s^2，需要更多类型阻力抵抗特性（如坡度、曲线等）用于车辆减速[166]。

车辆减速度值是由刹车踏板与刹车鼓/盘之间物理、运动作用产生，减速度值是通过轮胎与路面之间摩擦系数计算而得，该摩擦系数直接与路面类型、轮胎条件及路面是否干燥或湿滑等条件相关。表 3.26 中干燥路面摩擦系数代表值为

0.73～0.79，湿滑路面摩擦系数为 0.28～0.40。其中，1.0 摩擦系数对应的加速度值为 1.0g（9.8m/s²），而极少驾驶员采用最大减速度（除非紧急情况下），加速度达到 3.0m/s² 是可接受的最大合理加速度[164]。

表 3.26　客车摩擦系数与停车视距[164]

路面表面与车辆速度描述	轮胎表面摩擦系数			刹车距离/m		
	干燥表面		湿滑表面	干燥表面		湿滑表面
	新标准轮胎	磨损旧轮胎	AASHTO设计推荐	新标准轮胎	磨损旧轮胎	AASHTO设计推荐
运行速度 64km/h						
干燥沥青混凝土路面	0.75	0.48	0.32	21.6	33.8	50.8
沥青砂浆路面	0.75	0.39	0.32	21.6	41.8	50.8
岩沥青路面	0.74	0.50	0.32	21.9	32.6	50.8
波特兰水泥路面	0.76	0.33	0.32	21.3	49.4	50.8
运行速度 80km/h						
所有路面形式			0.30			83.9
运行速度 100km/h						
所有路面形式			0.29			135.6
运行速度 120km/h						
所有路面形式			0.28			202.3

3.7.3　反应时间

许多因素影响驾驶员减速行为，诸如年龄（年轻、年长）、性别差异、可视化水平、疲劳程度、酒精与药物作用等对驾驶员驾驶行为有直接关联。目前研究中，发现上述因素影响驾驶员特性驾驶员反应时间并导致反应时间出现差异[167]。

驾驶员对于外界刺激有三个不同进程（探寻刺激、鉴别信息、决定如何反应），所以表现出延迟反应特性。驾驶员反应时间（PRT）即上述三个进程总时间，它是微观交通流模型中最关键的参数，如车辆跟驰模型、换道模型、间隙接受模型等，同时，在分析刹车距离与最小停车视距过程中起到决定作用。

Johansson 和 Rumar[168]（1971）对 PRT 进行试验（刹车-反应时间），驾驶测试车辆参与研究的驾驶员 321 名，发现在不同条件下驾驶员反应时间范围为 0.3～2.0s，中值为 0.66s，且突发事件下反应时间增加约 35%，如图 3.49 所示。

Olson[169]（1996）对突发事件下驾驶员反应时间研究获得相似结论。Triggs 和 Harris（1982）首次提出把 2.5s 作为道路设计、交通控制中标准反应时间[170]。

在他们研究中，第 85 百分位 PRT 值的范围从 1.26s 到大于 3.0s。Hooper 与 McGee（1983）建议反应时间推荐值应为 3.2s 代替 2.5s[171]。

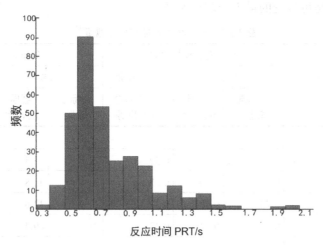

图 3.49　参与试验的 321 名驾驶员反应时间 PTR 分布

Olson 等（1984）研究发现参与试验的两组驾驶员（年龄 40 以下组、年长组）的 PRT 值极其相近，但是年长者的 PRT 值稍长[172]，如图 3.50 所示。

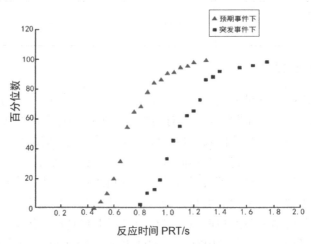

图 3.50　反应时间 PRT 试验概率分布

Benekohal 与 Treiterer（1989）以 0.1s 为增量研究不同条件下反应时间 0.4s 至 1.5s 变化[173]。AASHTO 采用 2.5s 作为 PRT 设计标准并有研究者支持其足够适应[174,175]。根据 AASHTO 绿皮书（2011），农村高速公路与城市高速公路停车 PRT

需求值分别为 3.0s 与 9.1s，对于碰撞避免需要的换道、变速等需求的 PRT 值为
10.2～14.5s。Ahmed（1999）考虑到驾驶员的年龄、精神条件、天气条件、道路
几何特性、汽车特性、车辆速度、交通条件等决定驾驶员反应时间的因素，假设
驾驶员反应时间 PRT(t)服从正态分布：

$$f(\tau) = \begin{cases} \dfrac{1}{0.212\tau\sqrt{2\pi}}\mathrm{e}^{-\frac{1}{2}\left(\frac{\ln(\tau)-0.272}{0.212}\right)^2} & 0 \leqslant \tau \leqslant 3 \\ 0 & \text{其他} \end{cases}$$

图 3.51（TRB，1992）中显示 PRT 分布的真实曲线。

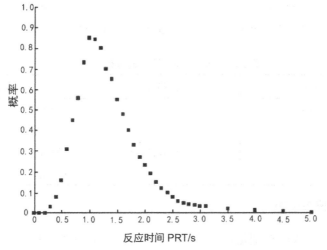

图 3.51　驾驶员反应时间 PRT 分布

　　图 3.51 反映了 PRT 分布的真实形状。由于消极的反应时间是不合理的，该部
分具有明显的偏离，并可以采用正态分布函数表征，广泛地用于工业工程、质量
控制工程及其他应用中考虑人员反应时间 PRT，见表 3.27。

　　以 Lerner[176]（1995）的研究为基础，驾驶员反应时间 PRT 的概率密度函数
$f(t)$、方差、中值及参数 μ 与 σ 为

$$E(t) = \mathrm{e}^{\mu+\frac{\sigma^2}{2}}$$

$$f(t) = \frac{1}{t\sqrt{2\pi\sigma^2}}\mathrm{e}^{\frac{-(\ln t-\mu)^2}{2\sigma^2}}$$

$$Var(t) = \mathrm{e}^{2\mu+\sigma^2}(\mathrm{e}^{\sigma^2}-1)$$

图 3.52 即为概率密度函数与分布函数，从图 3.52 可知几乎所有驾驶员在突发

事件下的反应时间在 0.90s 内。

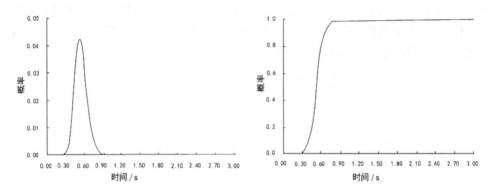

图 3.52　PRT 的概率密度（左图）与累积分布图（右图）

表 3.27　反应时间 PRT 的选择（τ）[177]

研究来源	PRT(τ)	条件
Gipps（1981，1986）	$\tau = 2/3$s	混合条件下
Hidas（2002）	$\tau = 0.9$s	混合条件下
Ahmed（1999）	$\tau \sim$ 正态分布$(0.272, 0.212)$	突发事件时
Laval（2005）	$\tau = 3$s	混合条件下

3.7.4　停车视距

最新的停车视距模型是以表征驾驶员与车辆安全行为的参数为基础，并依据现场试验数据进行标定，其计算模型为[178]

$$SSD = 0.278Vt + 0.039\frac{V^2}{a}$$

其中，SSD 为停车视距（m）；V 为车辆初速度（km/h）；t 为驾驶员感知—刹车反应时间（s）；a 为车辆减速度（m/s^2）。

表 3.28 为不同条件下车辆停车视距对比[179]，并提出推荐的停车视距设计值。

表 3.28　停车视距对比值

假定速度/ （km/h）	PRT/s	PRT 间 行驶距离 /ft（m）	湿滑时停车 距离 /ft（m）	对两接近车需要 的总停车视距 /ft（m）	推荐视距注 /ft（m）
40.3	1.2	44.0（13.4）	54.8（16.7）	198（60.4）	146（44.5）
40.3	2.5	91.7（28.0）	54.8（16.7）	293（89.4）	146（44.5）

假定速度/ （km/h）	PRT/s	PRT 间 行驶距离 /ft（m）	湿滑时停车 距离 /ft（m）	对两接近车需要 的总停车视距 /ft（m）	推荐视距[注] /ft（m）
48.3	1.2	52.8（16.1）	85.7（26.1）	277（84.5）	196（59.8）
48.3	2.5	110.0（33.6）	85.7（26.1）	391（119.3）	196（59.8）

注：源于 1984 绿皮书。

3.8 减速车道设计参数标定与计算模型输出

3.8.1 潜在减速车道长度探索

基于不同组合假设的环境条件下展开多车道高速公路减速车道长度计算，可以得到减速车道长度安全设计的阈值，并将其绘制图表。图 3.53 与图 3.54 显示高速公路主线设计速度为 110km/h、匝道设计速度为 0~80km/h 之间假设条件变化时计算得到的减速车道长度值。

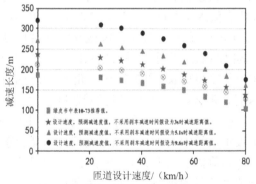

图 3.53 减速车道计算长度值（a）

（主线速度 110km/h，初始速度相对主线速度不降低情形）

通过图 3.53 与图 3.54 可以直观分析并阐述当基本假设改变时减速车道长度的潜在变化趋势与量值，显示 2011 版绿皮书减速车道长度推荐值以便各技术指标之间相互对比，同时明确各参数的敏感性。

近期研究成果中可以得到更多的减速度值，但是这些值在分流区出口区域的适用性仍不明确，因而，对其选用需谨慎。这些减速度值的获取方式是从不同初始速度中测算出唯一减速度值或是对应唯一初始速度值（例如上文提及的 SSD 分析），来源于 20 世纪 30 年代的分流区大量减速度信息，由于其针对不同初始速度下测算对应的减速度值差异，仍然具有客观代表性与参考价值。

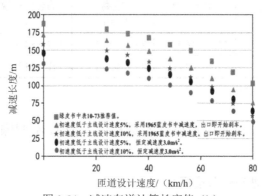

图 3.54　减速车道计算长度值（b）

（主线速度 110km/h，初始速度相对主线速度降低情形）

通过计算与分析可以得出，当高速公路主线与匝道的设计速度替代运行速度进行计算时，减速车道长度值如预期迅速增加（图 3.53 中五角星形与正方形）。回顾对双匝道出口的研究发现假设的 3s 空挡滑行时间可能比普遍驾驶员采用的时间值短，采用 5.1s 代表低水平范围平均值或 9.6s 代表 85%百分位高水平范围平均值。如果驾驶员不采用刹车踏板的时间 5.1s 或 9.6s 代替假设驾驶员最初不采用刹车踏板的时间 3s，因为在此过程中驾驶员较长时间以低的减速度驾驶车辆，那么需要的潜在减速车道长度将更长（图 3.54 中三角形、五角星形、椭圆形与圆形）。

如果假设为 9.1s 时，那么如此长时间以低减速度行驶，在车辆需要采用刹车踏板减速至匝道曲线控制速度之前已提前达到匝道速度（图 3.54）。以当前车辆减速度值为基准更新假设中的使用刹车时的减速度值可以减少减速车道长度。尽管如此，减速车道长度计算值仍然大于 2011 版绿皮书中推荐值。

尽管确定合适减速度值是困难的，但显然需要更新高速公路主线与匝道速度问题的假设。之前研究已表明驾驶员在平曲线上选择设计速度或高于设计速度行驶，而不是分流区出口的历史研究进程中提出的更低的运行速度，该结论已经驾驶模拟试验与现场观测试验得到证实。尽管关于驾驶员在自由流条件下的选择速度小于设计速度的基本假设是值得商榷的，但是现场试验观测的确表明驾驶员在进入减速车道前的主线路段即开始减速。

如果认为在主线与减速车道衔接区域（分流影响区）的速度小于设计速度，那么用于减速车道长度计算的初始速度应小于假设的设计速度。图 3.54 显示了主线设计速度 110km/h 时采用不同假设条件计算的减速车道长度值，正方形代表

2011 版绿皮书推荐值。

图 3.54 中五角星形表示把主线速度减少 10%作为出口匝道初始速度并采用 1965 版绿皮书刹车减速方式进行计算得到的减速车道长度值，三角形表示假设的初始速度减少 5%条件下进行的计算。椭圆形与圆形表示假设采用恒定 $3m/s^2$ 减速度时而不采用 1965 版绿皮书图表中减速度推荐值进行计算的减速车道长度。

3.8.2 设计参数标定与计算模型修正

3.8.2.1 速度参数标定

上文已对减速车道计算模型进行理论推导，得到减速车道上车辆行驶总距离为

$$L_{de} = L_{de1} + L_{de2} = 0.278V_{main}t_n - 0.5a_{d1}(t_n)^2 + \frac{(0.278V_r)^2 - (0.278V_n)^2}{2a_{d2}}$$

分析该式可知，t_n 通过试验观测值确定，而决定车辆行驶距离的三个速度变量 V_{main}、V_r、V_n 中，V_{main} 为车辆驶入减速车道时的速度，且作为第一阶段减速过程的初始速度，通过对多车道高速公路减速车道的驾驶行为现场观测试验可知，V_{main} 与主线设计速度存在极大差异，大部分车辆在渐变段前已减速，导致进入减速车道起点时速度远小于设计速度，因而，简单选取主线设计速度作为第一阶段减速过程的初始速度过于保守，应考虑车辆进入减速车道的运行速度 V_{85} 为初始速度进行计算。

同理，从现实角度分析，V_r 亦不应选取匝道曲线的限速标准作为计算值，而应以车辆实际运行速度取值进行分析。

减速车道末端速度模型可以表达为[180]

$$V_{Gore} = 120.298 - 2.302\theta - 2.5 \times 10^{-5} Q_{Diverging}^2$$

减速车道车辆减速度值预测模型：

$$a_{Overall} = 6.05 - 1.69\log(Q_{\overline{RL}}) - \frac{3.145}{\theta}$$

有效减速距离模型：

$$D_{Dec} = 30.05 + 0.306L_{Dec} + 8.558HV_{\overline{RL}}$$

其中，$HV_{\overline{RL}}$ 为重车在右侧车道的平均百分率。

从远场观测试验数据分析可知，双车道匝道端部客车的运行速度 V_{85} 阈值为 $90\sim100km/h$，而双车道匝道端部货车的运行速度 V_{85} 阈值为 $80\sim90km/h$。

从减速车道驾驶行为仿真模拟试验数据分析结果可知，高密度交通流条件下车辆的分流位置点的速度代表值为 91km/h，车辆减速后进入匝道控制曲线的代表速度为 73km/h。

3.8.2.2 减速度参数标定

减速车道上车辆减速度的值与车辆的减速性能（车辆类型）相关，客车与卡车的减速性能存在差异；同时，通过野外车辆减速试验发现，车辆的减速过程与车辆的初速度密切相关，而且减速度随即时速度的变化也有明显的变化，如果把减速车道上车辆两阶段的减速度分别假设为恒定值（"静态减速度"），那么减速度假设与车辆的驾驶行为不一致，静态减速存在一定的缺陷，减速车道长度设计的有效性与现实性难以真正体现。

减速度值的研究中的确存在另一种优化方法，即将减速度与初始速度关联起来，不同的初始速度对应不同的减速度，则可以克服恒定减速度产生的速度计算缺陷，比较能真实反映车辆在减速过程中减速度的变化与初始速度直接相关这一实际状态，与车辆驾驶行为一致且更为合理如图 3.55、图 3.56 所示。但是优化法依然是在减速过程中保持减速度恒定不变，因此在车辆减速过程中仍然存在折点的问题[181]。

a_{d1} 与初始速度 $V_{main-85}$ 之间存在的内在函数关系可以表达为

$$a_{d1} = f(V_{main-85})$$

a_{d2} 与 V_{r-85}、V_n 存在的内在函数关系可以表达为

$$a_{d2} = g(V_{r-85}, V_n)$$

依据车辆减速过程的动态特性，考虑减速度动态变化时两阶段的减速过程可以表述为：第一阶段减速过程车辆减速度由初始速度 $V_{main-85}$ 决定，第一阶段减速时间 t_n 为 3s，减速 3s 后车辆速度为 V_n；第二阶段减速度采用动态减速度 a_{d2} 进行分析。

对多车道高速公路分流区减速车道安全设计时，其交通流环境可限定为中、高等交通流密度。进一步，分析减速车道驾驶模拟试验车辆减速度值可知，中等交通流密度（1500pcu/h）条件下，车辆的平均加速度为–1.07m/s²，高交通流密度（3000pcu/h）条件下，车辆的平均加速度为–0.98m/s²。而美国 AASHTO 于 1965 年就对车辆在减速车道上的减速度进行参数控制，其减速度参数值得到长期验证，见表 3.29、表 3.30。

因此，本书在后续计算模型数据输出时对减速车道车辆两阶段减速过程的减速度 a_{d1} 与 a_{d2} 的阈值控制时，将驾驶模拟仿真试验的减速度值与表 3.22 中美国绿皮书提供的两阶段减速度值融合，进而标定不同主线设计速度时减速度 a_{d1} 与 a_{d2} 的阈值。

3.8.2.3 调整系数标定

2011 版绿皮书提出方程计算不同坡度条件下停车视距，采取相似方法可用于计算不同坡度下减速车道长度值。那么，坡度上减速车道长度与水平面上减速车道长度比率可作为减速车道调整系数的理论基础[81]。坡度条件下减速车道长度计

算模型为

$$D = 0.278V_\mathrm{h}t_\mathrm{n} - 0.5 \times 9.81\left(\frac{d_\mathrm{n}}{9.81} + \frac{G}{100}\right)(t_\mathrm{n})^2 + \frac{(0.278V_\mathrm{r})^2 - (0.278V_\mathrm{a})^2}{2 \times 9.81\left(\frac{d_\mathrm{wb}}{9.81} + \frac{G}{100}\right)}$$

$$V_\mathrm{a} = \frac{0.278V_\mathrm{h} + d_\mathrm{n}t_\mathrm{n}}{0.278}$$

其中，D 为减速车道长度（m）；V_h 为高速公路设计速度（km/h）；V_a 为车辆经过 t_n s 无刹车后的行驶速度（km/h）；V_r 为车辆驶入出口匝道控制曲线的速度（km/h）；t_n 为无需刹车的减速时间（假设为 3s）（s）；d_n 为无需刹车时的减速度（m/s^2）；d_wb 为采用刹车时的减速度（m/s^2）；G 为 $i/100$（i 为坡度）。

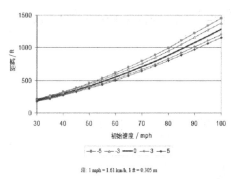
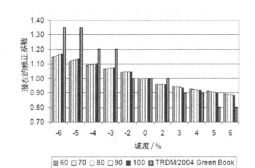

图 3.55　客车初速度与减速距离趋势图　　图 3.56　不同坡度与初速度时潜在修正系数对比

表 3.29　减速车道潜在修正系数[182]

高速公路设计速度/（km/h）	坡度与水平路面上长度比率								
	–6%	–5%	–4%	–3%	–2%～2%	3%	4%	5%	6%
全部	1.15	1.12	1.09	1.07	1.00	0.94	0.93	0.91	0.89

表 3.30　TxDOT 道路设计手册中不同坡度时减速车道修正系数[59]

道路设计速度/（km/h）	与水平坡度条件下减速车道长度比率注			
	3%～4%上坡	3%～4%下坡	5%～6%上坡	5%～6%下坡
全部	0.9	1.2	0.8	1.35

注：表中比率与水平坡度下条件下减速车道长度相乘可得坡度条件下减速车道长度。

3.8.2.4　计算模型修正

当车辆行驶速度接近期望速度 V_e（可合理假设 $V_\mathrm{e} = V_\mathrm{r}$）时，车辆减速度取最

小减速度 a_{min}；当 $V = V_n$ 时，车辆减速度取最大减速度 a_{max}，第二阶段动态减速度可表达为

$$a_{d2} = g(V_{r-85}, V_n) = a_{min} + (a_{max} - a_{min})\left(1 - \frac{V - V_n}{V_e - V_n}\right)$$

其中，a_{max}（m/s²）与 a_{min}（m/s²）分别为最大减速度与最小减速度，V（km/h）为车辆的瞬时速度，V_e（km/h）为期望速度，整理式可得

$$a_{d2} = a_{max} - (a_{max} - a_{min})\frac{V - V_n}{V_e - V_n} = a_{max} - (a_{max} - a_{min})\frac{V - V_n}{V_r - V_n}$$

$$V(0) = V_0 = V_n, \quad V(\infty) = V_e$$

1. 瞬时速度与减速度推导

设 V 为瞬时速度，可记作 $V(t)$，令 $\lambda = \frac{a_{max} - a_{min}}{V_e - V_n}$，则有：$V(t) = \frac{a_{max}}{\lambda} + ce^{-\lambda t}$；

$$c = \frac{(V_0 - V_e)a_{max} - V_0 a_{min}}{a_{max} - a_{min}} = \frac{(V_n - V_e)a_{max} - V_n a_{min}}{a_{max} - a_{min}}。$$

瞬时减速度计算公式为

$$a(t) = \frac{dV(t)}{d(t)} = \lambda \lambda_0 e^{-\lambda t} = \left[a_{max} - \frac{(a_{max} - a_{min})V_0}{V_e}\right]e^{-\lambda t}$$

$$= \left[a_{max} - \frac{(a_{max} - a_{min})V_n}{V_e}\right]e^{-\lambda t}$$

瞬时速度的计算公式为

$$V(t) = V_0 + \lambda_0(1 - e^{-\lambda t}) = V_n + \lambda_0(1 - e^{-\lambda t})$$

2. 车辆从 V_n 减速至 V_e 行驶的时间

假设车辆从 V_n 减速至 V_e 行驶的时间为 t_e，那么，

$$V_e = V(t_e)$$

即

$$V_e = V(t_e) = V_n + \lambda_0(1 - e^{-\lambda t_e})$$

由上式可得

$$t_e = \frac{1}{\lambda}\ln\left(\frac{\lambda_0}{\lambda_0 + V_n - V_e}\right)$$

3. 车辆从 V_n 减速至 V_e 行驶的距离

采用微积分对行驶距离进行计算可得

$$L(t) = \int_0^t V(t)dt = \lambda_1 t - \lambda_2(1 - e^{-\lambda t})$$

其中,

$$\lambda = \frac{a_{\max} - a_{\min}}{V_e - V_n}$$

$$\lambda_0 = \frac{a_{\max}}{\lambda} - V_0 = \frac{a_{\max}}{\lambda} - V_n = \frac{V_e a_{\max} - V_n(a_{\max} - a_{\min})}{a_{\max} - a_{\min}} = \frac{(V_e - V_n)a_{\max} + V_n a_{\min}}{a_{\max} - a_{\min}}$$

$$\lambda_1 = \frac{a_{\max}}{\lambda} \qquad \lambda_2 = \frac{\lambda_0}{\lambda}$$

综上可知,对减速车道长度计算模型进行速度参数修正后的模型形式为

$$L_{de} = L_{de1} + L_{de2} = 0.278 V_{des-85} t_n - 0.5 a_{d1}(t_n)^2 + \frac{(0.278 V_{r-85})^2 - (0.278 V_n)^2}{2 a_{d2}}$$

其中,V_{des-85}（km/h）为车辆进入减速车道时的运行速度,V_{r-85}（km/h）为匝道曲线端部运行速度。

3.8.3 减速车道长度推荐取值

3.8.3.1 减速车道几何长度与参数指标技术标准取值分析

表 3.31 为我国 2017 版《公路路线设计规范》[224]（JTG D20－2017）中提出的变速车道（减速车道）技术标准。表 3.32 为美国 2011/2004 年绿皮书中水平面或坡度小于 2% 时出口匝道减速车道长度的技术推荐值。其中,提出了不同出口匝道设计速度及高速公路主线设计速度组合情形下减速车道长度与渐变段最小长度。表 3.33 为美制单位时减速车道的推荐值。

表 3.31 变速车道（减速车道）长度和有关参数[224]

变速车道类别		主线设计速度/(km/h)	变速车道长度/m	渐变率/(1/m)	渐变段长度/m	主线硬路肩或其加宽后的宽度 C1/m	分、汇流鼻端半径 r/m	分流鼻处匝道左侧硬路肩加宽 C2/m
出口	单车道	120	145	1/25	100	3.5	0.60	0.60
		100	125	1/22.5	90	3.0	0.60	0.80
		80	110	1/20	80	3.0	0.60	0.80
		60	95	1/17.5	70	3.0	0.60	0.70
	双车道	120	225	1/22.5	90	3.5	0.70	0.70
		100	190	1/20	80	3.0	0.70	0.70
		80	170	1/17.5	70	3.0	0.70	0.90
		60	140	1/15	60	3.0	0.60	0.60

表 3.32 出口匝道减速车道长度[44]

高速公路设计速度/ (km/h)	渐变段最小长度/ m	出口匝道设计速度/ (km/h)							
		停止	20	30	40	50	60	70	80
		初始速度（km/h）							
		0	20	28	35	42	51	63	70
		减速车道长度 D/m							
50	45	75	70	60	45	-	-	-	-
60	55	95	90	80	65	55	-	-	-
70	60	110	105	95	85	70	55	-	-
80	70	130	125	115	100	90	80	55	-
90	75	145	140	135	120	110	100	75	60
100	80	170	165	155	145	135	120	100	85
110	90	180	180	170	160	150	140	120	105
120	100	200	195	185	175	170	155	140	120

表 3.33 出口匝道减速车道长度[44]

高速公路设计速度/ mph	达到速度/ mph	出口匝道设计速度/mph							
		停止	15	20	25	30	35	40	45	50
		初始速度/mph							
		0	14	18	22	26	30	36	40	44
		减速车道长度 D/ft							
30	28	235	200	170	140	-	-	-	-	-
35	32	280	250	210	185	150	-	-	-	-
40	36	320	295	265	235	185	155	-	-	-
45	40	385	350	325	295	250	220	-	-	-
50	44	435	405	385	315	315	285	225	175	-
55	48	480	455	440	410	380	350	285	235	-
60	52	530	500	480	460	430	405	350	300	240
65	55	570	540	520	500	470	440	390	340	280
70	58	615	590	570	550	520	490	440	390	340
75	61	660	635	620	600	575	535	490	440	390

注：提供可取的减速车道长度是不现实的，在减速车道上允许适当减速（10mph）并认为渐变段是减速车道范畴是可以接受的。

表 3.34 为加拿大 TAC 中对减速车道设计长度的推荐值。其中，包含的主要

参数为：主线设计速度及相对应的假设运行速度阈值，转弯道路曲线的设计速度等，并提出不同条件下渐变段长度与减速车道长度。

表 3.34　减速车道设计长度[142]

高速公路速度/ (km/h)		渐变段 长度/ m	减速车道长度 L_d（排除渐变段）/m							
设计 速度	假设的运 行速度	L_1	停车条件	转弯道路曲线设计速度（km/h）						
			0	20	30	40	50	60	70	80
60	55～60	55	90～115	85～110	80～105	70～90	55～60	~~	~~	~~
70	63～73	65	110～145	105～140	100～130	90～120	75～105	60～70	~~	~~
80	70～80	70	130～170	120～165	115～160	105～150	95～130	80～105	~~	~~
90	77～90	80	150～195	140～185	135～180	125～170	115～160	100～135	80～110	~~
100	85～100	85	170～215	160～210	155～205	145～200	135～185	120～165	100～145	~~
110	91～110	90	185～250	175～245	170～240	160～230	150～220	140～205	120～190	100～165
120	98～120	95	200～320	190～315	185～310	180～305	170～300	155～280	135～270	120～240
130	105～130	100	215～340	205～335	200～330	190～325	180～320	170～300	150～285	135～270

分析美国 2011/2004 绿皮书（表 3.32、表 3.33）与加拿大 TAC（表 3.34）对减速车道及渐变段几何长度的技术指标推荐，结合当前我国高速公路设计过程中对减速车道的设计方法可知，美国与加拿大设计减速车道时同时考虑主线设计速度和匝道控制曲线的设计速度，即认为车辆在减速车道上行驶的过程主要两位置点的速度控制：由主线设计速度（对应运行速度）减速至匝道设计速度。但是，两国在具体确定减速车道几何长度的形式时，美国 AASHTO 的 2011/2004 绿皮书中提出具体的设计数值，而加拿大 TAC 显示出独特性，提出减速车道在不同设计环境下的推荐阈值。我国设计减速车道几何长度时，仅考虑高速公路主线的设计速度及出口匝道的几何构型，未考虑匝道设计速度不同而对减速车道几何长度需要的相应变化，该问题是多车道高速公路变速车道安全设计时需优化的环节。

3.8.3.2　基于修正计算模型的多车道高速公路减速车道数据输出与推荐取值

通过分流区现场车辆速度现场观测、驾驶模拟试验数据与速度、减速度等参数的分析，可采用修正减速车道计算模型而得两阶段过程中减速距离输出数值，见表 3.35。

两个计算模型可用于预测减速车道上车辆分流速度，其模型形式[183]如下：

模型一：$V_{Diverge} = -59.187 + 1.486 V_{RL} + 10.151 \log(L_{De}) - 10.029 \log(Q_{Diverging})$

模型二：$V_{Diverge} = 81.769 + 14.157 \log(L_{de}) - 1.347\theta$

其中，$V_{Diverge}$ 为分流速度；V_{RL} 为右车道的中位速度；L_{de} 为减速车道长度；$Q_{Diverging}$ 为分流交通量；θ 为分流角度。

表 3.35　减速车道安全设计参数输入与修正模型数值输出分析

研究阶段	设计参数	核心的修正计算模型	修正模型的参数输入与数值输出
第一阶段	V_{des-85} t_n a_{d1}	$L_{de1} = 0.278V_{des-85}t_n - 0.5a_{d1}(t_n)^2$	输入相应主线设计速度时进入减速车道车辆的运行速度值 V_{des-85}，t_n 为无需刹车踏板的减速时间，a_{d1} 为无需刹车踏板的减速度，即可计算输出相应设计速度时第一阶段的减速距离 L_{de1}
第二阶段	V_{r-85} V_n a_{d2}	$L_{de2} = \dfrac{(0.278V_{r-85})^2 - (0.278V_n)^2}{2a_{d2}}$	输入进入控制曲线的运行速度 V_{r-85}，无需刹车减速 t_n 后的速度 V_n（$V_{r-85} \geq V_n$），采用刹车踏板的减速度值 a_{d2}，输出第二阶段的减速距离 L_{de2}
减速车道 全过程	$L_{de} = L_{de1} + L_{de2} = 0.278V_{des-85}t_n - 0.5a_{d1}(t_n)^2 + \dfrac{(0.278V_{r-85})^2 - (0.278V_n)^2}{2a_{d2}}$		
	第一阶段为无需采用刹车踏板减速阶段，第二阶段为采用刹车踏板减速进入曲线阶段，两阶段顺次连贯完成，实现减速车道上过渡的全过程		

　　分析模型一与模型二可知，模型一的变量包含车辆速度与交通量，可更客观地体现减速车道车辆两阶段减速过程，因此，本书选用模型一作为减速车道车辆速度预测模型展开研究，并结合现场观测而得的速度数据、驾驶模拟仿真速度数据进行评估与修正。既有研究表明减速车道上的初始行驶速度应采用比设计车速稍低的平均车速，大致为设计车速的 84%~88%[184]见表 3.36 至表 3.38。

表 3.36　两阶段减速过程计算参数表

主线设计速度/（km/h）	减速车道初始运行速度 V_{des-85} 阈值/（km/h）		减速度 a_{d1} 阈值/（m/s²）		第一阶段减速距离 L_{de1} 阈值/m	
	假设第一阶段减速过程的减速度 [a]（无需刹车的减速度 a_{d1}）					
80	67	80	0.97	1.12	92.1	61.0
90	76	90	1.05	1.23	104.6	68.8
100	84	100	1.16	1.35	115.6	76.5

续表

主线设计速度/（km/h）	减速车道初始运行速度 $V_{\text{des}-85}$ 阈值/（km/h）		减速度 a_{d1} 阈值/（m/s²）		第一阶段减速距离 L_{de1} 阈值/m	
110	92	110	1.27	1.43	126.6	84.4
120	100	120	1.35	1.52	137.7	92.3

假设第二阶段减速过程的减速度 [b]（采用刹车踏板时的减速度 a_{d2} ）

主线设计速度/（km/h）	5.1s 不采用刹车踏板后的速度范围/（km/h）		减速度 a_{d2} /（m/s²）		第二阶段减速距离 L_{de2} /m
80	62.1	74.3	1.96	2.21	
90	70.6	83.7	2.15	2.37	
100	78.1	93.1	2.25	2.44	见表 3.36（附表）
110	85.5	102.7	2.39	2.60	
120	93.1	112.2	2.44	2.70	

注：[a] 减速踏板放松，车辆不采用刹车踏板而采用空挡减速。

　　[b] 采用刹车踏板减速。

表 3.36（附表）　第二阶段车辆减速距离输出值/m

主线设计速度/（km/h）	5.1s 不采用刹车踏板后的速度范围/（km/h）	匝道设计速度/（km/h）				
		40	50	60	70	80
		匝道曲线起点的运行速度/（km/h）				
		34～36	44～46	51～55	62～65	68～72
		35	45	55	65	70
80	62.1　74.3	52.3～75.6	36.1～61.1	16.4～43.6	--	--
90	70.6　83.7	68.1～94.9	53.2～81.2	35.2～64.9	13.6～45.3	--
100	78.1　93.1	84.3～118.7	70.0～105.2	52.8～89.4	32.2～70.4	20.6～59.7
110	85.5　102.7	99.1～139.5	85.5～126.7	69.3～111.8	49.9～94.0	39.0～83.9
120	93.1　112.2	118.7～163.8	105.2～151.2	89.4～136.9	70.4～119.7	59.7～110.0

表 3.37 多车道高速公路减速车道长度参数输入与计算输出值/m

主线设计速度/（km/h）	分流位置起点车辆的运行速度/（km/h）	匝道设计速度/（km/h）				
		40	50	60	70	80
		匝道曲线起点的运行速度/（km/h）				
		34-36	44-46	51-55	62-65	68-72
		35	45	55	65	70
80	67～80	113～168	97～153	77～136	--	--
90	76～90	137～200	122～186	104～170	82～150	--
100	84～100	161～234	147～221	129～205	109～186	97～175
110	92～110	184～266	170～253	154～238	134～221	123～211
120	100～120	211～302	198～289	182～275	163～257	152～248

表 3.38 多车道高速公路减速车道长度技术推荐值/m

出口车道数	主线设计速度/（km/h）	匝道设计速度/（km/h）				
		40	50	60	70	80
单车道	80	110～120	110～120	110～115	--	--
	90	120～130	120～130	120～130	120～125	--
	100	125～140	125～140	125～140	125～135	125～135
	110	135～150	135～150	135～150	135～150	135～145
	120	145～160	145～160	145～160	145～160	145～155
双车道	80	115～170	100～155	80～140	--	--
	90	140～200	125～190	105～170	85～150	--
	100	160～235	150～220	130～205	110～190	100～175
	110	185～270	170～255	155～240	135～225	125～215
	120	215～305	200～290	185～275	165～260	155～250

3.8.4 渐变段长度计算模型

变速车道几何长度涵盖两方面：减速车道长度或加速车道长度与渐变段长度之和。渐变段长度是指渐变段车道宽度达到一个车道宽度的位置至正线之间的渐变段长度。

3.8.4.1 假设车辆换道轨迹为 S 型计算模型

根据《日本高速公路设计要领》[163]，假设车辆换道轨迹为 S 型时渐变段长度的计算模型为

$$L_{\text{taper}} = \sqrt{w(4r-w)}$$

$$r = \frac{v_{\text{a}}^{2}}{127(\mu \pm i)}$$

其中，w 为变速车道宽度（可取 3.5m）（m）；r 为反向曲线半径（m）；v_{a} 为主线初始速度（km/h）；u 为横向力系数，取值 1.5；i 为超高横坡度，取值 0。

3.8.4.2 假设车辆横移一条车道宽度计算模型

根据《日本高速公路设计要领》[163]，假设车辆横移一条车道宽度（3.5m）时的渐变段长度的计算模型为

$$L_{\text{taper}} = \frac{v_{\text{a}}t}{3.6}$$

其中，v_{a} 为车辆横移时的初始速度（km/h）；t 为车辆横移一条车道的行驶时间（取值 3s）（s）。

渐变段长度计算模型输出值见表 3.39。

表 3.39 渐变段长度计算模型输出值

设计速度/ （km/h）	初始速度/ （km/h）	假设车辆换道轨迹为 S 型时 的计算模型输出值/m	假设车辆横移一条车道宽 度时的计算模型输出值/m
60	60	51.2	50
80	70	59.9	58.3
100	90	77.2	75
120	110	94.2	91.6

3.8.4.3 考虑车辆运行速度计算模型

基于 1941 年的研究[185]，平均运行速度与 3.5s 的乘积可作为渐变段长度值。表 3.40 为渐变段长度的对比，图 3.57 为渐变段长度计算值对比分析图。

表 3.40 渐变段长度对比

设计速度/ （km/h）	平均运行速度/ （km/h）	TRDM 渐变段 长度/m	未采用刹车减 速距离/m	运行速度（m/s）×3.5s 计算而得的长度/m
50	47	45	36	46
60	55	55	42	54
70	63	60	49	61
80	70	70	54	68
90	77	75	60	75
100	85	80	66	83
110	91	90	71	89
120	98	100	76	95

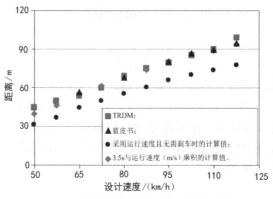

图 3.57　渐变段长度计算值对比分析图

3.9　小结

本章从理论研究与减速车道安全设计参数的研究与应用历程入手，揭示多车道高速公路减速车道理论研究与现实应用中存在的问题，提出减速车道安全设计理念与研究思路，进而从现场试验研究、安全设计方法研究、理论模型测算、模型参数选取等层面展开减速车道安全设计方法与设计参数研究，主要工作集中为：

（1）分析多车道高速公路分流区出口典型几何形式的特征与适应性，提出适用的多车道高速公路分流区出口类型与几何形式。

（2）现场试验测量不同车型在分流区各车道位置的速度行为，观测多车道高速公路的交通参数与交通组成，观测数据构成减速车道模型构建与标定的实践来源。

（3）提出基于安全的多车道高速公路分流区安全设计方法新构架，并构建减速车道几何长度理论计算模型。

（4）从车辆的速度、减速度，驾驶员反应时间、停车视距及坡度调整系数等参数对减速车道长度计算模型中的核心参数进行标定与修正。

（5）按照标定与修正参数对多车道高速公路减速车道理论几何长度进行测算，提出减速车道长度理论计算方法与工程实践推荐取值。

第 4 章 多车道高速公路加速车道驾驶行为与设计参数

本章追溯高速公路加速车道安全设计研究与应用的变革历程，揭示加速车道安全设计问题根源所在，重点从入口几何形式选择、加速车道安全设计基础理论与设计参数选取、多参数驾驶模拟试验仿真、现场试验验证等角度探索研究多车道高速公路加速车道安全设计方法与参数的合理性，并在理论分析与工程论证的基础上提出适用的技术方法新构架与设计参数。

4.1 加速车道长度安全设计问题的提出

变速车道是在主线外侧增加的一条用于车辆驶入或驶离主线加速、减速的附加车道。车辆从匝道驶入正线时加速所需的附加车道称为加速车道。图 4.1 为加速车道组成示意图。

足够长度的加速车道长度能保证车辆从入口速度舒适地加速到适当汇入速度，并在交通流中寻找间隙，实现安全、保险的驾驶操作行为。

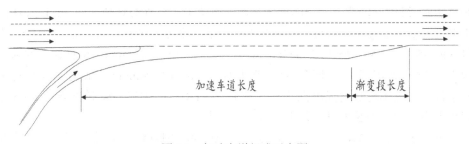

图 4.1 加速车道组成示意图

图 4.2 为加速车道长度与碰撞频数的关系[125]，从中可知，增加加速车道长度从理论上可以减少交通事故的发生频数，但是，设计合适长度的加速车道既满足车辆运行安全的需求，同时，又能最大限度节省资源成为需要深入探究的课题。

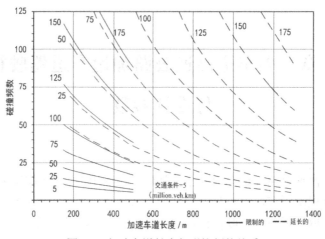

图 4.2　加速车道长度与碰撞频数关系

4.1.1　加速车道安全设计研究与应用的变革历程

4.1.1.1　加速车道安全设计与应用历程

与减速车道长度类似,加速车道安全设计的研究与应用也经历了长期的历程。1954 年 AASHO 的 Policies on Geometric Expressway Design[186]与 1965 年蓝皮书[131]中对加速车道的几何长度均有记录,但是,1954 年 Policies 中的推荐值与 1965 年蓝皮书中 TRDM 值有所不同,因此,通常把 1965 年蓝皮书作为蓝本进行比较。渐变段长度作为加速车道长度的一部分写入 1965 年蓝皮书中,但是,现在不包含在 TRDM 或 2011/2004 绿皮书中,这种处理方式仍然是合理的。TRDM 值与 2011/2004 绿皮书推荐值是相匹配的,在一些情形下,TRDM 值(或 2011/2004 绿皮书推荐值)加速车道长度与 1965 年蓝皮书中推荐值稍有不同。如,TRDM 中包含的 35、45、55、65 与 75mph(56、72、89、105、121km/h)设计速度并未包含于 1965 年蓝皮书中。任何文件中都未对 80mph(129km/h)的高速公路设计速度条件下加速车道长度提出推荐值。表 4.1 为 TRDM/2011/2004 绿皮书与 1965 年蓝皮书中加速车道长度推荐值的差异[44,131,187]。

分析表 4.1 可知,最大的差异体现在 50mph(81km/h)高速公路设计速度与30mph(48km/h)入口曲线设计速度。TRDM 与 2011/2004 绿皮书提出 450ft(137m)加速车道长度推荐值,而 1965 年蓝皮书提出 500ft(153m)的加速车道长度推荐值,两者之间相差 50ft(15m)。

1965 年蓝皮书[131]提出加速车道长度是基于以下因素的考虑。

(1)车辆进入加速车道的速度(如车辆在匝道控制曲线末端的速度)。

（2）加速方式与加速度值。

（3）车辆合流进入主线的速度（或车辆在加速车道末端的速度）。

表 4.1　TRDM/2011/2004 绿皮书与 1965 蓝皮书中入口匝道加速车道长度

高速公路设计速度/mph	TRDM/2011/2004 绿皮书与 1965 蓝皮书中入口匝道不同设计速度（mph）时加速车道长度/ft								
	停止	15	20	25	30	35	40	45	50
	假设的初始速度/mph								
	0	14	18	22	26	30	36	40	44
30	−10	NB	--	--	--	--	--	--	--
35	NB	NB	NB	NB	NB	--	--	--	--
40	−20	−20	20	−10	−20	--	--	--	--
45	NB	NB	NB	NB	NB	NB	--	--	--
50	−40	−40	−20	−30	−50	−30	−30	−30	--
55	NB	NB	NB	NB	NB	NB	NB	NB	--
60	30	20	30	20	0	0	−40	20	10
65	NB	NB	NB	NB	NB	NB	NB	NB	NB
70	30	20	20	10	20	0	−10	−10	0
75	NB	NB	NB	NB	NB	NB	NB	NB	NB
80	NT	NT	NT	NT	NT	NT	NT	NT	NT

NB=其值未包含于 1965 蓝皮书中，NT=其值未包含于 TRDM 中，1mph=1.61km/h，1ft=0.305m。

对于因素 A，1965 年蓝皮书采用平均运行速度，与用于计算减速车道长度的值类似（表 4.2）。并假设驾驶员以小于曲线设计速度的某一速度（称为"平均运行速度"）分流出曲线，但是，此保守的假设并不被当前研究成果与现场试验所接受。

表 4.2　水平曲线上运行速度

设计速度/（km/h）	2011/2004 绿皮书中运行速度及推算值/（km/h）
20	20
30	30
40	40
50	47
60	55

设计速度/（km/h）	2011/2004 绿皮书中运行速度及推算值/（km/h）
70	63
80	70
90	77
100	85
110	91
120	98
130	102
140	110
150	118 [注]
160	131 [注]

注：消除曲线上的不利摩擦力影响的调整值。阴影区域反映了高设计速度条件下的潜在可能值。

对于因素 B，1965 年蓝皮书提供不同条件下车辆加速度值的表格。用于计算加速度值的 1965 年蓝皮书曲线是客车在水平路面上的"正常加速度值"，其计算是以 1937 年 Bureau of Public Roads 研究为基础。最终的加速度计算曲线可用于决定从初始速度值加速至其速度达到值期间的加速距离，尽管 1965 年蓝皮书已将其列于表格中。

对于因素 C，1965 年蓝皮书提出车辆合流进入主线的速度应接近主线车辆速度且等于主线平均运行速度。后来，1965 年蓝皮书又提出"车辆由加速车道以小于 5mph 的速度差汇入主线交通流是可行的"。1965 年蓝皮书以此为基础（以曲线平均运行速度作为初始速度，速度达到小于主线速度 5mph（8km/h）为加速最终速度）。

1965 年蓝皮书提出以下关于卡车与大巴车的观测报告。

"加速车道长度是基于客车操作进行计算提出的。卡车与大巴车需要更长的加速距离进行加速，推荐的加速车道长度将是不合情理的。当大量大型车辆汇入主线时加速车道长度应增加，或者在可行状况下加速车道位置应设置于下坡路段。"提出以下方程用于计算加速车道长度：

$$A = \frac{(0.278V_{\mathrm{h}})^2 - (0.278V_r)^2}{2a}$$

其中，A 为加速车道长度（m）；V_h 为高速公路速度（km/h）；V_r 为匝道曲线上的限制速度（km/h）；a 为加速度（m/s^2）。

相似方法在 TRDM 与 2011/2004 绿皮书中用于重新构建与计算加速车道值，

而其推荐加速车道长度值与 1965 年蓝皮书中推荐值存在 50ft（15m）的差异。一些加速度值用于精确计算加速车道长度，但是采用的加速度值之间并非具有逻辑关系。全部处理方式是随着初始速度增加，加速度值减小。车辆从 18mph 加速至 31mph（即从 29km/h 加速至 50km/h）的加速度值 [2.75ft/s² （0.84m/s²）] 大于车辆从 14mph 加速至 31mph（即从 23km/h 加速至 50km/h）的加速度值 [2.58ft/s² （0.79m/s²）]。1965 年蓝皮书中未包含主线设计速度为 75mph（121km/h）的加速车道长度推荐值，而假设主线设计速度为 70mph（113km/h）时加速度值与主线设计速度为 75mph（121km/h）时相同。

关于出入口形式的问题，美国联邦公路管理局无统一规定，各州做法不尽相同。德国和日本规定，单车道入口为平行式，其余为直接式。但德国新近规范规定，出入口均为平行式。澳大利亚、英国和一些欧洲国家，则规定出入口均为直接式。

我国加速车道长度标准主要参照日本的技术标准，与当初德国推荐的几何长度相同。此长度比多数国家的小，比少数国家的小得多。加速车道长度不足造成合流欠有序，因此，当前使用的 2017 版《公路路线设计规范》中适当增加了加速车道的长度。在加速车道长度增加的同时，应提高加速车道相接匝道的平面线形指标，以充分提高车辆"预加速"空间。

4.1.1.2 渐变段长度变革历程

TxDOT Roadway Design Manual 中提出了最小渐变段长度推荐值。该推荐值与1965 年蓝皮书中提出的推荐值（表 4.3）相似但又不完全相同，其中推荐了加速车道与减速车道相同的渐变段几何尺寸。2011/2004 绿皮书中未包含 TRDM 所列出的最小渐变段值，但是，它对加速车道长度进行以下批注："当加速车道长度超过 1300ft（400m）时，统一采用 50:1—70:1 的渐变段。"绿皮书的图表中提供渐变段长度，提出平行式设计时采用 250ft（75m）渐变段长度。主线设计速度高的情况下，渐变段长度取值为平均运行速度（m/s）与 3.5s 的乘积。表 4.4 列出了计算结果[62]。

表 4.3　渐变段长度推荐值的对比

设计速度/ （km/h）	平均运行 速度/ （km/h）	渐变段长度/m		无需刹车减速 阶段行驶距离/ （km/h）	渐变段长度由平均运 行速度/（m/s）×3.5s 计算值/m
		TRDM	蓝皮书		
50	47	45	-	36	46
60	55	55	-	42	54
70	63	60	-	49	61
80	70	70	-	54	68

续表

设计速度/ (km/h)	平均运行 速度/ (km/h)	渐变段长度/m		无需刹车减速 阶段行驶距离/ (km/h)	渐变段长度由平均运 行速度/ (m/s) ×3.5s 计算值/m
		TRDM	蓝皮书		
90	77	75	-	60	75
110	85	80	-	66	83
120	91	90	-	71	89
130	98	100	-	76	95

表 4.4　潜在的渐变段长度

设计速度/ (km/h)	平均运行速度/ (km/h)	渐变段长度/m	
		计算值 [a]	取整值（5 的倍数）
120	98	95	95
130	102	99	100
140	110	107	110
150	118	115	115
160	131	127	130

注：1．[a] 渐变段长度由以下计算模型决定：$L_{taper} = 3.5 \times 0.278 \times V_{平均运行速度}$（m）。

　　2．$V_{平均运行速度}$ 单位为 km/h。

　　3．斜体部分为高设计速度时渐变段潜在取值。

Hunter 与 Machemehl[188]在 1989 年 NCHRP 中提出驾驶员驾驶车辆从加速车道完全进入相邻车道的以下特征时间分布：1.25s（第 15 百分位），1.75s（第 50 百分位）及 3.24s（第 85 百分位）。从中可以发现，第 85 百分位值 3.24s 与 1941 年提出的时间 3.5s 相类似[189]。

4.1.1.3　现行加速车道安全设计

目前，AASHTO Green Book2011/2004 中变速车道几何长度设计由匝道设计速度、主线设计速度及加速度决定。基本假设体现在两个方面：合流区入口的运行速度、合流点的运行速度。

代替 AASHTO Green Book2011/2004 中决定型加速车道几何长度设计方法，基于可靠度理念的概率型设计方法在本章进行研究，该方法主要优点是交通流是随机分布的，那么其分析与计算结果是驾驶员在加速车道路段加速距离的分布，与驾驶行为与交通流统计特性趋于一致。以可靠度为理论基础的分析方法能使设计工程师选择该分布的具体百分位对应加速车道几何设计长度，该几何设计长度能更好地适应具体工程的现实状态而不至于造成不必要的附加工程造价。

基于可靠度的加速车道长度几何设计研究应用的分析与模拟模型参数是在现场试验的基础上采集与处理的，该概率型设计模型应比当前设计指南或规范中普遍使用的决定型模型更优化。

4.1.1.4 设计指南中加速车道长度安全设计

在 AASHTO 绿皮书 2011/2004 中，加速车道长度设计主要基于匝道入口曲线段上的运行速度与高速公路主线运行速度之间的差异性[77]。根据运动学原理，其长度设计的计算模型为

$$L_{Acc} = \frac{(0.278V_m)^2 - (0.278V_r)^2}{2a}$$

其中，L_{acc} 为加速车道长度（m）；V_m 为高速公路主线运行速度（km/h）；V_r 为匝道入口曲线段上的运行速度（km/h）；a 为加速度值（m/s²）。

表 4.5 为 AASHTO 绿皮书与 TAC 推荐的加速车道最小设计长度。正如表 4.5 所示，绿皮书 2011/2004 推荐的加速车道长度最小值是建立在匝道入口曲线段上的运行速度 V_r 与高速公路主线运行速度 V_m 均小于各自匝道入口曲线与主线的设计速度这样的两个基本假设基础上。然而，第一个基本假设是保守的，从而导致变速车道设计过长；第二个基本假设不是保守的。例如，对于一条主线设计速度为 120km/h 的高速公路，其合流点速度为 88km/h，然而，大量文献与著作中对高速公路运行速度常接近甚至超过设计速度的事实达成一致。

表 4.5 美国与加拿大加速车道最小长度设计指南

高速公路设计速度/（km/h）	到达速度或运行速度/（km/h）	入口曲线设计速度/（km/h）							
		停车条件	20	30	40	50	60	70	80
（a）美国 AASHTO 绿皮书；源自表 10-70									
		初始速度/（km/h）							
		0	20	28	35	42	51	63	70
90	67	260	245	225	205	175	125	35	-
100	74	345	325	305	285	255	205	110	40
110	81	430	410	390	370	340	290	200	125
120	88	545	530	515	490	460	410	325	245
（b）加拿大设计指南；源自表 2.4.6.5									
90	77-90	215-325	200-310	180-300	160-285	140-250	50-200	40-145	-
100	85-100	275-450	250-440	240-420	225-405	200-375	140-325	100-285	40-230
110	91-100	330-650	320-645	305-630	290-600	260-575	210-525	150-475	100-410
120	98-120	410-730	400-725	375-710	370-690	340-660	285-590	250-515	195-430
130	105-130	550-885	540-880	510-870	500-850	470-820	400-745	340-655	300-550

与绿皮书 2011/2004 相比，TAC 推荐了更长的变速车道长度，两个设计指南推荐值存在差异的根本原因是 TAC 对合流速度设计阈或范围的假设大于绿皮书中速度假设。与 TAC 中应用的设计域理念一致的是，设计者能根据高速公路设计地区的条件与经验灵活地选择一个最合适的合流速度。尽管如此，从表 4.5 中通过比较相同主线设计速度与停止条件下的加速车道长度值可以得出，加拿大设计指南（TAC）采用了更高的加速度值。

同时，加拿大设计指南 TAC1999 依据主线与匝道交通量差异提供不同交通条件下加速车道推荐长度，如高的推荐标准用于高的交通量以保证车辆安全、舒适地合流。指南提出货车与大型巴士比小汽车需要更长的加速车道，因而在合流入主线的大型车辆数量较大的条件下推荐更长的加速车道。

4.1.2 加速车道安全设计存在的问题

从上文分析可知，加速车道几何长度安全设计存在以下几个方面的问题。

（1）用于加速车道几何长度设计的决定型计算模型难以适应多车道高速公路交通量增加的需求。

（2）当前决定型计算模型中计算参数（速度、加速度等）的取值未能真实地反映车辆的驾驶行为特性。

（3）需探索一种基于可靠度理论并考虑交通流随机特性的加速车道几何长度计算思路，使得多车道高速公路加速车道安全设计更具有灵活性与针对性。

鉴于加速车道安全设计中存在的问题，多车道高速公路加速车道安全设计的研究理念与思路整理如下：

（1）多车道高速公路加速车道安全设计以驾驶行为与交通状况作为参数来源，即通过现场观测试验采集多车道高速公路加速车道特征位置点的速度及加速度行为，同时，查阅国内外对加速车道车辆运动特性与驾驶行为特性的成果，在此基础上对加速车道几何长度计算模型中的参数进行修正。

（2）以多车道高速公路合流区交通流与车辆驾驶行为参数统计数据为依据，建立基于可靠度的加速车道长度设计方法与计算模型。

4.2 基于安全的多车道高速公路合流区安全设计方法框架与技术手段

图 4.3 为多车道高速公路合流区安全设计方法新框架。

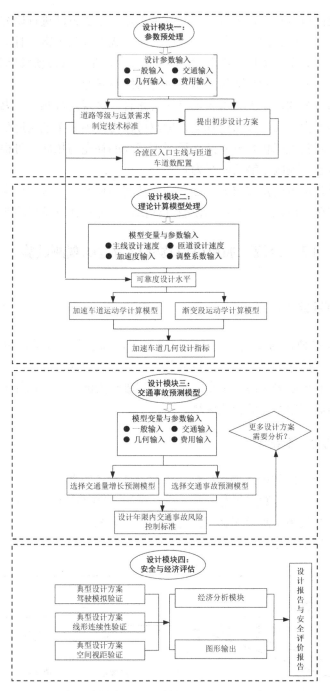

图 4.3　多车道高速公路合流区安全设计方法新框架

依据合流区自身特点需采取专门的技术手段与分析方法进行研究。对于分流区车道形式与车道配置问题，鉴于当前研究现状成果较为丰富，且多车道高速公路技术指标极高的现实依据，该问题采取的研究对策是汲取最新成果并加以转化；减速车道驾驶行为与技术参数作为本章研究的核心问题。

驾驶行为研究的出发点是多车道高速公路合流区现场观测，本书选取沪宁高速公路为实体工程，交通量与车辆运行参数可作为我国多车道高速公路运行状态的代表。室内驾驶模拟仿真试验是现场观测试验的补充与拓展，可根据需要模拟多样化的环境下合流区车辆驾驶行为。

理论分析是本章的重要研究方法之一。从现场调研合流区路段交通流参数、几何参数对加速车道几何长度计算模型进行修正，标定计算模型的变量与参数。

4.3　合流区加速车道驾驶行为远场观测试验

4.3.1　试验路段选取

分合流区驾驶行为试验观测选取沪宁多车道高速公路江苏段苏州北枢纽互通、正仪枢纽互通作为远场观测的试验载体，具体到合流区驾驶行为的现场观测时，考虑到需着重观测主线为多车道情形时驾驶行为的特性，选择苏州北枢纽、正仪枢纽互通等枢纽互通的合流区域。

4.3.2　试验方案设计

图 4.4 为合流区驾驶行为远场试验方案设计设备布置示意图，由于现场交通流量大、车速高及车道数多等客观现实条件限制，MC5600 型气压管式车辆分型统计与测速系统仅用于匝道端部或匝道路段试验研究，并联合摄像机进行现场试验观测。图 4.5 与图 4.6 为观测试验现场。

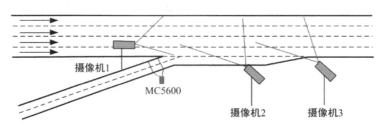

图 4.4　合流区驾驶行为远场试验方案设计设备布置示意

图 4.5　沪宁高速苏州北枢纽互通合流区试验

图 4.6　沪宁高速正仪合流区试验

4.3.3　合流区试验数据分析

4.3.3.1　合流位置

对于多车道高速公路入口匝道，合流车辆理论上应沿加速车道行驶并在其中某一位置点换道合流，即在合流鼻外且在渐变段前完成。与分流位置划分方式相似，将可能的合流位置分为五类：合流鼻之前（三角端）、加速车道前 1/3 段（早）、加速车道中间 1/3 段（中）、加速车道后 1/3 段（晚）、渐变段外（渐变段）。根据现场视频与雷达枪数据分析，合流位置是根据所有匝道类型、车辆类型及全部高速公路速度条件下统计分析，顶端部分为全部高速公路速度时车辆合流位置，紧接部分为高速公路自由合流条件下车辆合流位置（速度不小于 80km/h），其次部分为约束性合流时车辆合流位置（速度约为 65～80km/h），底端部分为强制性合流时车辆合流位置（速度小于 65km/h）。

分析图 4.7 至图 4.10 可得，极少车辆在合流鼻之前合流，对于自由合流与强制性合流条件，大部分车辆在早期或中间位置即合流，而对于强制性合流条件，大部分车辆合流较晚甚至在渐变段（甚至超出渐变段）进行合流，因为在自由合流条件下车辆可寻觅到间隙并以尽可能舒适的速度合流，所以该试验观测是相对直观的。

在强制性合流条件下可接受间隙出现得并不频繁，但是合流行为可能以一定顺序及数量发生，同时，由于高速公路在该条件下运行速度较小，合流车辆无需加速太多即可较早达到舒适的合流速度；在约束性合流条件下，由于可插入间隙不足且交通流不足以提供缓慢、有序的合流过程，所以可接受间隙难以寻觅到。

图 4.7 至图 4.10 表明约束性合流条件下 45% 车辆在渐变段或之后合流，而自由合流条件下，61% 车辆在加速车道后 2/3 合流，仅 8% 车辆在渐变段或之外合流，因而可以合理推测大交通流密度导致驾驶员被迫将合流位置延伸到渐变段（或渐

变段之后），而中、低交通流密度条件下绝大部分驾驶员选择相对提前合流位置，试验同时表明，在三角端提前合流的车辆百分比低于 10%，该部分车辆组成可能驾驶员性格（攻击性）或车型（小汽车）等相关。

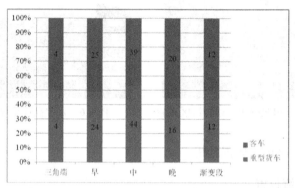

图 4.7　合流位置（重型货车与大客车对比-全部高速公路速度）

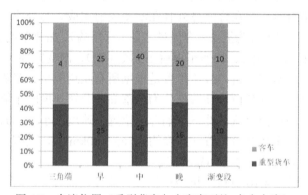

图 4.8　合流位置（重型货车与大客车对比-自由合流）

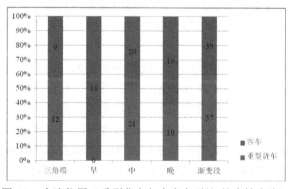

图 4.9　合流位置（重型货车与大客车对比-约束性合流）

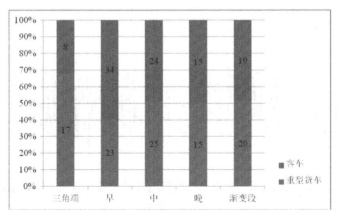

图 4.10　合流位置（重型货车与大客车对比-强制性合流）

　　将多车道高速公路合流区重型货车与大客车的合流位置观测试验对比分析，表明两车型车辆合流驾驶行为大致相似，但是，当交通流条件发生变化时，两者合流位置出现差异性分化。

　　分析图 4.9 可得，约束性合流条件下 57%重型货车在渐变段或渐变段之后合流，而仅 39%大客车在渐变段或渐变段之后合流，从远场试验统计分析结果推测，造成该情形的原因其一是重型货车与大客车车辆动力特性差异性，其二是交通流密度增大，其三是加速车道长度限制造成合流空间挤压。

4.3.3.2　合流速度

将观测的所有车辆速度与时间关系利用 Origin 软件绘制于图 4.11 与图 4.12 中。

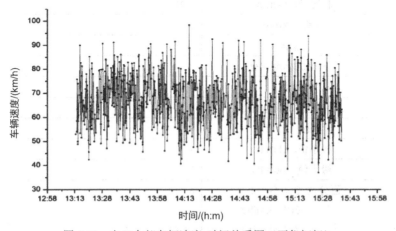

图 4.11　出口全部车辆速度-时间关系图（正仪枢纽）

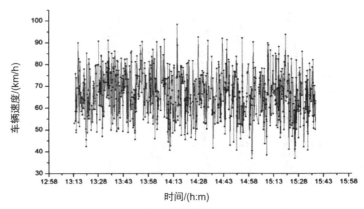

图 4.12　出口全部车辆速度-时间关系图（苏州北枢纽）

表 4.6、表 4.7 分别为采用 SPSS Statistics 统计软件分析的沪宁多车道高速公路正仪枢纽互通与苏州北枢纽互通双车道入口匝道端部客车速度统计量表，图 4.13、图 4.14 为对应沪宁多车道高速公路正仪枢纽互通与苏州北枢纽互通双车道入口匝道端部客车速度统计图。

表 4.6　正仪枢纽双车道合流区客车速度分析（双车道匝道大入口）

N　有效/辆	645
均值/（km/h）	69.21
中值/（km/h）	69.30
众数/（km/h）	75
标准差/（km/h）	9.91
方差/（km/h）	98.17
偏度	−0.16
偏度的标准误差	0.10
峰度	0.11
峰度的标准误差	0.19
全距/（km/h）	61
极小值/（km/h）	37
极大值/（km/h）	98
百分位 25/（km/h）	63.40
50/（km/h）	69.30
75/（km/h）	75.45
85/（km/h）	79.41

表 4.7 苏州北枢纽双车道合流区客车速度分析（双车道匝道大入口）

N 有效/辆	505
均值/（km/h）	71.67
中值/（km/h）	71.70
众数/（km/h）	74
标准差/（km/h）	11.92
方差/（km/h）	142.06
偏度	0.32
偏度的标准误差	0.11
峰度	0.27
峰度的标准误差	0.22
全距/（km/h）	73
极小值/（km/h）	40
极大值/（km/h）	113
百分位 25/（km/h）	63.45
50/（km/h）	71.70
75/（km/h）	78.40
85/（km/h）	83.21

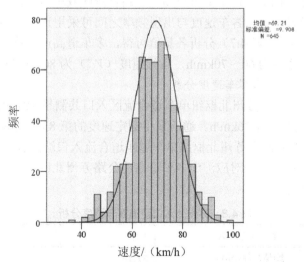

图 4.13 双车道合流区客车速度分析图（正仪枢纽）

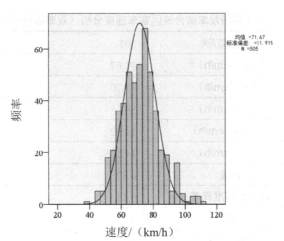

图 4.14　双车道合流区客车速度分析图（苏州北枢纽）

分析表 4.6 可知，正仪枢纽双车道合流区入口共测量 645 辆客车的有效速度作为样本，均值为 69.21km/h。通常采用测定速度的第 85 百分位行驶速度作为运行速度（V_{85}），即实测得正仪枢纽双车道匝道合流入口端部客车运行速度（V_{85}）为 79.41km/h。

分析表 4.7 可知，苏州北枢纽双车道匝道入口共测量 505 辆客车的有效速度，均值为 71.67km/h。统计分析实测实测数据知苏州北枢纽双车道匝道入口端部客车运行速度（V_{85}）为 83.21km/h。

图 4.13 与图 4.14 表达了多车道高速公路合流区双车道入口匝道客车速度分布。从直方图形式分析，客车速度与出现频率之间可采用正态分布曲线拟合；综合统计量表（表 4.6、表 4.7）分析各量值可得，多车道高速公路合流区双车道匝道端部客车平均速度为 60～70km/h，运行速度（V_{85}）为 80～90km/h。

1. 苏州北入口匝道客车速度分析

分析表 4.8 可知，苏州北枢纽单车道合流区入口共测量 181 辆客车的有效速度作为样本，均值为 51.76km/h。通常采用测定速度的第 85 百分位行驶速度作为运行速度（V_{85}），即实测得苏州北枢纽单车道匝道合流入口端部客车运行速度（V_{85}）为 63.18km/h。图 4.15 为对应沪宁多车道高速公路苏州北枢纽互通单车道入口匝道端部客车速度统计图。

表 4.8　苏州北入口匝道客车速度分析

N　有效/辆	181
均值/（km/h）	51.76
中值/（km/h）	52.50

续表

众数/（km/h）	43
标准差/（km/h）	11.68
方差/（km/h）	136.51
偏度	−0.20
偏度的标准误差	0.18
峰度	−0.10
峰度的标准误差	0.36
全距/（km/h）	56
极小值/（km/h）	21
极大值/（km/h）	77
百分位 25/（km/h）	43.75
50/（km/h）	52.50
75/（km/h）	59.00
85/（km/h）	63.18

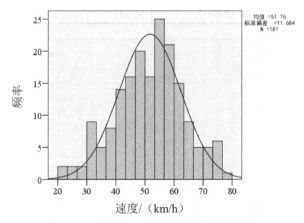

图 4.15　苏州北入口匝道客车速度分析图

2. 货车速度分析

分析表 4.9 可知，正仪枢纽合流区入口共测量 225 辆货车的有效速度作为样本，均值为 57.34km/h。通常采用测定速度的第 85 百分位行驶速度作为运行速度（V_{85}），即实测得正仪枢纽合流入口端部货车运行速度（V_{85}）为 65.61km/h。图 4.16 为对应沪宁多车道高速公路正仪枢纽互通入口匝道端部货车速度统计图。

表4.9　正仪枢纽入口合流货车速度分析

N　有效/辆	225
均值/（km/h）	57.34
中值/（km/h）	57.30
众数/（km/h）	56
标准差/（km/h）	7.75
方差/（km/h）	60.13
偏度	0.03
偏度的标准误差	0.16
峰度	0.10
峰度的标准误差	0.32
全距/（km/h）	45
极小值/（km/h）	37
极大值/（km/h）	82
百分位 25/（km/h）	52.05
50/（km/h）	57.30
75/（km/h）	62.20
85/（km/h）	65.61

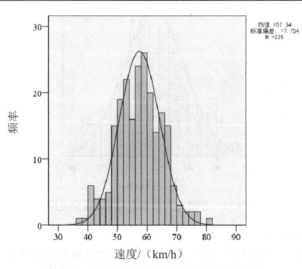

图4.16　正仪枢纽入口合流货车速度分析图

分析表4.10可知，苏州北枢纽合流区双车道入口共测量326辆货车的有效速度作为样本，均值为65.87km/h。通常采用测定速度的第85百分位行驶速度作为运行速度（V_{85}），即实测得苏州北枢纽合流双车道入口端部货车运行速度（V_{85}）为 75.89km/h。图 4.17 为对应沪宁多车道高速公路苏州北枢纽互通双车道入口匝道端部货车速度统计图。

表 4.10　苏州北枢纽入口（双车道）货车速度分析

N　有效/辆	326
均值/（km/h）	65.87
中值/（km/h）	65.25
众数/（km/h）	60
标准差/（km/h）	9.16
方差/（km/h）	83.83
偏度	0.51
偏度的标准误差	0.14
峰度	1.13
峰度的标准误差	0.27
全距/（km/h）	68
极小值/（km/h）	38
极大值/（km/h）	107
百分位 25/（km/h）	59.48
50/（km/h）	65.25
75/（km/h）	71.43
85/（km/h）	75.89

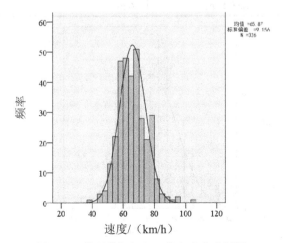

图 4.17　苏州北枢纽入口货车速度分析图

分析表 4.11 可知，苏州北枢纽合流区单车道入口共测量 86 辆货车的有效速度作为样本，均值为 48.92km/h。通常采用测定速度的第 85 百分位行驶速度作为运行速度（V_{85}），即实测得苏州北枢纽合流单车道入口端部货车运行速度（V_{85}）为 60.89km/h。图 4.18 为对应沪宁多车道高速公路苏州北枢纽互通单车道入口匝道端部货车速度统计图。

表 4.11 苏州北枢纽单车道入口合流速度分析表

N 有效/辆	86
均值/（km/h）	48.92
中值/（km/h）	48.40
众数/（km/h）	62
标准差/（km/h）	10.39
方差/（km/h）	107.86
偏度	−0.29
偏度的标准误差	0.26
峰度	−0.22
峰度的标准误差	0.51
全距/（km/h）	51
极小值/（km/h）	23
极大值/（km/h）	74
百分位 25/（km/h）	43.40
50/（km/h）	48.40
75/（km/h）	57.23
85/（km/h）	60.89

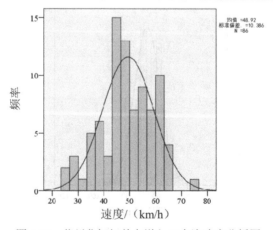

图 4.18 苏州北枢纽单车道入口合流速度分析图

4.4 合流区加速车道驾驶行为模拟试验

4.4.1 合流区驾驶行为特征

在过去的六十年里，人们大量研究高速公路互通立交的单体元素对交通安全的影响。McCartt 等[152]研究了弗吉尼亚州北部多条匝道交通碰撞事故发生情况，发现 48%交通事故发生与出口匝道，36%交通事故发生于入口匝道，16%交通事故发生于互通立交中间区域。许多研究工作者期望采取统计模型来标定交通事故率与互通立交设计参数（变量）之间的关系模型。Cirillo 等[190]提出多元回归模型预测整个互通立交区的交通事故发生频率，发现交通量是预测互通立交事故率的关键变量。在另一研究成果中发现交通量一致的情况下，较短的加速车道导致较多的交通事故[40]。Bared 等[131]以加速车道长度为函数提出互通立交整个匝道的统计模型评估碰撞频率，发现较长的加速车道有更低的交通事故碰撞频率。Khorashadi[191]评估匝道几何特征、类型等对交通安全与碰撞事故的影响，发现与其他变量相比较，出入口几何特征不是交通事故与碰撞的决定因素。

近年来，很多学者提出考虑驾驶员的驾驶行为来革新互通立交几何设计标准。有学者通过现场观测研究加速车道上驾驶员的行为特征。Polus[192]研究加速车道上车辆的合流行为分析合流位置分布及车辆加速度，发现大多数驾驶员似乎不把加速车道严格作为加速的目的，然而，合流过程由间隙—接受行为控制。

Hunter[19]采用现场录像的手段观测高速公路互通立交匝道与主线交通量、速度与距离的关系。Michaels 与 Fazio[15]基于驾驶员驾驶行为建立高速公路合流模型，以评估变速车道必需长度便于驾驶员寻找到 85%位可接受时间间隙。Ahammed 等[22]采集速度与交通信息研究高速公路合流区交通行为,结果表明合流速度依赖于匝道与变速车道的线形。加速车道上较低合流速度与较低可能的碰撞相对应。右侧车道的交通量与入口汽车的合流速度对沿加速车道方向的右侧车道的速度影响大。Choudhury 等[193]建立一种联合模型用于分析合流选择、间隙接受、目标间隙选择及车辆从匝道合流的加速决定行为。模型的所有组成参数由测试车辆的轨迹与行为数据标定。

在任何情形下，很难仅采用现场观测对驾驶员的驾驶行为进行深入探究。现场观测驾驶员的驾驶行为仅能从特定条件对驾驶员与车辆进行研究，而不能从多场景、复杂环境状态下对影响驾驶行为的内在作用因素进行探究。

新兴技术使得通过基于驾驶模拟器的跨学科方法评估驾驶员、车道路环境之间的相互影响成为可能。驾驶模拟器允许研究不同条件下的驾驶员行为变量，并为道路安全设计与管理提供前瞻性的理念与远景展望。驾驶模拟器能有效控制试验场景并有效、安全地重复试验，并自动采集参数的记录数据。当前研究表明现场观测试验的平均轨迹数据与驾驶模拟试验中的数据规律一致。

4.4.2　场景设计与虚拟参数设置

之前研究表明加速车道长度与交通量为影响互通立交事故率的关键因素[40,192,194]。本书从以上假设条件出发，考虑构建两种场景模拟真实的道路条件与交通环境。

场景一中，加速车道长度 L_a（短加速车道 S）由以下计算模型确定：

$$L_a = \frac{V_{d2}^2 - V_{d1}^2}{2a}$$

其中，L_a（300m）为曲线匝道终点与渐变段起点的距离；V_{d1} 为加速车道起点曲线匝道的设计速度（m/s，18m/s 对应 65km/h）；V_{d2} 为主线 85% 设计速度（m/s，假设 31m/s 对应 112km/h）；a 为加速度（1.0m/s²）。

场景二中加速车道长度（长加速车道 L）更长，包括 L_a 与合流路段长度 L_m。合流路段限定为驾驶员加速后变换车道的路段。把 L_m 设计为 225m，渐变段为 75m。

每一场景中交通量按照相邻车辆的车头间距依据高、中、低密度进行输入：高交通密度（3000pcu/h）采用 40m 车头间距（车头时距设置为 1.2s）；中交通（1500pcu/h）采用 80m 车头间距（车头时距设置为 2.4s）；低交通量（1000pcu/h）采用 120m 车头间距（车头时距设置为 3.6s）。

三种交通量条件，二种几何构型环境时，安排 5 名驾驶员进行驾驶模拟试验，每名驾驶员驾驶时间约为 10 分钟，重复操作三次。为了消除驾驶员疲劳因素的影响，安排驾驶员间隔进行试验，保证充分休息。所有的六种情形中，主线车辆的速度均设置为 120km/h。图 4.19 显示采取长加速车道采集得到的驾驶模拟数据变化状况。分析三个特征点：位置 A 为加速车道起点，入口匝道曲线的终点；位置 B 为车辆行驶轨迹曲线突变位置；位置 C 为车辆完全变道，跨越主线行车道变换至加速车道行车道。从图 4.19 可得，车辆沿纵向自跨越端部开始，其行驶速度总体呈现增高的趋势，且存在三个较为明显的增长点（拐点 A、B、C 处），车辆越过渐变段末端后，速度亦存在一个增大的点，此后，车辆汇入主线，速度趋于稳定。分析该过程的加速度曲线可知，车辆沿纵向自跨越端部开始其加速度呈现不稳定的波浪形起伏变化，即车辆的加速度应为动态变化过程。

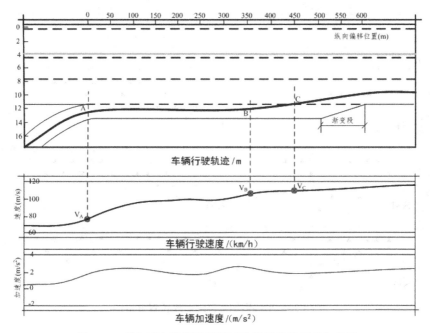

图 4.19 长加速车道驾驶模拟试验数据梯度采集与分析

4.4.3 合流位置

通过驾驶模拟仿真试验研究多车道高速公路互通立交合流区车辆合流位置，图 4.20 为车辆跨越主线与加速车道分隔线的真实位置，以 25m 为范围表示车辆跨越分隔线。在长加速车道几何构型中，表明大多数驾驶员在加速车道长度范围内（300m）完成合流操作。以上比率中，LL（71%驾驶员）与 LM（59%驾驶员）几何构型，而 LH 比率增加，预期为 30%。应强调没有竖向或平面标志区分加速车道末端及合流路段起点。似乎较长的加速车道仅对主线上高密度交通量有效。

4.4.4 行车轨迹

为了分析驾驶员操作行为是否受到交通流与加速车道长度的影响，对车辆轨迹展开分析与研究。图 4.21 为不同几何构型下采集的单车轨迹。明显可以发现，合流操作的平均值（图 4.21 中粗线）随交通量与主线车辆的车头间距而变化。试验发现较短车头间距（时距）情况下合流操作（SH 与 LH）比低交通量（SL 与 LL）更为急剧。在任何情形下，所有几何构型合流区车辆反向曲线操作运行的百分比超过 80%，证实大部分驾驶员更倾向于采取反向曲线行驶轨迹而不是直接式轨迹。

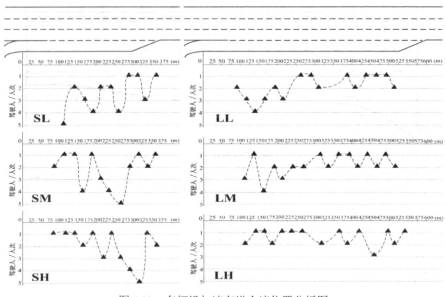

图 4.20　车辆沿加速车道合流位置分析图

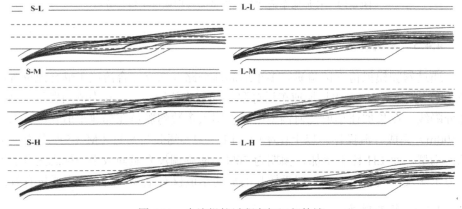

图 4.21　合流操控过程车辆运行轨迹

　　每一构型的合流长度在驾驶模拟试验中进行了针对性的分析与对比。对于交通量因素，合流长度试验揭示了其重要差异性，特别是较重交通量与较长合流段。在各种交通量中记录最高变量，事实上，从 SL 至 SM 增加 3%，而从 SL 至 SH 增加 23%；长加速车道几何构型中也出现相似情形：LM 的合流长度比 LL 长 3%，比 LH 长 46%。

　　变量性能分析未揭示低交通量与中交通量条件下加速车道长度因素的重要影响（从 SL 至 LL 与从 SM 至 LM 增加率均为 13%）。相反，观测到 SH 与 LH 几何构型中有重大差异。在这种情形下，合流长度的增加率达到 35%。在 LH 中，驾驶员跨越加速车道与主线车道线的合流平均点。正如 Daamen[195]提出的向车道末端移动。驾驶员仍然在加速车道保持较长距离，很可能是由于在主线车道难以寻觅到合适的间隙插入。试验的探究发现似乎意味着对于中、低交通量，无论合流位置点的选择与加速车道的长度，驾驶员均适应所有的交通行为。

4.4.5 速度与加速度

图 4.22 为加速车道驾驶模拟仿真试验数据梯度分析图。

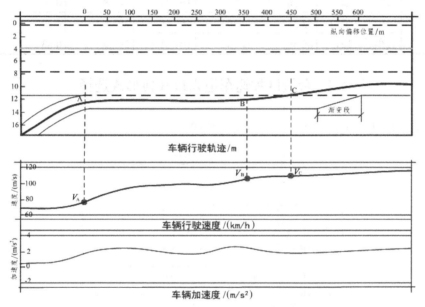

图 4.22　加速车道驾驶模拟仿真试验数据梯度分析图

表 4.12 为驾驶模拟仿真试验输出数据的结果分析。试验设计过程中针对低交通量条件、中交通量条件、高交通量条件与短车道、长车道不同场景，设计速度为 120km/h。从表 4.12 可知，A、B、C 位置的平均速度分别为 V_A、V_B、V_C，不同交通流条件下，长车道时车辆的速度大于短车道时车辆的速度，且匝道端部（A 位置）速度约为 70km/h，加速车道末端（B 位置）速度约为 95km/h，渐变段附近速度约为 100km/h，经过以上三阶段后，车辆合流汇入主线，完成从匝道进入加速车道并合流的全过程。全过程车辆的平均加速度与交通水平相关，低交通量时平均加速度约为 1.0m/s²，中交通量时平均加速度约为 0.9m/s²，高交通量时平均加速度约为 0.8m/s²，即就加速度数值而言，车辆在加速车道上的加速度值的范围为

$0.8\sim1.0\mathrm{m/s^2}$。

表 4.12　驾驶模拟仿真试验数据结果分析

几何类型与交通条件		A 位置平均速度 V_A/(km/h)	B 位置平均速度 V_B/(km/h)	C 位置平均速度 V_C/(km/h)	合流长度/m	平均加速度 $\bar{a}$/(m/s²)
低交通条件	短车道（SL）	67.12	89.28	96.63	231.5	0.94
	长车道（LL）	68.96	95.39	104.28	252.8	0.99
中交通条件	短车道（SM）	71.13	91.28	98.87	234.3	0.87
	长车道（LM）	72.26	94.73	101.34	265.8	0.89
高交通条件	短车道（SH）	73.33	99.39	102.46	282.6	0.79
	长车道（LH）	68.56	99.18	101.31	366.9	0.83

4.5　合流区加速车道入口几何形式选择

图 4.23 为研究区域入口匝道的可能型式。

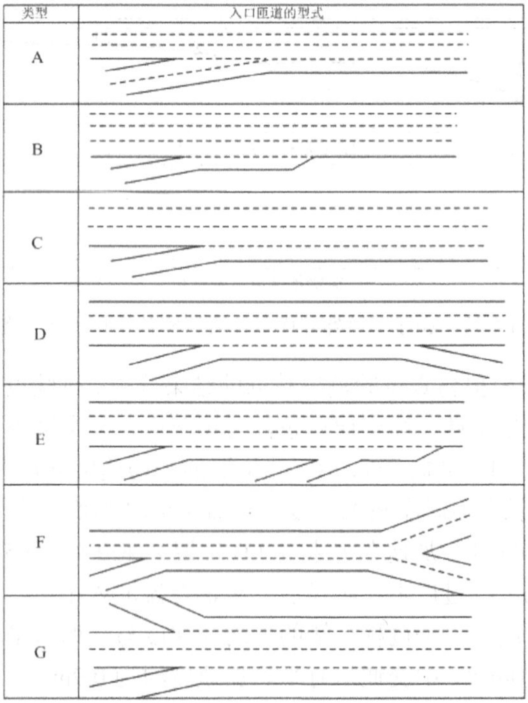

图 4.23　研究区域入口匝道可能型式

4.6 加速车道安全设计的基础理论

4.6.1 间隙接受理论

4.6.1.1 间隙接受理论概述

间隙接受理论被广泛地应用于高速公路合流区通行能力及汇入模型的研究中，合流区域的驾驶员在决定选择合流时机时通过对主线外侧车辆间隙的判断，当实际车头时距大于某一临界间隙值时即开始进行换道合流的操控行为。Kita[196]对合流区驾驶员临界间隙选择行为进行了分析，提出加速车道长度对驾驶员行为的影响，表明驾驶员合流汇入的驾驶行为受到道路设施几何尺寸或主线交通流的影响，这一结论在上文驾驶行为远场观测试验中也得到了证实，远场试验发现，主线外侧车道车辆密度越大，驾驶员汇入主线位置越接近加速车道末端，甚至超越加速车道。

4.6.1.2 多车道高速公路车头时距统计分布模型

如果将前车尾与后车头之间距离视为随机变量，统计道路中运动着的众多车辆跟随行为，则可以得到该随机变量的分布模型，如图 4.24 所示。车头时距分布模型是交通流建模和仿真研究的重要模型，常用于道路通信能力、车辆换道/并道的可接受间隙、车辆换算系数、交叉口交通控制策略等研究。对车头时距分布的研究可以形成多种分布模型[197]。以下为常见车头时距分布模型以及相应的模型参数估计方法，分析不同车头时距模型的有效选择。

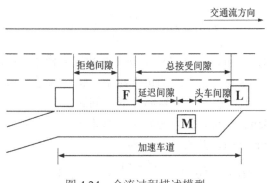

图 4.24 合流过程描述模型

（1）负指数分布。早期研究者针对自由流状态下车辆建立如下的负指数型密度函数：

$$f(h) = \frac{1}{\bar{h}} e^{-h/\bar{h}} = \lambda e^{-\lambda h}$$

其中，$\bar{h}$ 为平均车头时距；$\bar{h}$ 大小反应驾驶员偏向过激驾驶或保守驾驶，默认 $h \geqslant 0$。

负指数分布的分布函数为：$F(h) = 1 - e^{-h/\bar{h}} = 1 - e^{-\lambda h}$，表示车头时距 h 小于 $\bar{h}$ 的概率。

负指数分布适用于车辆随机到达情况，但其取值随车头时距单调递减，这与实际情况明显相悖，可用移位负指数分布（将负指数分布曲线向右平移）方法解决该问题。

（2）移位负指数分布。负指数分布拟合交通流车头时距分布时，小于 $\bar{h}$ 的车头时距出现的概率较大，这往往与实际情况不相符合，因此，引入移位负指数型密度函数：

$$f(h) = \frac{1}{\bar{h} - \tau} e^{-(h-\tau)/(\bar{h}-\tau)}, h \geqslant \tau$$

即假设最小车头时距不小于给定值 τ，其分布函数为

$$F(h) = 1 - e^{-(h-\tau)/(\bar{h}-\tau)}, h \geqslant \tau$$

无论负指数分布还是移位负指数分布，都只能描述随机到达车流。

（3）Erlang 分布。在移位负指数分布中，越接近 $\bar{h}$ 的车头时距其出现的概率越大，这在很多时候不符合驾驶员的心理习惯。另一方面，当交通相当拥挤时，负指数分布与移位负指数分布均不能很好描述实际情况。因此，Lerabach 提出 Erlang 分布用于解释非常小的车头时距在队列中的概率很小或根本不存在的事实，其密度函数为

$$f(h) = \lambda e^{-\lambda h} \frac{(\lambda h)^{k-1}}{(k-1)!}, k \in N$$

随着 k 取不同值，可以得到描述不同交通状况的模型，k 值增大时，所描述的交通情况越拥挤，驾驶员行为的随机性越小。该分布是较为常用的描述车头时距分布概率的模型，但存在参数估算精度低的问题。

（4）移位 Erlang 分布。如果考虑车头时距不能小于最小车头时距的限制，类似引入移位 Erlang 分布，其密度函数为

$$f(h) = \lambda^k e^{-\lambda(h-\tau)} \frac{(h-\tau)^{k-1}}{(k-1)!}, h \geqslant \tau, k \in N$$

（5）对数正态分布。对数正态分布是目前最常见的单分布车头时距模型，已被证明能广泛应用于高速公路和城市路网不同场景下的交通流数据建模。其密度

函数为

$$f(h) = \frac{1}{h \cdot \sigma \sqrt{2\pi}} e^{-\frac{(\ln h - \mu)^2}{2\sigma^2}}$$

其中 μ 和 σ 分别为模型参数。

（6）M3 分布及其他组合分布模型。当交通较拥堵时，常出现部分车辆组成车队状态行驶的情况。为此，Conway[198]提出了 M3 分布模型。该模型假设车辆处于两种行驶状态：一部分处于强制车队状态行驶，另一部分车辆按自由流状态行驶。其密度函数为

$$f(h) = \begin{cases} (1-\kappa)\lambda e^{-\lambda(h-\tau)}, & h > \tau \\ \kappa, & h = \tau \\ 0, & h < \tau \end{cases}$$

其中，$\lambda = 1/(\bar{h} - \tau)$；参数 κ 表示自由流状态行驶车辆所占的比例；参数 τ 表示车队状态行驶时，车辆时间保持的最小车头时距。

M3 模型是典型的二分车头时距模型，其基本理念是将车流分为聚集车流（车队）与自由车流，分别考虑两类车流车头时距特性建立模型，但 M3 分布严格意义上讲仍然属于负指数分布的范畴，高速公路交通流实际状态并不一定服从负指数分布。然而，由于 M3 模型能直观方便地解释观测到的混合交通流现象，研究者提出了更多组合型分布模型。如组合负指数分布模型：

$$f(h) = \kappa\lambda_1 e^{-\lambda_1(h-\tau)} + (1-\kappa)\lambda_2 e^{-\lambda_2(h-\tau)}$$

其中，$\lambda_1 = 1/(\bar{h_1} - \tau)$ 和 $\lambda_2 = 1/(\bar{h_2} - \tau)$ 用以描述不同驾驶员所倾向保持的不同最短车头时距。

高速公路交通流实际运行状态复杂，难以用简单的分布模型加以描述与刻画。可吸收二分车头时距的思想理念，将交通流划分为自由流状态与跟驰状态，通过对两种状态下车头时距分布特点的分析，提出混合车头时距分布模型。

以上是常见的高速公路车头时距统计分布模型，如何选择车头时距模型需要综合考虑各种因素，简单的模型，参数估计较容易，但精确度可能不高；复杂的模型，精确度可能较高，但往往需要复杂的参数估算。在实际应用中，分析高速公路的交通流时常采用对数正态分布模型，而分析车辆换道并道时常选用 M3 分布模型。

为了较准确刻画多车道高速公路分合流区车辆车头时距的时空变化规律，考虑采用混合车头时距分布模型展开后续理论推导与分析，自由行驶状态的车辆间车头时距服从指数分布[199]，跟驰状态下车头时距服从正态分布，则混合车头时距分布的密度函数可表述为

$$f(t) = \kappa \frac{1}{\lambda} e^{-\frac{t}{\lambda}} + (1-\kappa) \frac{1}{\sqrt{2\pi}\sigma} e^{-\frac{(t-\mu)^2}{2\sigma^2}}$$

其中，t 为车头时距；κ 为服从负指数分布的样本比率；μ 为正态分布的期望值，即为跟驰状态出现频率最高的车头时距；σ 为正态分布的标准差；λ 为自由行驶状态的车辆到达率，决定负指数分布形态。

4.6.1.3　加速车道车辆合流汇入的计算模型

车辆进入加速车道始端，驾驶员对相邻主线车道上车辆可接受的安全汇入间隙作出判断值，即为初始可接受间隙。在加速车道加速行驶并寻机汇入过程中，如果相邻主线车道车辆车头时距大于这一判断值，驾驶员即选择换道合流并汇入主线，否则继续在加速车道行驶寻找可插入间隙实施合流操作[199]。

通过对多车道高速公路合流区现场观测试验发现，在主线外侧车道交通量较小情况下，车辆可以在加速车道范围内轻松、舒适实现换道合流；但是，当主线外侧车道交通量较大，且主线内侧与中间车道交通量均较大的情况下，加速车道上的车辆无法轻松地在加速车道长度范围内完成合流，驾驶员将换道合流延续到加速车道后段。出现这种情况时，驾驶员在加速车道从始端到末端行驶过程中所选择的可接受间隙值会逐渐减小，当车辆由于交通量大而被"压"在加速车道难以合流时，即便主线外侧车道的车辆已聚集车流的形式排队向前行驶，加速车道上的驾驶员同样会强行汇入相邻主线车道，这样的攻击性驾驶行为在远场观测试验中屡见不鲜。

分析图 4.25 可知，拒绝间隙极为集中。尽管如此，两者集中的位置不同。在加速车道整个长度范围内，Bodegraven（a）拒绝间隙小于接受间隙；而在 Grenoble（b）调查中，拒绝间隙集中于加速车道起点段。对于 Grenoble 加速车道末端并未出现大量拒绝间隙：表明间隙出现时，而接受与否仅与其长度有关。两地的拒绝间隙随接受间隙散布，清晰地显示驾驶员之间甚至驾驶员自身不合逻辑的选择行为。

分析图 4.26 可知，两地由于交通流条件不同致使车辆合流速度大小出现差异，Bodegraven 合流速度较大。对于 Grenoble 而言，随合流速度增加接受间隙增加。两地分析表明在低合流速度条件下接受间隙较为恒定，但是随合流速度增大时接受间隙增大。可知，接受间隙的不同并非因为驾驶员文化和行为的差异，而是因为交通条件的不同。主线交通量大或拥挤条件下驾驶员接受间隙小于其所期望的间隙。

图 4.27 为车辆合流速度与车头时距的关系。分析图 4.27 可知，两地合流速度有差异，其车头时距也不同。两地车头时距大的变化几乎相似，且仅与合流速度相关。

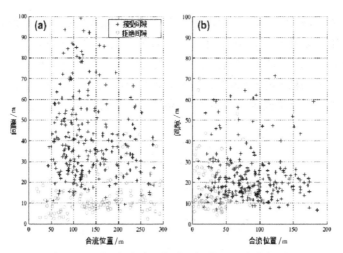

图 4.25　间隙关系（接受与拒绝）与合流位置

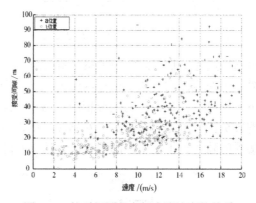

图 4.26　接受间隙与车辆合流速度的关系

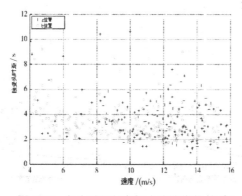

图 4.27　车头时距与车辆合流速度的关系

图 4.28 为车辆合流位置与合流速度的关系，其清晰表明合流速度大的变化，且其变化与合流位置无关。但在加速车道末端不能识别合流速度的不同。正如间隙接受理论假设的一贯的驾驶行为，拒绝间隙不大于接受间隙，但是该假设被 Daamen[197]驳倒。该理论表明如果没有提供大于可接受间隙的间隙，车辆将驶入加速车道末端而不寻求间隙，因此在减速车道末端排队合流通行。

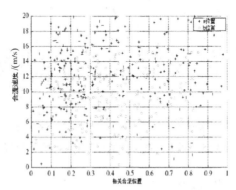

图 4.28   车辆合流位置与合流速度关系

Choudhury[200]明确地描述了临界间隙的关系。图 4.29 为远场观测数据与临界间隙模型绘制的临界间隙曲线。间隙接受模型内涵为在连续光滑曲线以下，每一间隙在临界间隙之下并预测将被攻击性驾驶员拒绝。另一方面，接受间隙曲线以上的每一间隙应被驾驶员接受。尽管在观测中对驾驶员的性格类型难以界定，但是很清晰地看出可接受间隙曲线未从拒绝间隙中区分接受间隙。

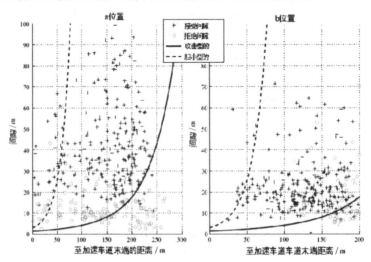

图 4.29   间隙与至加速车道末端距离的临界间隙关系

4.6.2 概率型分析方法与可靠度设计理论

在分析方法中，一种性能函数分布的均值与方差可近似地由缩减的泰勒级数展开表示。一阶二次矩法（FOSM）是实现这种分析方法的最简单方式，其中，分布的中值可近似地用一种级数表达。因此，分布中独立的变量 Y，根据 x_1 至 x_n 独立，中值 $E(Y)$ 及方差 $Var(Y)$ 可表达为

$$E(Y) = f(\mu_{x1}, \mu_{x2}, ..., \mu_{xn})$$

$$Var(Y) = \left((\frac{\partial f}{\partial x_i})^2 \right) \sigma_{x_i}^2 + \sum_{i \neq j}^{n} (\frac{\partial f}{\partial x_i})(\frac{\partial f}{\partial x_j}) \text{cov}[x_i, x_j]$$

$$\text{cov}[x_i, x_j] = \rho_{xixj} \cdot \sigma_{xi} \cdot \sigma_{xj}$$

其中，μ_{xi} 与 σ_{xi} 分别为变量 x_i 的均值与标准差（均方差）；$\text{cov}[x_i, x_j]$ 为变量 x_i 与 x_j 的协方差；ρ_{x_i, x_j} 为变量 x_i 与 x_j 之间的相关系数。

一阶二次矩法（FOSM）可用于建立概率模型计算加速车道长度 L，速度数据来源于现场采集，针对具体的车辆，其加速车道长度 L 计算模型为

$$L = \frac{(0.278V_M)^2 - (0.278V_G)^2}{2a} \approx \frac{V_M^2 - V_G^2}{26a}$$

其中，V_M 与 V_G 分别为合流点与分道三角区位置的速度，单位均为（km/h）；a 为加速度（m/s²）。

该计算模型中，在加速车道整路段 L 上加速度可采用绿皮书中推荐的恒定加速度值。但是，该假设已证实与 20 个位置点现场大量变速车道测量数据不一致[201]。因此，加速车道长度采用一阶二次矩法（FOSM）模型可表达为

$$E(L) = \frac{(0.278\mu V_M)^2 - (0.278\mu V_G)^2}{2\mu a}$$

$$Var(L) = \left((\frac{\partial L}{\partial V_M})^2 \right) \sigma_{V_M}^2 + \left((\frac{\partial L}{\partial V_G})^2 \right) \sigma_{V_G}^2 + \left(\frac{\partial L}{\partial a} \right)^2 \sigma_a^2 + 2\left(\frac{\partial L}{\partial V_M} \right)\left(\frac{\partial L}{\partial V_G} \right) \cdot \rho_{VM, VG} \cdot \sigma_{VM} \cdot$$

$$\sigma_{VG} + 2\left(\frac{\partial L}{\partial V_M} \right)\left(\frac{\partial L}{\partial a} \right) \cdot \rho_{VM, a} \cdot \sigma_{VM} \cdot \sigma_a + 2\left(\frac{\partial L}{\partial V_G} \right)\left(\frac{\partial L}{\partial a} \right) \rho_{VG, a} \cdot \sigma_{VG} \cdot \sigma_a$$

其中，$\frac{\partial L}{\partial V_M} = \frac{V_M}{13a}$；$\frac{\partial L}{\partial V_G} = \frac{-V_G}{13a}$；$\frac{\partial L}{\partial a} = \frac{-(V_M^2 - V_G^2)}{26a^2}$。

采用概率性分析方法与可靠度设计理论进行多车道高速公路加速车道安全设计，可以客观统计交通运行要素与核心参数的统计学特性，提出不同可靠度水平下变速车道设计指标，为多车道高速公路加速车道安全设计提供一种全新的思路。

对交通参数的概率统计分析，并用于设计理念的实现需长期的观测与大量的数据采集，而且，其有效性需工程实践的验证。

4.6.3 车辆物理运动学理论

经典的物理运动学理论中，物体以某一初始速度 V_1 以恒定加速度 a 加速至 V_2 时，其行驶距离 S 可以表达为

$$S = \frac{V_2^2 - V_1^2}{2a}$$

针对多车道高速公路加速车道几何长度设计，假设车辆在自由流与非强制交通流条件下运行，基于车辆性能、驾驶员舒适性以及车辆的运行速度、行驶进入匝道速度等因素考虑，采用以下方法与计算模型进行主线匝道终端加速车道几何长度安全设计，如图 4.30 所示。

图 4.30　车辆在加速车道上的物理运动模型

描述车辆从匝道初始速度 V_r 以恒定加速度 a 加速至合流速度 V_m 的全过程的运动学方程为

$$L_{Acc} = \frac{(0.278V_m)^2 - (0.278V_r)^2}{2a}$$

其中，L_{Acc} 为加速车道长度（m）；V_m 为合流速度（km/h）；V_r 为匝道控制曲线的速度（km/h）；a 为加速度（m/s²）。

4.7　加速车道长度安全设计参数与计算模型

4.7.1　合流区车辆的交通行为模型

对于主线匝道终端的安全设计，人与车辆的交通行为集中在对合流区域车辆交通行为模型化。Michaels 与 Fazio 假设合流过程可细分为四个连续的阶段[202]：初始操控（Initial Steering Control）、加速（Acceleration）、间隙寻觅（Gap Search）、合流（Merge Steering）。并认为四阶段过程以重复模式工作，直至寻觅到合适间隙成功合流。

Reilly 假设车辆合流过程包括以下五阶段[203]：①Steering Control（SC）区，包含驾驶车辆从匝道控制曲线进入变速车道的操作与定位车辆；②IA=Initial

Acceleration（IA）区，车辆加速以减少匝道与主线的速度差达到可接受的水平，保证车辆完成合流过程；③Gap Search and Acceptance（GSA）区，驾驶员寻觅、评估、接受或拒绝交通流中可用间隙；④Merge Steering Control（MSC）区，车辆进入高速公路并位于 1 车道；⑤Visual Clear（VC）区，为驾驶员与加速车道末端提供缓冲，如图 4.31 所示。

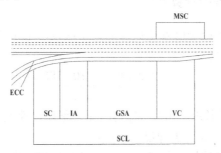

图 4.31　NCHRP 报告（3-35）—合流区车辆运行模型图

4.7.2　加速车道长度安全设计的基本假设

1965 绿皮书中提出的加速车道长度是基于以下假设：①接入道路车辆速度；②匝道上车辆的速度；③加速行为。上述基本假设的数据信息需要根据道路与交通状况及时获取与更新。

除入口匝道的速度假设外，合流区车辆加速行为是又一重要假设。由于蓝皮书与绿皮书所采用的加速度值均参考 1938 年与 1940 年研究成果，所以加速车道长度推荐值相似。当前研究发现并确定了客车与卡车的加速度值[204,205]。

ITE 的 Traffic Engineering Handbook 中表 3-9 与表 3-10 列出了最大加速度的研究发现[162]。图 4.32 为部分研究成果与 1965 年蓝皮书加速度值的对比分析。

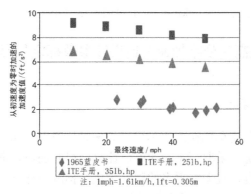

图 4.32　蓝皮书与 ITE 手册中的加速度值对比

另一种确定加速车道长度潜在的方法为采用车辆运动性能方程。NCHRP 报告 505[206]中谈及不同坡度情况下加速车道临界长度时包含了卡车的特征，并绘制表格以评估不同坡度时卡车的速度梯度，该表格包含于报告中并可用于决定车辆从匝道曲线上的速度加速至主线速度时所需的距离。

4.7.3 加速车道长度计算模型

上文分析了加速车道长度安全设计的基本假设，基于该基本假设条件，提出加速车道长度的计算模型：

$$L_{Acc} = \frac{(0.278V_m)^2 - (0.278V_r)^2}{2a}$$

其中，L_{Acc} 为加速车道长度（m）；V_m 为高速公路设计速度（km/h）；V_r 为匝道控制曲线的速度（km/h）；a 为加速度（m/s²）。

加速车道长度的计算模型是考虑客车运动特性进行的分析，卡车与大客车需更长的加速车道用于加速，那么，采取以上计算模型而得的加速车道长度对于卡车与大客车或许是不适用的。

4.7.4 加速车道长度计算模型修正与更新

研究发现驾驶员驾驶车辆运行速度实际超过设计速度，若假设车辆合流进入主线的速度小于自由流速度是不可靠的。类似的问题同样出现在入口匝道控制曲线速度假设方面，假设驾驶员以低于匝道曲线设计速度驾驶车辆驶出控制曲线。但是，这些保守的假设均不被当前研究成果与现场观测数据所支持。

$$L_{Acc-New} = \frac{(0.278V_{m-85})^2 - (0.278V_{r-85})^2}{2a}$$

其中，$L_{Acc-New}$ 为加速车道长度（m）；V_{m-85} 为高速公路运行速度（km/h）；V_{r-85} 为匝道控制曲线的运行速度（km/h）；a 为加速度（m/s²）。

4.8 多车道高速公路加速车道设计参数标定与模型数值输出

4.8.1 车辆加速度

采用计算模型预测车辆在加速车道上的瞬时加速度与加速性能可反映车辆的真实运动特性，但是，采取恒定加速度值计算而得的加速车道长度可合理近似于真实需求的加速长度，且无需更多的数据采集、预测与计算工作。因此，需集中分析车辆加速性能与合理的恒定加速度取值。

ITE Traffic Engineering Handbook 提出小汽车与卡车正常状态及最大加速度的例子，客车最大加速度来源于 1978NCHRP 报告[204]，正常加速度数值是 AASHTO 绿皮书中速度与加速距离图表的参考值，其加速度值的选择是 ITE 手册中对比其他加速度假设对 21kg/kw 的客车在水平面上从 0 加速至 48km/h、64km/h 或 81km/h 时的最大加速度值，各自加速度值对应为 1.9m/s²、1.8m/s²、1.7m/s²。

ITE Traffic Engineering Handbook 中最大加速度外延至高的设计速度，外延值从 60mph（97km/h）时的加速度 5.26ft/s²（1.60m/s²）至 100mph（161km/h）时加速度 3.96ft/s²（1.21m/s²）。

以 TxDOT 研究为基础提出恒定加速度值 3ft/s²（0.91m/s²）与 2.35ft/s²（0.72m/s²）[193]。采用恒定加速度计算而得的加速车道长度值接近或稍大于采用 ITE 最大加速度值计算的距离，对于 70mph（113km/h）设计速度，采用假设加速度值 2.35ft/s²（0.72m/s²）时加速车道长度从 1620ft（494m）变化至 2250ft（686m）；采用 3ft/s²（0.91m/s²）加速度值计算时，加速车道长度从 1620ft（494m）变化至 1765ft（538m）。需要现场观测试验深入调查恒定加速度假设在高速条件下是否合理，见表 4.13、表 4.14。

表 4.13　观测到匝道上的驾驶员加速度值

几何线形种类与特性注	匝道	第 85 百分位加速度值/[ft/s²（m/s²）]		
		总平均中值	最大值	最小值
差	位置 A	3.08（0.94）	7.63（2.33）	−2.79（−0.85）
	位置 B	3.96（1.21）	7.19（2.19）	0.73（0.22）
	位置 C	3.96（1.21）	8.95（2.73）	0.59（0.18）
	中值	3.67（1.12）	7.92（2.41）	−0.44（−0.13）
好	位置 D	2.64（0.80）	6.01（1.83）	0.15（0.05）
	位置 E	2.05（0.62）	3.37（1.03）	1.17（0.36）
	中值	2.35（0.72）	4.69（1.43）	0.73（0.22）

注：当匝道线形优于所有 AASHTO 设计标准时分类为"良好"，当匝道线形劣于当前标准时分类为"差"。

加拿大一项近期研究[207]采集 23 条入口匝道车辆的速度与合流行为，采用雷达枪连续测量高峰时段车辆的速度，得到以下结论。

（1）观测到的第 85 百分位的最大舒适加速度值为 6.6ft/s²（2.0m/s²）。

（2）第 85 百分位合流速度约为 65mph（105km/h），且与加速车道长度无关，典型的合流速度范围为 57～71mph（91～115km/h）。

（3）为了适应 95% 车辆合流汇入主线，加速车道长度应为 1100ft（336m）。

表 4.14 2011/2004 绿皮书加速度采用值[44]

高速公路设计速度/（km/h）	平均运行速度-10/（km/h）	入口匝道设计速度/（km/h）							
		停止	20	30	40	50	60	70	80
		初始速度/（km/h）							
		0	20	28	35	42	51	63	70
		计算加速车道长度采用的加速度值/（m/s^2）							
50	37	0.88	0.75	0.75	--	--	--	--	--
60	45	0.82	0.78	0.74	0.70	--	--	--	--
70	53	0.73	0.72	0.72	0.68	0.63	--	--	--
80	60	0.70	0.70	0.66	0.64	0.63	0.60	--	--
90	67	0.67	0.65	0.64	0.63	0.62	0.60	0.60	--
100	75	0.63	0.62	0.62	0.60	0.60	0.58	0.58	0.70
110	81	0.58	0.56	0.57	0.55	0.54	0.53	0.52	0.52
120	88	0.55	0.54	0.53	0.52	0.51	0.50	0.46	0.45

加拿大研究提出比当前绿皮书中需要更长的加速车道。图 4.33、图 4.34 阐述了采用恒定加速度计算的加速车道值。代表加速度为 3.0ft/s^2（0.9m/s^2）且适应 85% 车辆加速需要的加速车道推荐长度为 935ft（285m），代表加速度为 2.5ft/s^2（0.8m/s^2）且适应 95% 车辆加速需要的加速车道推荐长度为 1100ft（336m）。

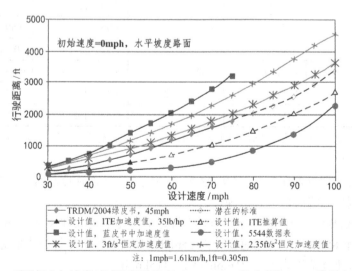

注：1mph=1.61km/h，1ft=0.305m

图 4.33 采用恒定加速度时减速行驶距离（2011/2004 绿皮书与 5544 数据表对比）

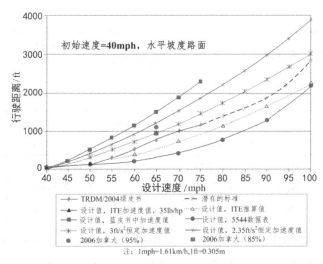

图 4.34　采用恒定加速度时［初始速度 40mph（64km/h）］加速行驶
距离（2011/2004 绿皮书与 5544 数据表对比）

然而，加拿大推荐值与 TRDM/2011/2004 绿皮书中推荐数值相比需要更长的加速车道长度，其推荐值包含在 *Geometric Design Guide for Canadian Roads* 的表 2.4.6.5（表 4.15）中。

表 4.15　加拿大公路几何设计指南再现[142]

设计速度{假设运行}/ [mph（km/h）]	渐变段长度/ [ft（m）]	加速车道长度-排除渐变段/[ft（m）] 转弯匝道曲线设计速度/[mph（km/h）]			
		0 （0）	19 （30）	31 （50）	43 （70）
37{34-37} （60{55-60}）	180 （55）	279-377 （85-115）	197-262 （60-80）	66-115 （20-35）	--
43{39-43} （70{63-70}）	213 （65）	393-525 （120-160）	328-443 （100-135）	164-279 （50-85）	--
50{43-50} （80{70-80}）	230 （70）	525-738 （160-225）	426-656 （130-200）	279-525 （85-160）	--
56{48-56} （90{77-90}）	262 （80）	705-1066 （215-325）	590-984 （180-300）	459-820 （140-250）	131-475 （40-145）
62{53-62} （100{85-100}）	279 （85）	902-1475 （275-450）	787-1377 （240-420）	656-1230 （200-375）	328-934 （100-285）

续表

设计速度{假设运行}/ [mph（km/h）]	渐变段长度/ [ft（m）]	加速车道长度-排除渐变段/[ft（m）] 转弯匝道曲线设计速度/[mph（km/h）]			
		0 (0)	19 (30)	31 (50)	43 (70)
68{57-68} （110{91-110}）	295 （90）	1082-2131 （330-650）	1000-2066 （305-630）	852-1885 （260-575）	492-1557 （150-475）
75{61-75} （120{98-120}）	311 （95）	1344-2393 （410-730）	1230-2328 （375-710）	1115-2164 （340-660）	820-1689 （250-515）
81{65-81} （130{105-130}）	328 （100）	1803-2902 （550-885）	1672-2852 （510-870）	1541-2689 （470-820）	1115-2148 （340-655）

分析图 4.35 可知，加拿大研究推荐值接近于标准的上限，而适应 95% 车辆需要的加速车道长度要求也在高标准曲线上。

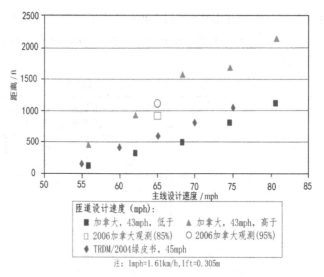

图 4.35　加速车道长度的对比（加拿大、TRDM 与 2011/2004 绿皮书）

恒定加速度值 2.5ft/s²（0.8m/s²）与 3.0ft/s²（0.9m/s²）用于高速公路主线与匝道曲线设计以提出潜在加速车道长度，采用恒定加速度值 2.5ft/s²（0.8m/s²）计算而得的加速车道长度列于表 4.16 中，表 4.17 为与 TRDM/2011/2004 绿皮书中相比加速车道长度百分比增加。表 4.18 为采用恒定加速度 3.0ft/s²（0.9m/s²）而得的加速车道长度值。

表 4.16 采用高速公路入口匝道设计速度、恒定加速度（0.8m/s^2）时潜在的
加速车道长度

高速公路设计速度/（km/h）	入口匝道不同设计速度/（km/h）时加速车道长度值/m											
	停止	20	30	40	50	60	70	80	90	100	110	120
50	121	101	77	--	--	--	--	--	--	--	--	--
60	174	155	130	97	--	--	--	--	--	--	--	--
70	237	217	193	159	116	--	--	--	--	--	--	--
80	309	290	266	232	188	135	--	--	--	--	--	--
90	391	372	348	314	270	217	155	--	--	--	--	--
100	483	464	440	406	362	309	246	174	--	--	--	--
110	584	565	541	507	464	411	348	275	193	--	--	--
120	686	676	652	618	575	522	459	386	304	213	--	--
130	816	797	773	739	696	543	580	507	425	333	232	--
140	947	927	903	869	826	773	710	638	555	464	362	252
150	1087	1067	1043	1010	966	913	850	778	696	604	502	391
160	1237	1217	1193	1159	1116	1063	1000	927	845	754	652	541

表 4.17 主线、匝道设计速度、恒定加速度（0.8m/s^2）时与 TRDM/2011/2004
绿皮书值对比加速车道长度的变化

高速公路设计速度/（km/h）	加速车道长度增加百分率/%入口匝道设计速度/（km/h）							
	停止	20	30	40	50	60	70	80
50	101	103	158	--	--	--	--	--
60	83	93	101	115	--	--	--	--
70	58	67	76	77	78	--	--	--
80	55	61	61	60	64	108	--	--
90	50	52	55	53	55	74	342	--
100	40	43	44	42	42	51	124	335
110	36	38	39	36	36	42	74	120
120	28	28	27	25	25	27	41	58

表 4.19 为客车与拖挂车在水平面上速度从静止状态到 16～80km/h 之间的加速度值[164]。

表4.18 采用高速公路入口匝道设计速度、恒定加速度（0.9m/s²）时
潜在的加速车道长度

高速公路设计速度/（km/h）	入口匝道不同设计速度/（km/h）加速车道长度值/m											
	停止	20	30	40	50	60	70	80	90	100	110	120
50	107	90	69	--	--	--	--	--	--	--	--	--
60	155	137	116	86	--	--	--	--	--	--	--	--
70	210	193	172	142	103	--	--	--	--	--	--	--
80	275	258	236	206	167	120	--	--	--	--	--	--
90	348	331	309	279	240	193	137	--	--	--	--	--
100	429	412	391	361	322	275	219	155	--	--	--	--
110	520	502	481	451	412	365	309	245	172	--	--	--
120	618	601	580	550	511	464	408	343	270	189	--	--
130	726	708	687	657	618	571	515	451	378	296	206	--
140	842	824	803	773	734	687	631	567	494	412	322	223
150	966	949	927	897	859	811	756	691	618	537	447	348
160	1099	1082	1061	1030	992	945	889	824	751	670	580	481

表4.19 车辆从静止状态开始加速的最大加速度值

车辆类型	重量/功率/（kg/kW）	水平面上典型最大加速度值/（m/s²）				
		0～16km/h	0～32km/h	0～48km/h	0～64km/h	0～80km/h
客车	15	2.8	2.7	2.6	2.5	2.4
	21	2.1	2.0	1.9	1.8	1.7
拖挂车	122	0.5	0.5	0.5	0.4	0.3
	243	0.4	0.4	0.3	0.2	-

最大加速度值可表达为重量/功率的比值的函数，且受到车辆速度及道路坡度影响。客车与拖挂车在运行速度增加时相应重量/功率比值下最大加速度值列于表4.20中[164]。

正常驾驶条件下，驾驶员并不采用最大加速度，AASHTO（1994；1996；2004；2011）中提出正常条件下的加速度值，客车为 1.1m/s² 甚至更小。采用表4.19与表4.20中参数值进行分析，车辆在上坡与下坡路段可采用下式计算最大加速度值：

$$a_{GU} = a_{LU} - \frac{Gg}{100}$$

其中，a_{GU} 为坡度上车辆速度为 U 时的最大加速度（m/s²）；a_{LU} 为平面上车辆速度为 U 时的最大加速度（m/s²）；G 为坡度（%）；g 为重力加速度（9.8m/s²）。

表 4.20　车辆以 16km/h 递增加速时最大加速度值

车辆类型	重量/功率/（kg/kW）	水平面上典型最大加速度值/（m/s²）			
		32～48km/h	48～64km/h	64～80km/h	80～96km/h
客车	15	2.4	2.2	1.9	1.7
	21	1.7	1.5	1.3	1.2
拖挂车	122	0.4	0.2	0.2	0.1
	243	0.3	0.1	-	-

载客车从零到稳态速度的变化过程中，其最大加速度从 3m/s² 减小到 2m/s²。当车辆在高速运行中刚开始加速时，加速能力会更小，一些微型车辆的加速度可以小到 1m/s²。而大型卡车及拖车启动时在水平道路上的加速能力不超过 0.4m/s²，在时速 100km/h 时减至 0.1m/s²，驾驶员需采用加速踏板以发挥车辆最大加速性能。

加速车道驾驶模拟仿真试验时中等密度交通流条件下车辆的平均加速度为 0.88m/s²，高密度交通流条件下车辆的平均加速度为 0.81m/s²。AASHTO2004 绿皮书中加速度阈值为 0.45～0.88m/s²，且其加速度由高速公路设计速度、入口匝道设计速度共同决定。

4.8.2　调整系数

TRDM 包含加速车道长度修正系数，1965 蓝皮书中（表 VII-11）也包含修正系数，两者所推荐的修正系数相类似。1965 蓝皮书推荐的修正系数值少于当前 TRDM 与 2004/2011 版绿皮书中提出的设计速度值。例如，TRDM 提供值对应的设计速度步长为 5mph（8km/h）而蓝皮书仅提供 10mph（16km/h）步长设计速度对应值，缺少的 5mph（8km/h）步长设计速度对应值则由相邻修正系数进行平均所得。

修正系数的来源是依照 1954 年蓝皮书中应用水平路面上车辆速度变化率的运动原理。1954 年蓝皮书的论述直接引用为：下坡路段减速车道长度应更长、上坡减速车道路段应更短，然而加速距离应是上坡路段更长、下坡路段更短。坡度条件下驾驶员加速与减速的行为数据是难以获取的，但是考虑到驾驶员上坡加速开启离合器相当于水平路面上正常加速，采用水平路面上的加、减速度值和运动学原理计算而得的数据可能与之相近。表 4.21 为 TxDOT 道路设计手册中不同坡度时加速车道修正系数[55]。表 4.22 为加速车道客车与轻型卡车潜在的修正系数。

表 4.21 TxDOT 道路设计手册中不同坡度时加速车道修正系数（TRDM 图 3-14）

道路设计速度/（km/h）	与水平坡度条件下加速车道长度比率注					
	40	50	60	70	80	全部速度
	3%～4%上坡					3%～4%下坡
60	1.3	1.4	1.4	--	--	0.7
70	1.3	1.4	1.4	1.5	--	0.65
80	1.4	1.5	1.5	1.5	1.6	0.65
90	1.4	1.5	1.5	1.5	1.6	0.6
100	1.5	1.6	1.7	1.7	1.8	0.6
110	1.5	1.6	1.7	1.7	1.8	0.6
120	1.5	1.6	1.7	1.7	1.8	0.6
130	1.5	1.6	1.7	1.7	1.8	0.6
	5%～6%上坡					5%～6%下坡
60	1.5	1.5	--	--	--	0.7
70	1.5	1.6	1.7	--	--	0.65
80	1.5	1.7	1.9	1.8	--	0.65
90	1.6	1.8	2.0	2.1	2.2	0.6
100	1.7	1.9	2.2	2.4	2.5	0.6
110	2.0	2.2	2.6	2.8	3.0	0.6
120	2.3	2.5	3.0	3.2	3.5	0.6
130	2.6	2.8	3.4	3.6	4.0	0.6

注：表中比率与水平坡度下条件下加速车道长度相乘可得坡度条件下加速车道长度。

表 4.22 加速车道客车与轻型卡车潜在的修正系数[68]

主线设计速度/mph（km/h）	-6	-5	-4	-3	-2～2	3	4	5	6
50（81）及以下	1.00	1.00	1.00	1.00	1.00	1.00	1.00	1.00	1.00
60（97）	1.00	1.00	1.00	1.00	1.00	1.05	1.10	1.15	1.20
70（113）	0.85	0.89	0.93	0.96	1.00	1.08	1.15	1.23	1.30
80（129）	0.80	0.85	0.90	0.95	1.00	1.10	1.20	1.30	1.40
90（145）	0.75	0.81	0.88	0.94	1.00	1.18	1.35	1.53	1.70
100（161）	0.70	0.78	0.85	0.93	1.00	1.38	1.75	2.13	2.50

4.8.3　潜在加速车道长度

2011/2004 版绿皮书中提出了当前加速车道长度的计算过程,该过程依据关键假设值的输入而计算潜在的加速车道长度。其关键的假设为:①高速公路主线及匝道上车辆的速度;②加速度。高速公路主线与匝道上车辆的速度为:①高速公路主线与匝道的设计速度;②给定高速公路主线与匝道的设计速度时的运行速度。

正如预料,采用设计速度而不是运行速度计算加速车道长度时,加速车道长度计算值迅速增加(图 4.36)。对于主线设计速度为 70mph(113km/h),加速车道长度从 1600ft 增至 2800ft(488～854m)。采用车辆当前具代表性的加速特性计算时,两者的偏差将减小。

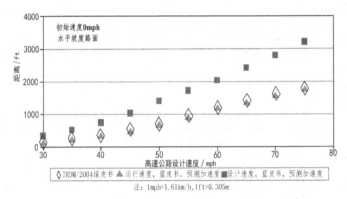

图 4.36　采用设计速度、运行速度与蓝皮书程序计算的加速距离

4.8.4　加速车道设计参数与设计值

表 4.23 为我国 2017 版《公路路线设计规范》[224](JTG D20－2017)中关于变速车道(加速车道)长度和相关参数,表 4.24 为 2004/2011 绿皮书中加速车道长度值推荐技术标准,表 4.25 为 TxDOT 道路设计手册入口匝道加速车道长度(TRDM Figure 3-36),表 4.26 为美国与加拿大设计指南中关于入口变速车道最小长度值。

表 4.23　变速车道(加速车道)长度和相关参数[224]

变速车道类别		主线设计速度/(km/h)	变速车道长度/m	渐变率/(1/m)	渐变段长度/m	主线硬路肩或其加宽后的宽度 C1/m	分、汇流鼻端半径 r/m	分流鼻处匝道左侧硬路肩加宽 C2/m
入口	单车道	120	230	—(1/45)	90(180)	3.5	0.6(0.55)	—
		100	200	—(1/40)	80(160)	3.0	0.6(0.75)	—

续表

变速车道类别		主线设计速度/（km/h）	变速车道长度/m	渐变率/（1/m）	渐变段长度/m	主线硬路肩或其加宽后的宽度C1/m	分、汇流鼻端半径r/m	分流鼻处匝道左侧硬路肩加宽C2/m
入口	单车道	80	180	—（1/40）	70（160）	2.5	0.6（0.75）	—
		60	155	—（1/35）	60（140）	2.5	0.6（0.70）	—
	双车道	120	400	—（1/45）	180	3.5	0.63	—
		100	350	—（1/40）	160	3.0	0.63	—
		80	310	—（1/37.5）	150	2.5	0.67	—
		60	270	—（1/35）	140	2.5	0.50	—

表 4.24　2004/2011 版绿皮书中加速车道长度值再现[44,208]

主线设计速度/（km/h）	平均运行速度-10/（km/h）	加速车道长度 L_{ac}/m, 不同入口匝道设计速度/（km/h）							
		停止	20	30	40	50	60	70	80
		初始速度/（km/h）							
		0	20	28	35	42	51	63	70
2004/2011 版绿皮书									
50	37	60	50	30	-	-	-	-	-
60	45	95	80	65	45	-	-	-	-
70	53	150	130	110	90	65	-	-	-
80	60	200	180	165	145	115	65	-	-
90	67	260	245	225	205	175	125	35	-
100	75	345	325	305	285	255	205	110	40
110	81	430	410	390	370	340	290	200	125
120	88	545	530	515	490	460	410	325	245
用于计算加速车道长度的加速度值/（m/s²）									
50	37	0.88	0.75	0.75	-	-	-	-	-
60	45	0.82	0.78	0.74	0.70	-	-	-	-
70	53	0.73	0.72	0.72	0.68	0.63	-	-	-
80	60	0.70	0.70	0.66	0.64	0.63	0.60	-	-
90	67	0.67	0.65	0.64	0.63	0.62	0.60	0.60	-
100	75	0.63	0.62	0.62	0.60	0.60	0.58	0.58	0.70
110	81	0.58	0.56	0.57	0.55	0.54	0.53	0.52	0.52
120	88	0.55	0.54	0.53	0.52	0.51	0.50	0.46	0.45

表 4.25　TxDOT 道路设计手册入口匝道加速车道长度(TRDM Figure 3-36)[209]

高速公路设计速度/（km/h）	渐变段最小长度/m	加速车道长度/m，入口曲线速度/（km/h）							
		停止	20	30	40	50	60	70	80
		初始速度/（km/h）							
		0	20	28	35	42	51	63	70
50	45	60	50	30	-	-	-	-	-
60	55	95	80	65	45	-	-	-	-
70	60	150	130	110	90	65	-	-	-
80	70	200	180	165	145	115	65	-	-
90	75	260	245	225	205	175	125	35	-
100	80	345	325	305	285	255	205	110	40
110	90	430	410	390	370	340	290	200	125
120	100	545	530	515	490	460	410	325	245

注：当加速车道长度超过 400m 时，统一推荐渐变率为 50:1～70:1 的渐变段。

表 4.26　美国与加拿大设计指南中关于入口变速车道最小长度值[44,142,212]

高速公路设计速度/（km/h）	到达速度或运行速度/（km/h）	入口匝道设计速度/（km/h）							
		停止条件	20	30	40	50	60	70	80
（a）AASHTO 绿皮书，源自于图表 10-70									
		初始速度/（km/h）							
		0	20	28	35	42	51	63	70
90	67	260	245	225	205	175	125	35	-
100	74	345	325	305	285	255	205	110	40
110	81	430	410	390	370	340	290	200	125
120	88	545	530	515	490	460	410	325	245
（b）加拿大设计指南，源自于表 2.4.6.5									
90	77-90	215-325	200-310	180-300	160-285	140-250	50-200	40-145	-
100	85-100	275-450	250-440	240-420	225-405	200-375	140-325	100-285	40-230
110	91-110	330-650	320-645	305-630	290-600	260-575	210-525	150-475	100-410
120	98-120	410-730	400-725	375-710	370-690	340-660	285-590	250-515	195-430
130	105-130	550-885	540-880	510-870	500-850	470-820	400-745	340-655	300-520

4.8.5 多车道高速公路加速车道长度模型演算与输出值

4.8.5.1 基于修正计算模型的加速车道长度

通过合流区现场车辆速度现场观测、驾驶模拟试验数据与速度、加速度等参数的分析，可采用修正加速车道计算模型而得的加速距离输出数值见表4.27。

表4.27 加速车道安全设计参数输入与修正模型数值输出分析

设计参数	核心的修正计算模型	修正模型的参数输入与数值输出
V_{m-85} V_{r-85} a	$$L_{Acc-New} = \frac{(0.278V_{m-85})^2 - (0.278V_{r-85})^2}{2a}$$	输入相应主线设计速度时进入加速车道车辆的运行速度值 V_{m-85}，V_{r-85} 为匝道控制曲线的运行速度，并输入其加速度 a，即可计算输出相应设计速度时加速车道长度 $L_{Acc-New}$

基于经典运动学理论，抽象化车辆为从匝道出口控制速度 V_{r-85} 以加速度 a 加速至 V_{m-85}，其加速距离为 $L_{Acc-New}$

本书研究过程中取主线设计速度为 80km/h、90km/h、100km/h、110km/h、120km/h，匝道设计速度为40km/h、50km/h、60km/h、70km/h、80km/h。依据合流区加速车道驾驶模拟仿真试验所得加速度值，结合上节对车辆加速度特征与特性，提出表4.28中主线设计速度与匝道设计速度不同匹配情形时的计算参数值。表4.29为多车道高速公路加速车道长度计算模型输出值，表4.30为多车道高速公路加速车道长度推荐取值。

表4.28 加速过程计算参数值

假设车辆从出口控制曲线开始在加速车道加速并合流至主线车道全过程

主线设计速度/（km/h）	平均运行速度，其中[ ]为代表值/(km/h)	不同入口匝道设计速度/（km/h）及用于计算加速车道长度的加速度值/（m/s²）					
		30	40	50	60	70	80
		初始速度/（km/h）					
		28	35	42	51	63	70
80	70-80/[75]	0.66	0.64	0.63	0.60	-	-
90	77-90/[83]	0.64	0.63	0.62	0.60	0.60	-
100	85-100/[92]	0.62	0.60	0.60	0.58	0.58	0.70
110	91-110/[101]	0.57	0.55	0.54	0.53	0.52	0.52
120	98-120/[105]	0.53	0.52	0.51	0.50	0.46	0.45

表 4.29　多车道高速公路加速车道长度计算模型输出值/m

主线设计速度/（km/h）	合流位置起点车辆的运行速度/（km/h），[ ]为代表值/（km/h）	匝道设计速度/（km/h）					
		30	40	50	60	70	80
		匝道曲线起点的运行速度/（km/h）					
		28	35	42	51	63	70
80	70-80 [75]	241-329 [283]	222-312 [266]	192-284 [237]	148-245 [195]	--	--
90	77-90 [83]	311-442 [367]	289-422 [347]	260-395 [319]	214-354 [276]	126-266 [188]	--
100	85-100 [92]	401-574 [479]	386-565 [466]	352-530 [432]	308-493 [440]	217-402 [299]	128-282 [197]
110	91-110 [101]	508-767 [638]	496-764 [631]	466-740 [604]	414-693 [554]	320-604 [463]	251-535 [394]
120	98-120 [105]	643-993 [747]	623-979 [728]	594-957 [702]	541-912 [651]	473-876 [593]	404-816 [526]

表 4.30　多车道高速公路加速车道长度推荐取值/m

主线设计速度/（km/h）	合流位置起点车辆的运行速度/（km/h），[ ]为代表值/（km/h）	匝道设计速度/（km/h）					
		30	40	50	60	70	80
		匝道曲线起点的运行速度/（km/h）					
		28	35	42	51	63	70
80	70-80 [75]	240-330 [280]	220-310 [270]	190-285 [240]	150-245 [195]	--	--
90	77-90 [83]	310-440 [370]	290-420 [350]	260-395 [320]	215-350 [280]	130-270 [188]	--
100	85-100 [92]	400-570 [480]	390-565 [465]	350-530 [430]	308-493 [440]	220-400 [300]	130-280 [200]
110	91-110 [101]	510-770 [640]	500-760 [630]	470-740 [600]	415-690 [555]	320-600 [460]	250-535 [395]
120	98-120 [105]	640-990 [750]	620-980 [730]	595-960 [700]	540-910 [650]	470-880 [590]	405-820 [530]

4.8.5.2　基于 CMF 计算模型的加速车道长度

加速车道长度的事故预测模型与事故修正系数 CMF 函数包含于 FHWA 互通立交分析工具（ISAT）软件中[39]。

对于全部碰撞交通事故（所有严重水平均包含在内）：

$$CMF = 1.296 \times e^{(-2.59 \times L_{ac})}$$

对于致命与受伤碰撞交通事故：

$$CMF = 1.576 \times e^{(-4.55 \times L_{ac})}$$

其中，L_{ac} 为加速车道长度（mi），其从分道区合流鼻测量至车道减少渐变段的末端。方程为以 0.1mi 长加速车道为基准的计算值，变化加速车道长度时由比值得到 CMF 值。

4.9　小结

本章从理论研究与加速车道安全设计参数的研究与应用历程入手，揭示多车道高速公路加速车道理论研究与现实应用中存在的问题，从而提出加速车道安全设计理念与研究思路，进而从现场试验研究、安全设计方法研究、理论模型测算、模型参数选取等层面展开加速车道安全设计方法与设计参数研究，主要工作集中体现为以下几方面。

（1）分析多车道高速公路合流区入口典型几何形式的特征与适应性，提出适用的多车道高速公路合流区的入口类型与几何形式。

（2）现场试验测量不同车型在合流区各车道位置的速度行为，观测多车道高速公路的交通参数与交通组成，观测数据形成加速车道模型构建与标定的实践来源。

（3）提出基于安全的多车道高速公路合流区安全设计方法新框架，并构建加速车道几何长度理论计算模型。

（4）从车辆的速度、减速度，驾驶员反应时间、停车视距及坡度调整系数等参数对加速车道长度计算模型中的核心参数进行标定与修正。

（5）按照标定与修正参数对多车道高速公路加速车道理论几何长度进行测算，提出加速车道长度理论计算方法与工程实践推荐取值。

第5章 多车道高速公路互通立交与匝道端部间距设计参数

本章从高速公路接入管理系统的高度出发阐述多车道高速公路互通立交与匝道端部间距的内涵与外延，从理论与工程实践两方面分析互通立交与匝道端部间距对道路安全的内在影响机制，以事故统计数据作为互通与匝道端部间距设计中安全性能评价的主要依据，通过仿真技术模拟复杂交通与几何设计条件下多车道高速公路环境研究匝道端部间距的合理参数，构建互通立交间距计算模型并对其参数进行标定，提出合理的匝道端部间距与互通立交间距安全设计方法全新框架、设计参数与技术标准。

5.1 多车道高速公路互通立交与匝道端部间距内涵与外延

5.1.1 互通立交与匝道端部间距的界定

5.1.1.1 接入管理与互通立交间距

接入管理是一种对接入道的位置、间距设计和运行，以及对中央分隔带、立交和街道与道路的连接的系统控制[210]。

互通立交与匝道端部间距对安全的影响方面的研究成果与有用信息有限，学术与工程界的主流观点是"减少立交与匝道端部的间距则交通事故率提高，但是，交通事故的严重等级是难以确定的"[39]。图 5.1 为互通立交间距模型图。

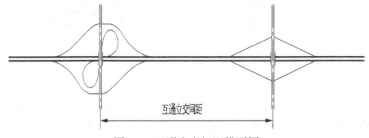

图 5.1 互通立交间距模型图

立交净距是指前一立交加速车道渐变段终点到后一立交减速匝道渐变段起点

之间距离。按匝道出入口组合布置形式不同选择最不利组合 EN-EX 组合即先合流后分流、对基本路段车流影响最大的情况下，相邻互通立交之间加速车道渐变段终点与同侧减速车道渐变段起点之间的距离界定为高速公路互通立交最小净距。

传统意义上基于互通立交与匝道端部间距的接入管理与几何设计对于道路安全的实际考虑是欠缺的，可以接受的安全性能被假定为是由于采取期望的互通立交与匝道端部间距产生的良好效果。如果互通立交与匝道端部间距大于推荐的最小值，那么认为交通事故致因是可接受范围内的安全；如果互通立交与匝道端部间距小于推荐的最小值，那么很多有利的设计与接入管理方案即被否定。图 5.2 为高速公路互通立交与道路接入管理系统[54]，图 5.3 为匝道端部间距的定义示意图。

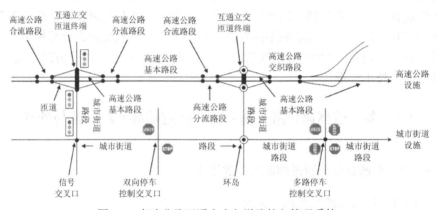

图 5.2　高速公路互通立交与道路接入管理系统

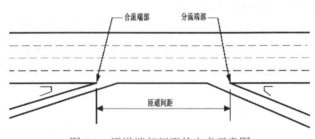

图 5.3　匝道端部间距的定义示意图

5.1.1.2　匝道端部间距

匝道端部间距是事实或理论上的几何特征点之间的距离。匝道端部间距是互通立交匝道交通操作与几何设计需求的主要因素之一，通常定位于同一立交内部或相邻立交之间。

典型的情况下，高速公路出入口匝道划分为四种基本类型：①EN-EN；②EN-EX；

③EX-EN；④EX-EX。

5.1.2　互通立交匝道端部间距与通行能力及道路交通安全内在联系

5.1.2.1　通行能力与服务水平

公路通行能力反映了公路设施在保持规定的运行质量前提下所能疏导交通流的能力[211]。服务水平是衡量交通设施提供的运行质量好坏的定性指标。图 5.4 为匝道端部间距、交通量与通行能力的关系。

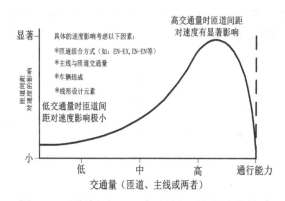

图 5.4　匝道端部间距、交通量与通行能力的关系

图 5.4 表明匝道端部间距、交通量与通行能力之间关系，图 5.5 表明多车道高速公路匝道端部间距、交通量与服务水平之间的关系[212]。

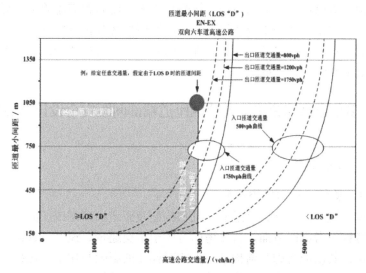

图 5.5　匝道端部间距与服务水平的关系

5.1.2.2 道路交通安全性能

安全是在人类生产过程中，将系统的运行状态对人类的生命、财产、环境可能产生的损害控制在人类能接受水平以下的状态[213]。安全的定量描述用"安全性"或"安全度"来反映，其值用不大于 1 且不小于 0 的数值来表达[214]。

基于以上论述，多车道高速公路的安全设计是为了控制事故风险的致因在一定范围内发展与相互作用而引起质变——交通事故。互通立交与匝道端部间距作为多车道高速公路几何设计中的关键因素之一，不合理的设计直接影响驾驶员操控行为、引起交通流扰动并诱发潜在的交通事故。图 5.6 为互通立交匝道端部间距与事故风险的定性描述关系图，图 5.7 为事故风险预测趋势图[214]。

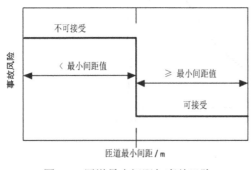

图 5.6　匝道最小间距与事故风险

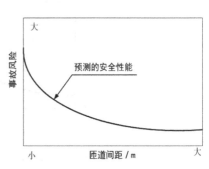

图 5.7　匝道端部间距与安全性的关系

对比分析图 5.6 与图 5.7 可知，前者描述匝道最小间距的绝对概念，即存在绝对最小间距数值以保证事故风险在可接受范围内；而后者描述的是客观、相对概念，即通过事故指标（如事故率等）数据回归模型客观预测事故风险的变化趋势及安全性能。对不同间距几何设计条件下的安全性能进行评价，设计人员依据工程与技术需求对间距指标取值。

5.2　多车道高速公路分合流区匝道端部间距安全设计核心理念

5.2.1　几何设计

5.2.1.1　总体设计与操控的关系

多车道高速公路设计、互通立交几何构型及匝道顺序是统一的整体元素。而驾驶操作特性应考虑两方面，首先考虑有关于重交通量、速度、延误等交通行驶性能的质量；其次应考虑几何构型与形式对操作的影响与作用，包括车道数、车道变化、出入口形式、出入口位置等元素对速度连续性、线形统一协调性、驾驶员反应与心理适应性等作用。

1. 车道总体布置

（1）车道数。高速公路主线与匝道的车道数应足够提供高速公路网的预测交通量增长水平及通行能力、服务水平和交通安全的需求。主线与分合流区通行能力影响匝道端部间距的设置，而重交通量条件下或阻塞条件下需要针对性地进行通行能力与安全性分析，对于交通量较小的情况，车道数与匝道端部间距对交通运行影响作用也较小。

（2）基本车道数。基本车道数是高速公路重要路段需要保持的一定数量的车道数，基本车道数不应随意地增加或减少。互通立交与匝道设计应考虑如何协调出口与入口车道的设计，主线路段是否需要增减基本路段，分合流区匝道车道数、出入口形式及匝道端部间距需特殊考虑以实现最优化交通操作与运行。

（3）辅助车道。辅助车道是立交匝道间或主线路段上用于提供附加通行能力的车道。双车道匝道出入口条件下，在分合流区出口、入口之间设置附加车道以实现车道平衡。同时，设置辅助车道可能在特殊情况下导致交织区的出现，对通行能力、服务水平及交通安全产生不利作用，安全设计中应考虑采用多车道出口来减少分流区车道变化，甚至，入口匝道在匝道交通量较小的情况下不必要采取双车道。不设辅助车道的匝道出入口模型分类见表 5.1，设置辅助车道的匝道出入口模型分类见表 5.2。

表 5.1 不设辅助车道的匝道出入口模型分类

主线车道数	匝道类型	主线设计速度/（km/h）
双向四车道	单车道	120
		100
		80
双向六车道	单车道	120
		100
双向八车道	单车道	120
		100

表 5.2 设置辅助车道的匝道出入口模型分类

主线车道数	匝道类型	主线设计速度/（km/h）
双向四车道	单进单出	120
		100
		80

续表

主线车道数	匝道类型	主线设计速度/（km/h）
双向四车道	单进双出（双进单出）	120
		100
		80
双向六车道	单进单出	120
		100
	单进双出（双进单出）	120

（4）车道平衡与车道数的协调。车道平衡包括在出入口提供适当的车道数与车道设置方式来减少分、合流区必要的车道变换。从车道平衡原则可知，辅助车道直接影响匝道出入口的位置、几何形式及匝道端部间距的安全设计与接入。图5.8为工程设计与应用中车道平衡与基本车道数的协调分析，n 的取值为 3,4,5…时为多车道高速公路的情况。

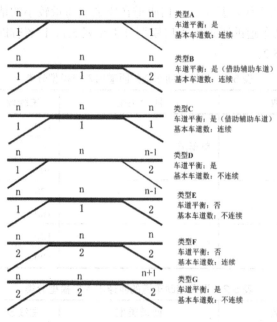

图 5.8　车道平衡与基本车道数的协调

2. 出入口连续性与统一性

高速公路的车道数在路段上应保持连续，由于辅助车道的存在导致车道数的增加或减少，但是车道的连续性需维持消除不必要的车辆换道。车道不连续将引起互通立交分合流区出入口车辆换道行为，匝道端部间距、顺序及出入口位置由于车道连续性的缺乏或获得车道连续的努力而受到影响。图 5.9 为出入口的连续与统一性[8]。

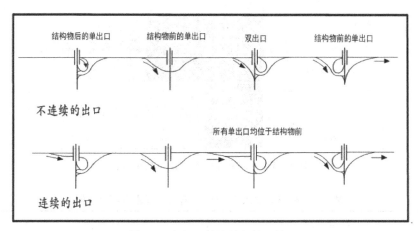

图 5.9　出入口的连续与统一性

5.2.1.2　互通立交的类型

互通立交的类型可以大致分为两种类型，即服务型互通立交与枢纽系统互通立交。美国大多数州已经根据互通立交所处的区位类型建立了互通立交最小间距技术标准，城区中互通立交之间最小间距为 1mi，乡村中互通立交之间最小间距为 2~6mi[214]。

服务型互通立交是高速公路与非高速公路（一级道路等）之间交叉形成的互通立交，菱形及带有环圈匝道（苜蓿叶或部分苜蓿叶立交）立交是典型立交形式，其入口与出口匝道通常为单车道；枢纽系统互通立交则是高速公路与高速公路交叉实现的互通立交形式，该类型互通立交匝道线形标准高，设计速度为 25~70mph[214]。

枢纽系统互通立交的分合流区长度更长且其坡度较平缓，平面与纵面技术指标高，同时，枢纽系统互通立交由于标志、标线安全设计的考虑因素更为复杂因而需要更大的立交间距。图 5.10 为互通立交的类型组合与可行性[214]。

匝道是互通立交的主要组成元素，互通立交的功能定位、形式组合决定匝道端部间距的范围。表 5.3 至表 5.7 为不同互通立交类型及匝道组合时接入间距可行值[214]。

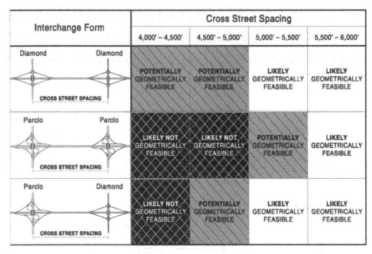

图 5.10　互通立交的类型组合与可行性

表 5.3　菱形立交入口-出口匝道接入间距推荐可行值

匝道间距	可行性
≤1600ft（约合 480m）	几何线形方面不可行
1600～2600ft（约合 480～780m）	几何线形方面可能不可行
≥2600ft（约合 780m）	几何线形方面可能可行

表 5.4　部分苜蓿叶式立交入口-出口匝道接入间距推荐可行值

匝道间距	可行性
≤1600ft（约合 480m）	几何线形方面不可行
1600～1800ft（约合 480～540m）	几何线形方面可能不可行
≥1800ft（约合 540m）	几何线形方面可能可行

表 5.5　入口-入口匝道接入间距推荐可行值

匝道间距	可行性
≤1400ft（约合 420m）	几何线形方面不可行
1400～1800ft（约合 420～540m）	几何线形方面可能不可行
≥1800ft（约合 540m）	几何线形方面可能可行

表 5.6　出口-出口匝道接入间距推荐可行值

匝道间距	可行性
≤900ft（约合 300m）	几何线形方面不可行
900～1100ft（约合 300～330m）	几何线形方面可能不可行
≥1100ft（约合 330m）	几何线形方面可能可行

表 5.7　出口-入口匝道接入间距推荐可行值

匝道间距	可行性
≤1700ft（约合 510m）	几何线形方面不可行
1700～2300ft（约合 510～690m）	几何线形方面可能不可行
≥2300ft（约合 690m）	几何线形方面可能可行

5.2.2　匝道布置

5.2.2.1　匝道类型与设计考虑

依据互通立交类型不同，匝道形式有直接式、半直接式、环圈式等，直接式与半直接式匝道主要用于高交通量条件下，匝道设计同时需考虑速度的变化与衔接。枢纽系统互通立交匝道几何形式需特别考虑匝道与主线纵坡，三维几何设计影响匝道平面布置以获得理想的匝道纵坡。单匝道入口与出口需提高分、合流区纵向坡度与布局安全设计，而匝道与主线三维立体空间设计直接影响匝道与互通立交间距值。

5.2.2.2　匝道终端设计

匝道类型（平行式、直接式）选择及渐变段几何特性影响交通流运行与车辆操控特征位置点，而分流与合流几何角度变化时，变速车道长度也随之发生变化，较小分、合流角度对应较长的分、合流长度，进一步的影响匝道端部间距与互通立交间距。图 5.11 为出口匝道分流角对匝道端部间距影响。

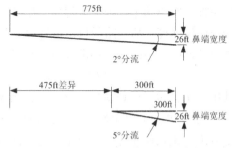

图 5.11　出口匝道分流角对匝道端部
间距影响

5.2.2.3　匝道设计元素

匝道坡度、曲线半径、视距等设计元素直接影响互通立交与匝道端部间距。在匝道长度一定的条件下，图 5.12 为竖曲线上提供的反应视距与停车视距不足时的情形。我国"十一五"国家科技支撑计划重大项目专题20——公路标准中几何设计指标的安全性研究报告中专门提出高速公路分合流区视距是影响该区域道路交通安全的关键指标之一。图 5.13 为坡度相同时竖曲线上提供的反应视距与停车视距足够时的情形，足够视距是通过加长匝道长度并将上游分流位置点前移以增加凸曲线长度的方式获得，该方式在分、合流区坡度及视距协调时均适用，而在协调过程中互通立交与匝道端部间距同时发生变化。

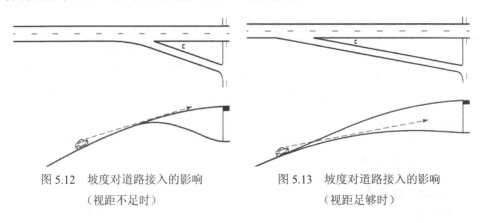

图 5.12　坡度对道路接入的影响　　　　图 5.13　坡度对道路接入的影响
　　　　（视距不足时）　　　　　　　　　　　　（视距足够时）

5.2.3　驾驶操控与安全考虑

5.2.3.1　基本路段驾驶操控与安全考虑

高速公路主线基本路段位于分流区与合流区之间，主要涵盖基本车道、辅助车道等，自由流速度（FFS）是高速公路基本路段性能评价的重要标准，以适度交通量条件下客车的平均速度来界定。互通立交间距与匝道密度影响高速公路基本路段的自由流速度，基本路段自由流速度（FFS）随着匝道密度增加而减小，尽管如此，匝道端部间距不影响自由流速度。FFS 可采用以下预测模型进行评估[54]：

$$FFS = 75.4 - f_{LW} - f_{LC} - 3.22TRD^{0.84}$$

其中，f_{LW} 为行车道宽度；f_{LC} 为右侧净空；TRD 为总的匝道密度。

TRD 以每英里主线包含的匝道作为评价标准，研究人员最初设想采用互通立交密度、出口匝道密度、入口匝道密度代替匝道密度（TRD）描述主线自由流速度（FFS），但是，最终发现匝道密度（TRD）是描述主线自由流速度（FFS）的最佳指标[215]。

5.2.3.2　分合流路段驾驶操控与安全考虑

多车道高速公路分流及合流区上、下游 450m 范围内为分、合流区影响区[58]。从驾驶员操控角度而言，分合流区及其影响区由于出口、入口匝道交通流与主线交通流互相干扰，同时，驾驶员驾驶负荷与信息处理量大，误操作与不合理驾驶行为增多，车辆间冲突等致因导致的事故风险增大。因而，从驾驶操控角度及安全角度来看，独立型分、合流影响区比重叠型分、合流影响区更有利，但是，为了减少分、合流区完全或部分重叠，独立型分、合流影响区需要将立交与匝道端部间距增大。图 5.14 为独立型分、合流影响区与重叠型分、合流影响区。

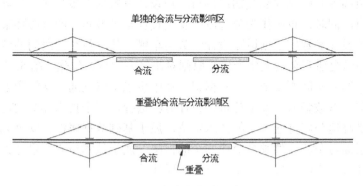

图 5.14　合流与分流影响区

研究表明多车道高速公路交通流最易发生相互干扰的区域为高速公路右侧两车道及相应变速车道区域,因而将该区域限定为分、合流区[54,216]。虽然 HCM2010[54]将分合流影响区限定为上、下游 450m 长度，但是，一些特定条件下的设计可能增加分、合流影响区的范围。例如，双车道匝道设计条件下设置辅助车道（车道平衡需要）时，其影响范围可能辐射至辅助车道所延伸的区域。在主线与匝道处于中等或高交通量条件时，增加匝道端部间距可能考虑增长匝道端部间距将重叠型分、合流影响区转化为独立型分、合流影响区。在极限交通量与低通行能力时，由于各自分流与合流条件与主线通行能力的限制比匝道端部间距值的作用更显著，因而匝道端部间距对交通运行影响较小。

对于合流而言，离下游出口匝道越远，那么合流影响区范围内的车辆数就越少（更少车辆换道至右侧车道准备分流），匝道与主线衔接路段的操控运行性能更优。同理，离上游出口匝道越近，那么合流影响区范围内的车辆数就越少。对于下游出口匝道，除了距离匝道的距离因素外，匝道交通量对合流影响区驾驶操控行为起关键作用（高交通量降低驾驶操控性能）。

对于分流而言，离上游入口匝道距离越远或离下游出口距离越近，那么分流影响区范围内的车辆越少，该区域车辆驾驶操控行为与性能更优。但是，两种情形下相邻匝道较高的交通量均使交通流与车辆运行性能降低。

5.3 多车道高速公路互通立交与匝道端部间距安全设计方法与框架

5.3.1 多车道高速公路互通立交间距的安全设计方法与框架

多车道高速公路互通立交的选位与间距设计参数的决策是接入管理方案的最初技术节点，同时，也应作为分合流区安全设计与区域布置的核心环节。互通立交间距安全设计参数应依据道路设计参数与车辆、驾驶员在路段间的驾驶行为进行研究，并以交通安全最大化为核心原则对决策方案进行优化。图5.15为多车道高速公路互通立交间距安全设计新框架，从中可以得出互通立交间距安全设计涵盖三个环节：参数输入、安全分析、设计方案选择。三个技术环节的逻辑关系：参数输入是高速公路互通立交的技术定位，属于基础数据属性；安全分析是从理论与实践层面对车辆、驾驶员交通安全的保障，属于技术核心；设计方案的选择是对上述环节的集成与提炼，属于成果实现环节。

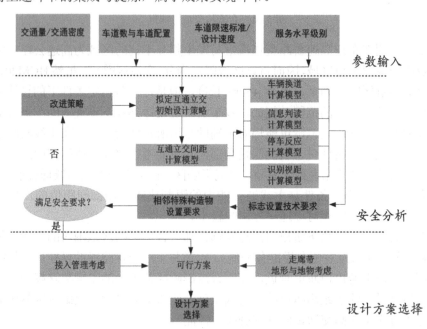

图5.15　多车道高速公路互通立交间距安全设计新框架

5.3.2 多车道高速公路匝道端部间距安全设计方法与框架

多车道高速公路匝道的组合类型与间距设计是影响互通立交分合流区交通安

全性能的核心参数，因此，匝道密度与间距安全设计是在互通立交选位后需明确的关键设计参数。

　　本书中多车道高速公路互通立交匝道端部间距安全设计的核心设想与理念是：提出以理论方法探索匝道端部间距的计算模型，以仿真试验手段论证计算模型的有效性，以交通事故数据回归的事故预测模型和交通事故控制标准检验提出方案在应用层面的效用，即基于交通安全的理论-经验法。图 5.16 为基于理论-经验的多车道互通立交匝道端部间距安全设计新框架。

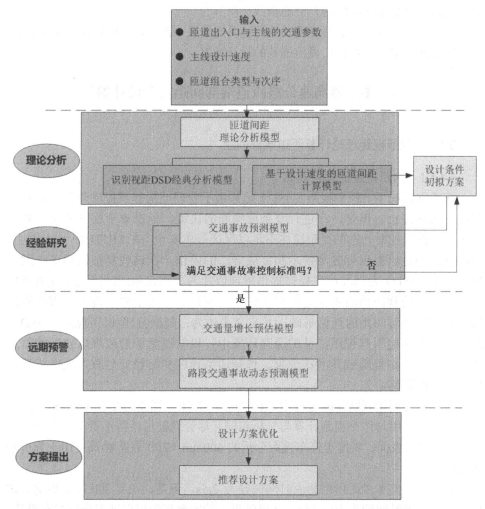

图 5.16　基于理论-经验的多车道互通立交匝道端部间距安全设计新框架

　　从图 5.16 可知，基于理论-经验的多车道互通立交匝道端部间距安全设计方法的新框架逻辑结构与关键技术环节为如下所述。

（1）参数输入：确定技术标准与建设规模，并区分匝道组合形式。

（2）理论分析：理论层面研究匝道端部间距安全设计参数。

（3）经验研究：从交通事故统计与预测的经验层面进行匝道安全设计，必要时对理论模型进行参数标定。

（4）远期预警：关注互通立交分合流区设计年限内交通量增长状态，建立交通量增长预估模型，采用交通量增长预估模型动态监控设计年限与远景发展年限内匝道间（分合流区路段内）交通事故（率）。

（5）方案提出：基于理论研究与经验研究成果，结合交通安全远期预警状况，对初步设计方案进行优化，提出推荐的设计方案。

5.4 多车道高速公路匝道端部间距安全设计参数

5.4.1 判断视距理论计算匝道端部间距

5.4.1.1 判断视距的理论基础

在通常情况下，停车视距（SSD）足够用于合理地操作或提醒驾驶员在正常状况下迅速停止。但是，在进行复杂或瞬间的决策，信息难于察觉或是需要进行预期外的操控时，停车视距往往不足以保证行车安全。在 MUTCD[217]中表明，停车视距不足以提供驾驶员警示和完成舒适的操作。在这些复杂情形下，因为停车视距（SSD）为驾驶员误操作提供附加值并为车辆在相同或降低速度的条件下提供更长的视距值而不仅是停车条件下，所以其值大于停车视距。判断视距理论是匝道端部间距的理论基础，其定义表述为：判断视距/识别视距（DSD）是驾驶员在可能引起视距混乱的道路环境中，以发现意外的或难以察觉的信息源或危险、判别危险或其潜在迹象、选择适当速度和路径安全有效地完成驾驶操作所需的距离。

在计算与测量判断视距过程中，1080mm（3.5ft）视线高度与 600mm（2ft）目标物高度应用与停车视距计算与分析相同。尽管驾驶员不得不看清整个道路环境，包括道路表面，将用于停车视距分析的 600mm（2ft）目标物高度用于分析判断视距亦合理[44]。

普通路段停车视距所用感应时间假设为 2.5s，但是，在复杂状况下察觉、识别、判断所需时间约为 10～15s，需提供更大的安全视距以保证安全停车和避让，而 AASHTO2011/2004 中依据车辆应避免的条件与道路类型推荐的总时间为 3.0～14.5s，道路等级越高、车辆运行越复杂，其需求总时间越多。

判断视距理论决定的判断视距/识别视距（DSD）值可当作最小匝道端部间距，模型中假设应提供驾驶员最小距离即从第一个（上游）合流区或分流区至下一（下游）合流或分流区，即判断视距理论可作为匝道端部间距理论基础，复杂情形条件下判断视距的计算模型为[44]

$$DSD=0.278Vt$$

其中，DSD 为判断视距值（m）；t 为预操作与操作两阶段过程总的需求时间（3.0～14.5s）；V 为设计速度（km/h）。

5.4.1.2 判断视距理论计算匝道端部间距

依据 2004/2011 绿皮书中建议时间值与 Lerner[176]等试验，对判断视距计算值整理列于表 5.8，即表 5.8 为时间与由时间计算而得的潜在判断视距值。

表 5.8 潜在的判断视距计算值

设计速度/mph	设计速度/(km/h)	2004/2011 绿皮书中建议时间值，计算距离值		Lerner 等试验			
				65～69 年龄组		70 以上年龄组	
		总时间/s	行驶距离/ft（m）	时间/s	行驶距离/ft（m）	时间/s	行驶距离/ft（m）
60	95	11.2～14.5	1000～1300（300～390）	17.6	1600（480）	18.8	1700（510）
70	110	11.2～14.5	1200～1500（360～450）	17.6	1800（540）	18.8	1900（570）
80	130	11.2～14.5	1300～1700（390～510）	17.6	2100（630）	18.8	2200（660）
90	145	11.2～14.5	1500～1900（450～570）	17.6	2300（690）	18.8	2500（750）
100	160	11.2～14.5	1600～2100（480～630）	17.6	2600（780）	18.8	2800（840）

英国《道路与桥梁设计手册》[218]中的匝道端部间距设计指南基于交通标志、信号的有效设置提出不同道路类型匝道端部间距值，推荐设计速度不同时 EX-EX、EX-EN、EN-EN 匝道组合次序下匝道端部间距值，并由以下计算模型确定（美制）：

$$S =19.8V$$

其中，S 为匝道端部间距值（ft）；V 为设计速度（mph）。

依据该计算模型对匝道端部间距进行理论计算，各组合条件下匝道端部间距理论计算值列于表 5.9，作为匝道端部间距理论基础。

表 5.9　匝道端部间距理论计算值

设计速度/mph	设计速度/（km/h）	计算距离值/ft（m）	
		行驶距离/ft	行驶距离/m
60	95	1200	360
70	110	1400	420
80	130	1600	480
90	145	1800	540
100	160	2000	600

5.4.2　交通事故预测模型反演匝道端部间距

5.4.2.1　匝道端部间距与交通事故统计关系

避免与减少互通立交分合流区的交通事故是匝道端部间距设计参数的核心出发点，从判断视距理论计算与分析是从理论层面上对匝道端部间距进行剖析，而直接从分合流区间交通事故的统计事故与事故模型对匝道端部间距进行探索则是现实层面上探讨，完成理论与现实的衔接与统一。长期观测多条高速公路分合流区路段交通事故与交通参数数据并进行回归分析可得交通事故预测模型。图 5.17 为匝道端部间距与事故类型、事故严重性之间的关系图[212]。

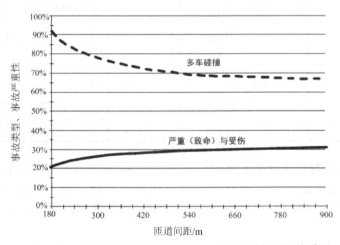

图 5.17　匝道端部间距与事故类型、事故严重性之间关系图

5.4.2.2　EN-EX 组合型匝道与交通事故模型反演

1. EN-EX 组合型匝道交通事故预测模型

以下为 EN-EX 匝道组合型情形下交通事故预测模型[219]：

$$TOTAL = 9.7 \times 10^{-6} L^{1.0} (DADT)^{1.12} (ADT_{EN})^{0.18} (ADT_{EX})^{0.02} e^{\left(\frac{450}{S} - 0.23 \times AuxLn\right)}$$

其中，L 为入口匝道与出口匝道鼻端的路段距离（mi）；S 为合流点与分流点之间的匝道端部间距（ft）；$DADT$ 为分析方向主线上游平均日交通量（vel/d）；ADT_{EN} 为入口平均日交通量（vel/d）；ADT_{EX} 为出口平均日交通量（vel/d）；$AuxLn$ 为辅助车道参数（1=设置贯穿的辅助车道用于交织，0=不设置贯穿辅助车道用于交织）；$TOTAL$ 为 L 路段上预测总交通事故数（包含所有类型与严重程度）。

图 5.18 为 EN-EX 组合型交通事故预测模型参数组成，图 5.19 为 EN-EX 组合型主要安全评价工具。

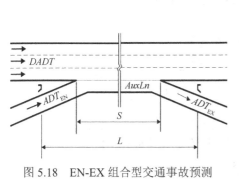

图 5.18　EN-EX 组合型交通事故预测
模型参数组成

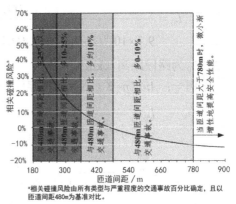

图 5.19　EN-EX 组合型主要安全评价工具

1. EN-EX 组合型匝道安全评价与模型反演

交通事故率计算方程为[220]

$$Rv = \frac{D}{V \times L} \times 10^8$$

其中，Rv 为 1 年间每亿车公里事故次数；D 为全年交通事故次数；V 为全年的交通量；L 为路段长度（km）。

依据 2013 中国道路交通安全蓝皮书[221]，2012 年全国高速公路平均亿车公里事故率为 1.2。文献[113]确定高速公路安全性的事故率标准为 1 起/百万车公里，定义 I_{max} =1 起/百万车公里，而这一指标与国家的经济及交通状况有关，随着不同国家或地区的经济发展及交通发展，该事故率标准将会进一步提高。我国高速公路安全性服务水平即安全性分级标准为：若 $I \leqslant 0.65$，则认为该路段安全性好；若 $0.65 < I \leqslant 0.80$，则认为该路段安全性一般；若 $I \geqslant 0.80$，则认为该路段安全性差，接近事故多发路段的标准，需改善。

通过文献与调查数据及我国交通事故现状与经济、社会发展水平，提出多车道高速公路互通立交路段间交通事故率控制目标为：所有类型与严重程度交通事故率的年平均目标交通事故率 $I \leqslant 0.65$。

为了根据 EN-EX 匝道组合型路段交通事故预测模型反演匝道端部间距的合理取值，对交通事故计算模型进行反演推导：

由 $TOTAL = 9.7 \times 10^{-6} L^{1.0} (DADT)^{1.12} (ADT_{EN})^{0.18} (ADT_{EX})^{0.02} e^{(\frac{450}{S} - 0.23 \times AuxLn)}$ 可知，

$$\frac{TOTAL}{L} = 9.7 \times 10^{-6} (DADT)^{1.12} (ADT_{EN})^{0.18} (ADT_{EX})^{0.02} e^{(\frac{450}{S} - 0.23 AuxLn)}$$

$$L_0 = \frac{TOTAL \times 1.67}{9.7 \times 10^{-6} (DADT)^{1.12} (ADT_{EN})^{0.18} (ADT_{EX})^{0.02} e^{(\frac{450}{S} - 0.23 AuxLn)}}$$

其中，L_0 为路段距离（km）。

案例一：$AuxLn=0$（不设置贯穿的辅助车道）

$$L_0 = \frac{TOTAL \times 1.67}{9.7 \times 10^{-6} (DADT)^{1.12} (ADT_{EN})^{0.18} (ADT_{EX})^{0.02} e^{\frac{450}{S}}}$$

$$e^{\frac{450}{S}} = \frac{TOTAL \times 1.67}{L \times 9.7 \times 10^{-6} (DADT)^{1.12} (ADT_{EN})^{0.18} (ADT_{EX})^{0.02}}$$

$$I = \frac{TOTAL}{Q_{total} \times L_0} \times 10^6$$

其中，$TOTAL$ 为该路段全年总交通事故数（起）；Q_{total} 为路段全年交通量（vel）；L_0 为互通立交路段长度（km）；I 为百万车公里事故率（起）。

依据对沪宁多车道高速公路交通量远场观测试验，12h 交通量统计为 36000vel，因此，可取 $DADT=72000$vel/d。$ADT_{EN}=5500$vel/d，$ADT_{EX}=12000$vel/d，$S=1200$ft/1400ft/1600ft/1800ft，$AuxLn=0$，1；同时，假设 L 分别为 300m（0.18mi）、450m（0.27mi）、600m（0.37mi）、750m（0.47mi）、900m（0.56mi）。依据为交通事故预测模型计算参数表 5.10。表 5.11 为 EN-EX 匝道组合型交通事故模型参数。

$$I = \frac{TOTAL}{Q_{total} \times L_0} \times 10^6 \leqslant 0.65$$

$$TOTAL \leqslant 0.65 \times Q_{total} \times L_0 \times 10^{-6}$$

$$9.7 \times L^{1.0} (DADT)^{1.12} (ADT_{EN})^{0.18} (ADT_{EX})^{0.02} e^{\frac{450}{s}} \leqslant 0.65 \times Q_{total} \times L_0$$

$$9.7 \times L^{1.0} (DADT)^{1.12} (ADT_{EN})^{0.18} (ADT_{EX})^{0.02} e^{\frac{450}{s}} \leqslant 0.65 \times Q_{total} \times 1.67L$$

$$\mathrm{e}^{\frac{450}{s}} \leqslant \frac{0.65 \times Q_{\mathrm{total}} \times 1.67}{9.7 \times \left(DADT\right)^{1.12} \left(ADT_{\mathrm{EN}}\right)^{0.18} \left(ADT_{\mathrm{EX}}\right)^{0.02}}$$

$$Q_{\mathrm{total}} = 365 \times \left(DADT + ADT_{\mathrm{EN}}\right)$$

$$\mathrm{e}^{\frac{450}{s}} \leqslant \frac{0.65 \times 365 \times \left(DADT + ADT_{\mathrm{EN}}\right) \times 1.67}{9.7 \times \left(DADT\right)^{1.12} \left(ADT_{\mathrm{EN}}\right)^{0.18} \left(ADT_{\mathrm{EX}}\right)^{0.02}}$$

表 5.10　EN-EX 匝道组合型交通事故模型参数（不设置贯穿辅助车道）

主线平均日交通量 $DADT$/（vel/d）	入口匝道平均日交通量 ADT_{EN}/（vel/d）	出口匝道平均日交通量 ADT_{EX}/（vel/d）	分合流点间距 S 最小值/m	辅助车道设置系数 $AuxLn$/（0/1）
50000	5000/	8000/	580/588/592	0
	7000/	9000/		0
	9000	10000		0
60000	5000/	8000/	597/622/636	0
	7000/	9000/		0
	9000	10000		0
70000	5000/	8000/	621/652/671	0
	7000/	9000/		0
	9000	10000		0
80000	5000/	8000/	643/679/703	0
	7000/	9000/		0
	9000	10000		0
90000	5000/	8000/	662/703/732	0
	7000/	9000/		0
	9000	10000		0

案例二：$AuxLn=1$（设置贯穿的辅助车道）

$$L_0 = \frac{TOTAL \times 1.67}{9.7 \times 10^{-6} \left(DADT\right)^{1.12} \left(ADT_{\mathrm{EN}}\right)^{0.18} \left(ADT_{\mathrm{EX}}\right)^{0.02} \mathrm{e}^{\left(\frac{450}{S}-0.23\right)}}$$

$$\mathrm{e}^{\left(\frac{450}{S}-0.23\right)} = \frac{TOTAL \times 1.67}{L \times 9.7 \times 10^{-6} \left(DADT\right)^{1.12} \left(\mathrm{ADT}_{\mathrm{EN}}\right)^{0.18} \left(\mathrm{ADT}_{\mathrm{EX}}\right)^{0.02}}$$

$$I = \frac{TOTAL}{Q_{\text{total}} \times L_0} \times 10^6$$

其中，*TOTAL* 为该路段全年总交通事故数（起）；Q_{total} 为路段全年交通量（vel）；L_0 为互通立交路段长度（km）；*I* 为百万车公里事故率（起）。

表 5.11   EN-EX 匝道组合型交通事故模型参数（设置贯穿辅助车道）

主线平均日交通量 *DADT*/（vel/d）	入口匝道平均日交通量 ADT_{EN}/（vel/d）	出口匝道平均日交通量 ADT_{EX}/（vel/d）	分合流点间距 *S*/m	辅助车道设置系数 *AuxLn*/（0/1）
50000	5000/	8000	448/453/455	1
	7000/	9000		1
	9000	10000		1
60000	5000/	8000	458/473/481	1
	7000/	9000		1
	9000	10000		1
70000	5000/	8000	472/490/501	1
	7000/	9000		1
	9000	10000		1
80000	5000/	8000	485/505/518	1
	7000/	9000		1
	9000	10000		1
90000	5000/	8000	496/518/534	1
	7000/	9000		1
	9000	10000		1

5.4.2.3   EN-EN 组合型匝道与交通事故模型反演

1. EN-EN 组合型匝道交通事故预测模型

以下为 EN-EN 匝道组合型情形下交通事故预测模型[221]：

$$TOTAL = 5.0 \times 10^{-5} L^{1.0} \left(DADT \right)^{0.81} \left(ADT_{EN-1} \right)^{0.34} \left(ADT_{EN-2} \right)^{0.09} e^{\left(\frac{420}{S} \right)}$$

其中，*L* 为入口匝道与相邻入口匝道鼻端的路段距离（mi）；*S* 为合流点与下一合流点之间的匝道端部间距（ft）；*DADT* 为分析方向主线上游平均日交通量（vel/d）；ADT_{EN-1} 为第一入口平均日交通量（vel/d）；ADT_{EN-2} 为第二入口平均日交通量（vel/d）；*AuxLn* 为辅助车道参数（1=设置辅助车道，0=不设置辅助车道）；*TOTAL*

为 L 路段上预测总交通事故数（所有类型与严重程度）。图 5.20 为 EN-EN 组合型交通事故预测模型参数组成，图 5.21 为 EN-EN 组合型主要安全评价工具。

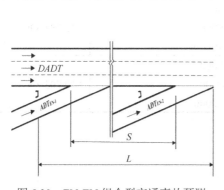

图 5.20　EN-EN 组合型交通事故预测
模型参数组成

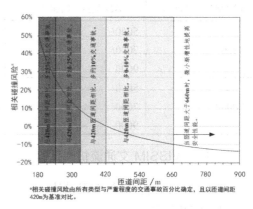

图 5.21　EN-EN 组合型主要安全评价工具

2. EN-EN 组合型匝道安全评价与模型反演

为了根据 EN-EN 匝道组合型路段交通事故预测模型反演匝道端部间距的合理取值，对交通事故计算模型进行推演。表 5.12 为 EN-EN 匝道组合型交通事故模型参数。

$$TOTAL = 5.0 \times 10^{-5} L^{1.0} \left(DADT\right)^{0.81} \left(ADT_{EN-1}\right)^{0.34} \left(ADT_{EN-2}\right)^{0.09} e^{\left(\frac{420}{S}\right)}$$

$$I = \frac{TOTAL}{Q_{total} \times L_0} \times 10^6 \leqslant 0.65$$

$$L_0 = 1.67 L$$

$$e^{\frac{420}{S}} \leqslant \frac{0.65 \times 1.67 \times Q_{total}}{5.0 \times 10 \times \left(DADT\right)^{0.81} \left(ADT_{EN-1}\right)^{0.34} \left(ADT_{EN-2}\right)^{0.09}}$$

表 5.12　EN-EN 匝道组合型交通事故模型参数

主线平均日交通量 $DADT$/（vel/d）	入口匝道平均日交通量 ADT_{EN-1}/（vel/d）	后一入口匝道平均日交通量 ADT_{EN-2}/（vel/d）	两合流点间距 S/m
50000	5000/ 7000/ 9000	8000 9000 10000	639/756/825
70000	5000/ 7000/ 9000	8000 9000 10000	643/781/835

续表

主线平均日交通量 $DADT$/（vel/d）	入口匝道平均日交通量 ADT_{EN-1}/（vel/d）	后一入口匝道平均日交通量 ADT_{EN-2}/（vel/d）	两合流点间距 S/m
80000	5000/ 7000/ 9000	8000 9000 10000	645/788/839
90000	5000/ 7000/ 9000	8000 9000 10000	649/803/846

5.4.3 VISSIM 交通流仿真试验

5.4.3.1 试验背景与方案设计

1. 仿真软件

采用 VISSIM 进行微观交通仿真。在该仿真软件中车辆的纵向运行采用 Weidemann 的 MISSION 驾驶员生理——心理反应模型，横向运行采用了基于规则的算法。

2. 交通流仿真技术

微观交通流仿真技术以驾驶员行为、车辆跟驰行为、车道变换行为等为基本核心模型，通过模拟交通流中各个车辆的运动过程，达到对交通流中流量、速度、密度、延误等特征参数进行量化的目的。

3. 仿真试验模型参数的标定

应用 VISSIM 对多车道高速公路分合流区交通运行状态进行仿真试验，研究交通流运行规律、车道变换的特征分布规律，并将仿真结果与理论研究成果、工程与观测实践提炼的成果进行对比，提出安全设计指标与标准。图 5.22 为微观仿真软件 VISSIM 中的交通与道路属性。

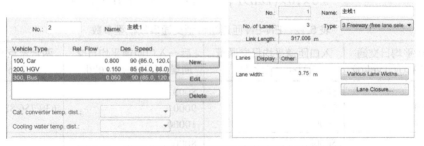

图 5.22 微观仿真软件 VISSIM 中的交通与道路属性

通过对多车道现场观测试验采集数据为依据标定 VISSIM 内部模型参数，以准确真实地模拟匝道出入口路段交通运行状况，并输出特定设置场景下多车道高速公路交通流运行状态评判指标值。

在微观交通仿真中，为达到较高的仿真精度，必须合理设置车辆的驾驶行为参数。本书仿真选用适用高速公路的 Wiedemann99 模型，所得的标定验证结果，以下对跟车行为、车道变换、横向行为三方面对其进行参数确定，图 5.23 为车辆驾驶行为（跟驰、换道、横移）参数标定。

图 5.23　车辆驾驶行为（跟驰、换道、横移）参数标定

4. 试验方案与场景输入参数

模拟 EN-EX 与 EN-EN 匝道组合情形下不同匝道端部间距与交通条件进行仿真试验，车道数为双向六车道，并构建虚拟试验场景，变化匝道端部间距与匝道、主线交通量（低、中、高密度）。图 5.24 为 VISSIM 仿真试验场景建模。

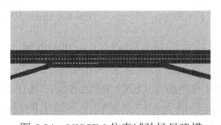

图 5.24　VISSIM 仿真试验场景建模

表 5.13 为匝道组合 VISSIM 仿真试验场景输入的几何参数与交通参数，其中 EN 表示入口匝道，EX 表示出口匝道。

表 5.13　匝道组合 VISSIM 仿真试验的几何参数与交通参数

匝道组合型	EN-EX		EN-EN	
间距 L/m	300	750	200	750
匝道 1 交通量/vph	800/1300/1800	800/1300/1800	800/1300/1800	800/1300/1800
匝道 2 交通量/vph	800/1300/1800	800/1300/1800	800/1300/1800	800/1300/1800
主线交通量/（vph/ln）	1200/1500/1800	1200/1500/1800	1200/1500/1800	1200/1500/1800

5.4.3.2　试验数据输出与分析

1. EN-EX 匝道组合型数据分析

图 5.25、图 5.26、图 5.27 为不同匝道端部间距（300m，750m）与交通量条件下仿真试验输出的车辆最低速度的对比，输出的自由流条件下车辆平均行驶速度为 101km/h。

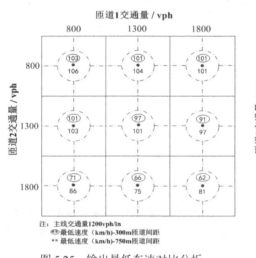

图 5.25　输出最低车速对比分析
（EN-EX:Qm=1200vph/ln，Dr=300m、750m）

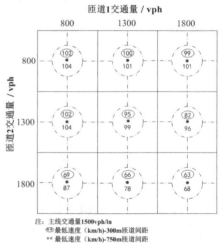

图 5.26　输出最低车速对比分析
（EN-EX:Qm=1500vph/ln，Dr=300m、750m）

从图 5.25 可知，主线交通量（Qm）为 1200vph/ln，匝道端部间距（Dr）为 300m、750m 时，不同场景状态仿真试验输出的最低速度。图 5.26 中纵向为匝道 2（EX）的交通量，横向为匝道 1（EN）的交通量，且在 800~1800vph 变化，步长为 500vph。虚线圆中两数值为相应交通状况下输出的最低车速。图 5.26、图 5.27 等输出最低车速对比分析图均可依照该方法进行分析。

分析图 5.25 试验数据可得，匝道
端部间距 Dr 为 300m 情况下，匝道 1
（EN）交通量恒定而匝道 2（EX）交
通量增大时，车辆最低速度呈现降低
的趋势；反之，当匝道 2（EX）交通
量恒定，匝道 1（EN）交通量增大时，
车辆最低速度亦呈现降低的趋势，且
对图 5.25 中速度数据进行分析可以发
现，匝道 2（EX）的交通量增大对车
辆最低速度的影响明显，特别地，当
匝道 2 的交通量由 1300vph 增大至
1800vph 时，车辆最低速度下降约
30km/h。对于匝道端部间距 Dr 为

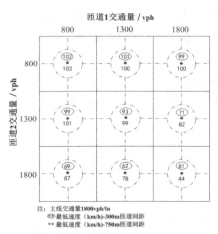

图 5.27　输出最低车速对比分析
（EN-EX:Qm=1800vph/ln，Dr=300m、750m）

750m 情况下，亦出现上述类似的规律，仅在最低车速的幅度变化上略有差异而已。
对比分析匝道端部间距 Dr 为 300m 与 750m 两种情况，匝道 2 的交通量达到
1800vph 时，Dr 为 750m 时比 Dr 为 300m 时车辆最低速度约低 10～20km/h。

分析图 5.26 试验数据可得，匝道端部间距 Dr 为 300m 情况下，匝道 1（EN）
交通量恒定而匝道 2（EX）交通量增大时，车辆最低速度呈现降低的趋势；反之，
当匝道 2（EX）交通量恒定，匝道 1（EN）交通量增大时，车辆最低速度亦呈现
降低的趋势，且从图 5.26 中速度数据分析，可以发现，匝道 2（EX）的交通量增
大对车辆最低速度的影响明显，特别地，当匝道 2 的交通量由 1300vph 增大至
1800vph 时，车辆最低速度下降约 20～30km/h。对于匝道端部间距 Dr 为 750m 情
况下，亦出现上述类似的规律，仅在最低车速的幅度变化上略有差异而已。对比
分析匝道端部间距 Dr 为 300m 与 750m 两种情况，匝道 2 的交通量达到 1800vph
时，Dr 为 750m 时比 Dr 为 300m 时车辆最低速度约低 5～15km/h。

分析图 5.27 试验数据可知，匝道 2（EX）的交通量增大对车辆最低速度的影
响明显，特别地，当匝道 2 的交通量由 1300vph 增大至 1800vph 时，车辆最低速
度下降约 10～30km/h。对于匝道端部间距 Dr 为 750m 情况下，亦出现上述类似
的规律，仅在最低车速的幅度变化上略有差异而已。对比分析匝道端部间距 Dr
为 300m 与 750m 两种情况，匝道 2 的交通量达到 1800vph 时，Dr 为 750m 时比
Dr 为 300m 时车辆最低速度约低 15～20km/h。

图 5.28、图 5.29、图 5.30 显示试验输出的最大速度差异按照<3km/h、3～
13km/h、13～26km/h、>26 km/h 进行区分，并依据其数值大小进行涂色的状态。
对比分析图 5.28、图 5.29、图 5.30 可知，主线交通量 Qm 为 1800vph/ln 时，输出

的最大速度差异区域深色的面积最大，且整体数值大，具体而言，匝道 1 与匝道 2 的交通量均为 1300vph 时，最大速度差异为 11km/h；匝道 1 交通量为 1800vph、匝道 2 交通量为 1300vph 时，最大速度差异为 19km/h。而当主线交通量 Q_m 为 1500vph/ln，匝道 1 与匝道 2 的交通量均为 1300vph 时，最大速度差异为 8km/h，匝道 1 交通量为 1800vph、匝道 2 交通量为 1300vph 时，最大速度差异为 13km/h。

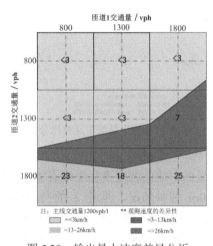

图 5.28　输出最大速度差异分析
（EN-EX:Qm=1200vph/ln，Dr=300m、750m）

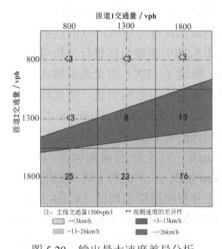

图 5.29　输出最大速度差异分析
（EN-EX:Qm=1500vph/ln，Dr=300m、750m）

而当主线交通量 Q_m 为 1300vph/ln，匝道 1 与匝道 2 的交通量均为 1300vph 时，最大速度差异为 3～13km/h；匝道 1 交通量为 1800vph、匝道 2 交通量为 1300vph 时，最大速度差异为 7～13km/h。

2. EN-EN 匝道组合型数据分析

图 5.31、图 5.32、图 5.33 为不同匝道端部间距（200m，750m）与交通量条件下仿真试验输出的车辆最低速度的对比，输出的自由流条件下车辆平均行驶速度为 96km/h。

对比分析图 5.31、图 5.32、图 5.33 可知，主线交通量 Q_m 为 1200vph/ln、1500vph/ln、1800vph/ln，匝道端部间距 Dr 为 200m、750m 时，匝道 1 与匝道 2 交通量为 800vph、1300vph、1800vph，

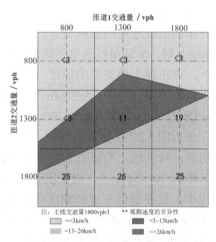

图 5.30　输出最大速度差异分析
（EN-EX:Qm=1800vph/ln，Dr=300m、750m）

主线交通量增大时，车辆最低速度呈现降低的趋势，且匝道端部间距为 750m 时车辆最低速度比匝道端部间距为 200m 时低。具体就最低车速的数值而言，主线交通量 Qm 为 1200vph/ln，匝道端部间距为 200m 与 750m 时，最低速度为 91～98km/h；当主线交通量 Qm 为 1500vph/ln 时，最低速度为 73～96km/h，且最低速度小于 90km/h 的区域集中于匝道 1、匝道 2 交通量大于 1300vph 的右下方三角形。

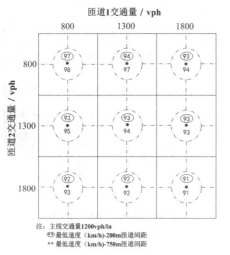

图 5.31　输出最低车速对比分析
（EN-EN：Qm=1200vph/ln，Dr=200m、750m）

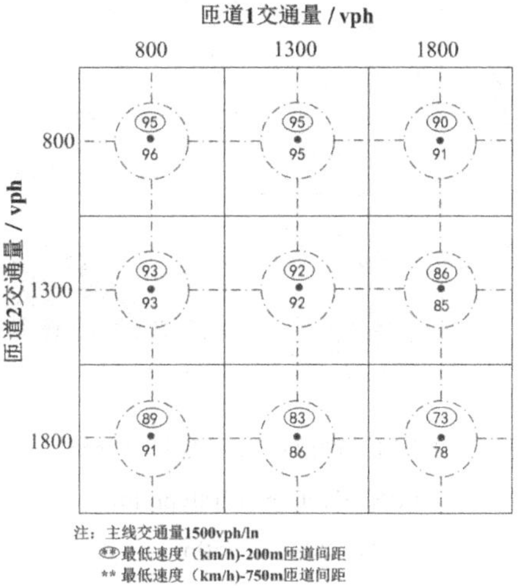

图 5.32　输出最低车速对比分析
（EN-EN：Qm=1500vph/ln，Dr=200m、750m）

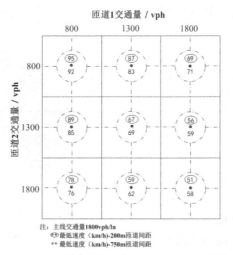

图 5.33　输出最低车速对比分析
（EN-EN：Qm=1800vph/ln，Dr=200m、750m）

图 5.34、图 5.35、图 5.36 为试验输出的最大速度差异按照<3km/h、3～13km/h、13～26 km/h、>26km/h 进行区分，并依据其数值大小进行涂色的状态。

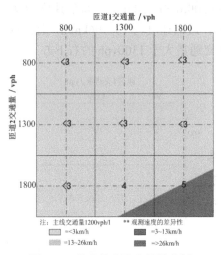

图 5.34　输出最大速度差异分析
（EN-EN :Qm=1200vph/ln，
Dr=200m、750m）

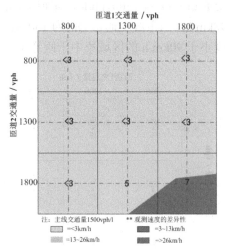

图 5.35　输出最大速度差异分析
（EN-EN:Qm=1500vph/ln，
Dr=200m、750m）

对比分析图 5.34、图 5.35、图 5.36 可知，主线交通量 Qm 为 1800vph/ln 时，输出的最大速度差异区域深色的面积最大，且整体数值大，具体而言，匝道 1 与匝道 2 的交通量均为 1300vph 时，最大速度差异为 12km/h；匝道 1 交通量为 1800vph、匝道 2 交通量为 1300vph 时，最大速度差异为 9～15km/h；而当主线交通量 Qm 为 1500vph/ln，匝道 1 与匝道 2 的交通量均为 1300vph 时，最大速度差异为 <3km/h，匝道 1 交通量为 1800vph、匝道 2 交通量为 1300vph 时，最大速

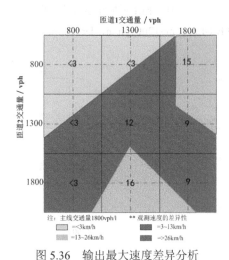

图 5.36　输出最大速度差异分析
（EN-EN:Qm=1800vph/ln，Dr=200m、750m）

度差异为 1<3km/h；而当主线交通量 Qm 为 1200vph/ln，匝道 1 与匝道 2 的交通量均为 1300vph 时，最大速度差异为 <3km/h；匝道 1 交通量为 1800vph、匝道 2 交通量为 1300vph 时，最大速度

差异为<3km/h。

5.4.4 安全性能评价指标

关于 EN-EX 型匝道组合形式中交织段长度与交通事故之间的安全属性内在关联，学者们取得了丰富的成果。以 Bonneson 与 Pratt 近期的相关研究作为应用基础[222]，交织段长度的 AMF（Accident Modification Factor）模型可应用于路段安全性能预测与评估，评估数据来源于田纳西三年来 588 条高速公路路段的交通运行与交通事故，其可用于交织段长度大于 240m 的情形，其评估模型为

$$AMF_{\text{wev}} = e^{152.9/L_{\text{w}}}$$

其中，AMF_{wev} 为交织路段致命或受伤型交通事故的事故修正系数；L_{w} 为交织长度（ft）。

图 5.37 为 ToxDOT 项目 0-4703 中 AMF 计算值。AMF 在图中得到体现，由无限靠近 1.0 的值构成（例如主线路段）。特别地，AMF 值为 1.0 时其长度为 1mi 至 2mi，1500ft 至 2000ft 对应的 AMF 值为 1.11 至 1.08。

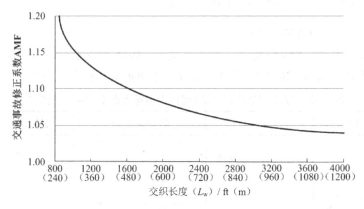

图 5.37　ToxDOT 项目 0-4703 中 AMF 计算值曲线图

5.5　多车道高速公路匝道端部间距建议推荐值

5.5.1　互通立交间距技术标准与推荐值

表 5.14 为世界各国互通立交间距推荐值。

表 5.14 世界各国互通立交间距推荐值[45,223]

国家	立交间距	间距的界定	指南年份
美国	1mi（市区），2mi（乡村）	横跨道路-横跨道路	
英国	3.75V*	鼻端-鼻端	1994 年或以前
德国	2.7km（系统互通立交） 1.7km（低交通量互通立交） 0.6km（绝对最小值）	鼻端-鼻端	1976
法国	0.62～0.93mi（1000～1500m） （市区）	鼻端-鼻端	未提到
澳大利亚	0.93～1.24mi（1500～2000m） （市区），1.9～5mi（3000～8000m） （乡村）	横跨道路-横跨道路	1984
瑞士、希腊、爱尔兰、挪威	未提到互通立交间距	-	1993 年或以前

注：V*——设计速度（km/h）。

5.5.2 匝道组合形式与端部间距推荐值

5.5.2.1 美国 AASHTO 指南

AASHTO 经历 1954 红皮书、1957 红皮书、1965 绿皮书，1973 红皮书等发展进程。表 5.15 为 2011/2004 AASHTO 绿皮书中匝道最小间距推荐值。

表 5.15 AASHTO2011/2004 绿皮书中匝道最小间距推荐值[44]

EN-EN 或 EX-EX	EX-EX	转弯式道路		EN-EX（交织）	
全互通立交高速公路	全互通立交高速公路	系统型 互通立交	服务型 互通立交	系统一服务 互通立交	服务一服务 互通立交
300m （1000ft）	150m （500ft）	240m （800ft）	180m （600ft）	600m （2000ft）	480m （1600ft）

5.5.2.2 ITE 设计手册

ITE 设计手册[215]中匝道端部间距推荐值见表 5.16。

表 5.16　ITE 设计手册中匝道端部间距推荐值[215]

等级				标准		
良好				间距为期望的取值或高于期望取值		
中等				间距高于绝对最小值但小于期望取值		
不良				间距小于绝对最小值		
	EN-EN 或 EX-EX	EX-EN	转弯式道路		EN-EX（交织）	
取值范围评价	全互通立交高速公路	全互通立交高速公路	系统型互通立交	服务型互通立交	系统－服务互通立交	服务－服务互通立交
期望的取值	450m（1500ft）	225m（750ft）	360m（1200ft）	300m（1000ft）	900m（3000ft）	600m（2000ft）
足够的取值	360m（1200ft）	180m（600ft）	300m（1000ft）	240m（800ft）	750m（2500ft）	300m（1000ft）
绝对最小取值	300m（1000ft）	150m（500ft）	240m（800ft）	180m（600ft）	600m（2000ft）	300m（1000ft）

5.5.2.3　日本技术标准

表 5.17 为《日本公路技术标准》中匝道端部间距[56]推荐值。

表 5.17　《日本公路技术标准》匝道端部间距

主线上的相邻出口或入口		匝道上的相邻出口或入口	主线上的出口至前方相邻入口	主线上的入口至前方相邻出口
$L_1=L$		$L_2=L$	$L_3=L/2$	$L_4=1.25L$
主线设计车速/（km/h）		64～80	96～113	129
行驶速度/（km/h）		60～70	84～93	103
距离/m	最小	120	150	275
	标准	215	275	365

5.5.2.4　中国设计规范

表 5.18 为各种相邻出入口之间的距离，表 5.19 为高速公路相邻出、入口最小间距[224]。

表 5.18　各种相邻出入口之间的距离

主线上的相邻出口或入口	匝道上的相邻出口或入口	主线上的出口至前方相邻入口
L_1 / L_1	L_2 / L_2	L_3

表 5.19　高速公路相邻出、入口最小间距

主线设计速度/（km/h）			120	100	80
间距/m	L_1	一般值	350	300	250
		最小值 干线	300	250	200
		最小值 支线	240	220	200
	L_2	一般值	300	250	200
		最小值 枢纽互通立交	240	200	200
		最小值 一般互通立交	180	160	160
	L_3	一般值	200	150	150
		最小值 干线	150	150	150
		最小值 支线	120	120	120

5.6　互通立交间距与分析模型

5.6.1　互通立交最小净距的界定

互通式立交的间距采取净距的概念来界定。互通立交的净距是指在满足匝道几何布置、驾驶员视认标志和驾驶顺适的前提下，同一交通流方向前一互通式立交加速车道终点与后一互通式立交减速车道起点之间必须保持的距离。

对图 5.38 中（a）（b）所示的两互通式立交连接方式，主要是针对于两互通式立交之间的净距较小，车流存在交织运行的状况，为了减少这种交织运行对主线直行交通的干扰，而采取将前后两互通式立交的加速车道和减速车道用辅助车道连接的方式；对于图 5.38（c）是两互通式立交之间的间距较大，交织运行对主线直行车辆的影响较小，中间路段可视为独立的区域来设计，进而也可有效地节约的工程占地和工程造价，提高互通式立交建设的经济效益。鉴于篇幅限制，本章主要针对图 5.38（c）所示的两互通式立交最小净距的计算分析。

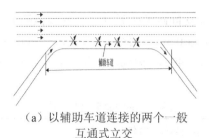

（a）以辅助车道连接的两个一般　　　　（b）以辅助车道连接的一般互通式
　　　互通式立交　　　　　　　　　　　　　立交与枢纽互通式立交

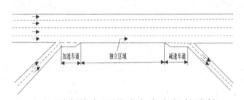

（c）两座独立互通式立交之间的连接

图 5.38　两互通式立交之间的连接方式

5.6.2　互通立交间距与交通事故的统计关系

美国互通立交单元与交通事故的统计关系体现在表 5.20、表 5.21 与表 5.22 中。分析表 5.20 可知，市区互通立交的交通事故数与事故率均明显高于乡村高速公路，且乡村变速车道之间区域发生的交通事故数（6.52）约占总交通事故数（14.36）的 45.4%，市区变速车道之间区域发生的交通事故数（11.87）约占总交通事故数（31.64）的 37.5%。

表 5.20　交通事故率与互通立交单元、区域类型之间的关系[225]

互通立交单元	乡村			市区		
	车辆-英里（100 百万）	事故数	事故率 [a]	车辆-英里（100 百万）	事故数	事故率 [a]
减速车道	2.51	348	137	5.83	1089	186
出口匝道	0.57	199	346	1.48	546	370
变速车道之间区域	6.52	554	85	11.87	1982	167
入口匝道	0.59	95	161	1.61	1159	719
加速车道	3.68	280	76	8.40	1461	174
减速-减速车道	0.49	87	116	2.45	555	227
总数	14.36	1563	109 [b]	31.64	6792	214 [b]

注：1mi=1.61km；[a] 每 100 百万车英里事故数；[b] 平均事故率。

表 5.21 分析了交通事故敏感性与互通立交间距的关系（总交通事故数）。由此分析可知，随互通立交间距从 3mi 以步长为 0.5mi 变化至 0.5mi 时，每英里增加的事故率（每年）分别为 7%、16%、28%、49%、91%，即互通立交间距减小时与交通事故敏感性的关系趋于敏感。

表 5.21　交通事故敏感性与互通立交间距的关系（总的交通事故数）[226]

间距改变状况	每英里增加的事故率（每年）					
	匝道总 AADT=30020（中位值）			匝道总 AADT=120589（最大值）		
	主线 AADT= 66600	主线 AADT= 188121	主线 AADT= 274200	主线 AADT= 66600	主线 AADT= 188121	主线 AADT= 274200
3mi-2.5mi	0.71（7%）	2.29	3.49	0.97	3.11	4.75
3mi-2mi	1.65（16%）	5.30	8.09	2.25	7.21	11.00
3mi-1.5mi	2.98（28%）	9.56	14.58	4.06	13.00	19.84
3mi-1mi	5.10（49%）	16.36	24.97	6.94	22.26	33.97
3mi-0.5mi	9.53（91%）	30.56	46.64	12.97	41.58	63.45

表 5.22 分析了交通事故敏感性与互通立交间距的关系（致命及受伤级交通事故）。由此可知，随互通立交间距从 3mi 以步长为 0.5mi 变化至 0.5mi 时，每英里增加的事故率（每年）分别为 8%、18%、33%、57%、108%，即互通立交间距减小时与交通事故敏感性的关系趋于敏感，且至 0.5mi-1mi 时严重交通事故增加迅速。

表 5.22　交通事故敏感性与互通立交间距的关系（致命及受伤级交通事故）[226]

间距改变状况	每英里增加的事故率（每年）					
	匝道总 AADT=30020（中位值）			匝道总 AADT=120589（最大值）		
	主线 AADT= 66600	主线 AADT= 188121	主线 AADT= 274200	主线 AADT= 66600	主线 AADT= 188121	主线 AADT= 274200
3mi-2.5mi	0.33（8%）	0.81	1.12	0.44	1.08	1.50
3mi-2mi	0.77（18%）	1.89	2.61	1.02	2.53	3.49
3mi-1.5mi	1.39（33%）	3.43	4.75	1.86	4.59	6.35
3mi-1mi	2.41（57%）	5.94	8.22	3.22	7.94	10.99
3mi-0.5mi	4.59（108%）	11.31	15.65	6.13	15.12	20.93

5.6.3 最小净距的计算模型构建

通过上文对沪宁多车道高速公路双向六车道与双向八车道路段的远场观测试验可知，内侧车道（1 车道）100%为小汽车，各车道中 1 车道车辆行驶速度普遍最高，换道操作行为在 2/3/4 车道之间实现最为频繁，观测发现，车辆完成合流驾驶行为后保持原车道行驶一段距离，并根据前方交通流状态适时调整车道，对其车道调整决策其关键作用的因素是前方路段车辆密度与速度，小汽车最理想的行驶车道为 2/3 车道，卡车由于车辆自身加、减速与转向换道等机械性能与小客车存在差距，其目标行驶车道为 3/4 车道。

在车辆换道行为远场观测试验的基础上，对计算互通立交最小净距的最不利条件进行提炼可得相邻互通立交之间存在的最不利条件为：小汽车合流进入 4 车道后，相继换道进入 3 车道、2 车道，极少部分小汽车换道进入 1 车道（交通流中等状态下少数车辆可能换道进入 1 车道），此时，驾驶员发现出口交通标志并实施连续换道操作进入 4 车道，行驶至分流区及减速车道驶出主线。图 5.39 为互通立交最小净距计算模型图。

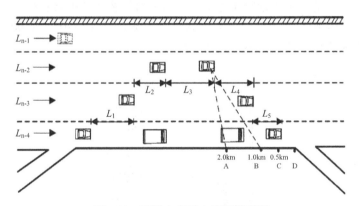

图 5.39 互通立交最小净距模型图

互通立交最小净距计算模型为

$$D_{\min} = \sum_{i=3}^{n} L_{i \to i-1} + L_{sc} + L_{PRT} + L_{sd}$$

其中，$L_{i \to j}$ 为车辆从车道 i 换道到车道 j 沿道路纵向行驶的距离（m）；L_{sc} 为驾驶员在 2 车道有效判读交通标志时车辆沿道路纵向行驶的距离（m）；L_{PRT} 为驾驶员反应时间 PRT（s）（取 3s）内反应-操作而行驶距离（m）；L_{sd} 为分流区识别视距需求值（m）。

信息的获取处理和行为决策需要一定的时间。对于交通行为，反应时间指道路用户得到路域内一个信息、进行处理并采取决策的时间段。感知时间，约为600ms；识别时间，一般取决于标志信息量大小；决定时间，一般为 2.0～2.5s；行动时间，取决于具体操作行为，如图 5.40 所示。

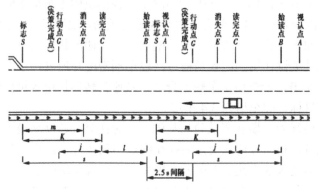

图 5.40　驾驶员反应时间示意图

在行驶过程中，驾驶员的视域范围和静态下的视域范围不同。至于视觉范围，更要考虑驾驶员是在车辆行驶状态下观察前方目标物体或搜索目标物体。静止状态下，人的周边视觉为上下 125°（上 55°、下 70°）、左右 180°（左 90°、右 90°），但实际上清晰的视觉范围很小，如图 5.41 所示。

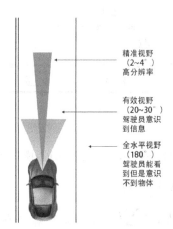

图 5.41　驾驶员视野示意图

5.6.4　计算模型参数标定

5.6.4.1　道路环境的信息判读与分析过程

在驾驶活动中，信息的获取有 90%以上通过视觉获得。车辆行驶过程中，道路环境和驾驶员都处于运动的状态，驾驶员视觉特性及变化规律与静止状态不同，随着车辆运行速度的变化，驾驶员的视力、视野、视角、注意力等的变化如图 5.42 所示[227,228]。

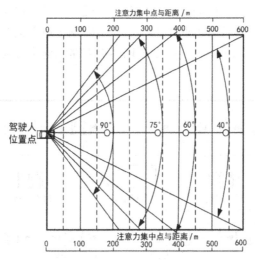

图 5.42　驾驶员注视中心和视野随速度变化情况

　　行驶过程中，驾驶员在既定操作环境的限制下，所能看到的范围往往局限在小于 180° 的视野空间内，随着视角大小的变化视力呈现出不同程度的下降，并且高速行驶的车辆对距离近的景物呈现出模糊的景象。

　　除此之外，在对道路信息有初步的认识后，驾驶员结合自己的行驶目的，对交通标志有一个理解和接受的过程，进而为操作执行提供支撑，通常这一过程称为驾驶员的反应时间，据有关研究这一时间通常在 2~3s[236]，上文对 PRT 取值有全面阐述，本书取 3s 作为 PRT 计算值。图 5.43 为交通标志视认时间定量关系。

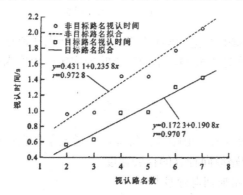

图 5.43　交通标志视认时间定量关系

5.6.4.2 驾驶员执行与操控过程

1. 车辆变换车道 LC 模型构建

两互通式立交之间，内侧车道的操作执行阶段主要在于驾驶员在做出判断后，在外侧车道中寻找可插入的间隙，选择有利的机会，以一定的角度 θ 变换到外侧车道的过程。这一过程可分为两个部分，一是内侧车道车辆在寻找外侧可接受间隙期间行驶的距离；二是车辆变换车道期间沿着路线前进方向行驶的距离，如图 5.44、图 5.45 所示。

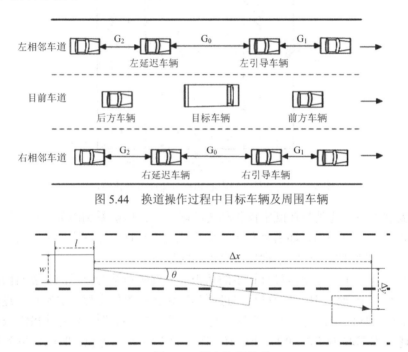

图 5.44　换道操作过程中目标车辆及周围车辆

图 5.45　转向换道模型

本书定义换道忍耐为 t_{LC}，包含从驾驶员开始产生换道意图至完成换道操作的末端为止。假设车道宽度为 D，车辆换道的平均转向角度为 θ，可得车辆换道过程中的计算模型：

$$t_{LC} = \frac{D}{v \tan \theta}$$

其中，θ 为与驾驶员行为、道路几何特征、交通流条件直接相关的车辆平均转向角度，v 为车辆沿道路纵向行驶的行驶速度。

2. 车辆换道忍耐时间与速度梯度

通常完成车辆换道操作时间为 2.5s[229]，如图 5.46 至图 5.49 所示。

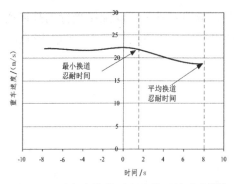

图 5.46　重车在换道过程中的平均速度[230]

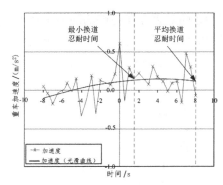

图 5.47　重车在换道过程中的平均加/减速度[230]

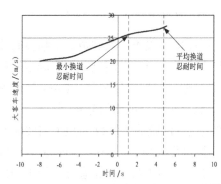

图 5.48　大客车在换道过程中的平均速度[230]

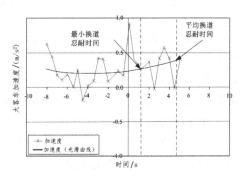

图 5.49　大客车在换道过程中的平均加速度[230]

3. 车辆换道的运动学方程

根据车辆换道运动计算模型，车辆进行车道变换的运动学方程如下式：

$$\begin{cases} L_x = vt_{LC_i} + 0.5at_{LC_i}^2 \\ L_y = (vt_{LC_i} + 0.5at_{LC_i}^2)\tan\theta \end{cases}$$

其中，v 为车辆运行速度（m/s）；a 为车道变换的加速度（m/s²）；L_x 为车辆变换车道的纵向距离（m）；L_y 为车辆变换车道期间行驶的横向距离（m）；t_{LC_i} 为车道变换的时间（s）。

当 $\Delta y = w$ 时，$\theta = -0.5016 + 0.0121\rho$（$R^2 = 9.441$）

当 $\Delta y = 1.5w$ 时，$\theta = -0.3222 + 0.0086\rho$（$R^2 = 9.139$）（图 5.50）

其中，ρ 为交通密度（vpm）；w 为车辆宽度[231]。

4. 车辆换道的可接受间隙与行驶距离

（1）临界间隙分析。车辆换道的可接受间隙亦可称为临界间隙，车辆汇入合流或是跨线形似时，驾驶员必须先看目标车道上的前、后车的位置和速度，判断它们之间是否存在足够的间隙来换道。因此，描述驾驶员的间隙接受行为是换道行为的研究重点之一，同时，也是研究换道过程中车辆纵向行驶距离的关键点。

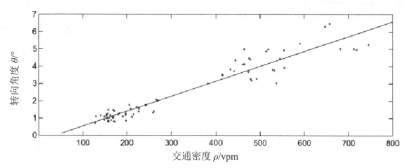

图 5.50　转向角度 θ（°）与交通密度 ρ（vpm）关系图（$\Delta y = 1.5w$）

最常见的间隙接受模型为间隙概率选择模型，即假设不同驾驶员对于临界间隙的心理选择符合某种分布。显然，概率选择模型有助于对驾驶员判断的不确定性和非一致性进行建模。Herman 和 Weiss 认为临界车隙呈现指数分布[232]，Drew 等认为临界车隙呈现对数正态分布[233]，Miller 则认为临界车隙呈现均匀分布[234,235]。

HCM（1985）将临界车隙设为所有观测到被接受间隙的中位数。而 HCM（2000）对此进行了修改，将临界车隙设为所有观测到被接受间隙的最小值。Daganzo 提出最小间隙分布由两部分相加而成：一部分是对于不同驾驶员符合正态分布的平均最小间隙；另一部分是对于同一驾驶员符合正态分布的个人最小间隙[236]。

（2）车头时距统计分布模型的选择。高速公路交通流实际运行状态复杂，难以用简单的分布模型加以描述与刻画。M3 模型是典型的二分车头时距模型，其基本理念是将车流分为聚集车流（车队）与自由车流，分别考虑两类车流车头时距特性建立模型[237]。

如何选择车头时距模型需要综合考虑各种因素，简单的模型，参数估计较容易，但精确度可能不高；复杂的模型，精确度可能较高，但往往需要复杂的参数估算。当交通较拥堵时，常出现部分车辆组成车队状态行驶的情况。

在实际应用中，分析高速公路的交通流时常采用对数正态分布模型，而分析车辆换道并道时常选用 M3 分布模型，该模型假设车辆处于两种行驶状态：一部分处于强制车队状态行驶，另一部分车辆按自由流状态行驶，与多车道高速公路交通流实际运行状态切合[124]。因此，分析时选用 M3 分布模型。

5. 车流平均到达率

现场观测多车道高速公路在通行能力条件下的运行是困难的，因为这样的运行状态极少发生。表 5.23 为 HCM2010 中采用自由流速度基本条件下的通行能力。

表 5.23　自由流速度与基本通行能力[54]

自由流速度/（mi/h）	自由流速度/（km/h）	基本通行能力/[pcu/(h·ln)]
75	121	2400
70	113	2400
65	105	2350
60	97	2300
55	89	2250

根据《公路路线设计规范》（JTG D20－2017）规定，高速公路与一级公路不同设计车速的设计通行能力宜采用二级服务水平来设计。为了充分发挥道路的需求，以设计服务水平下的最大服务交通量为依据确定车流的平均达到率，见表 5.24。

表 5.24　设计速度、服务水平与服务交通量[224]

服务水平	v/C 值	设计速度/（km/h）		
		120	100	80
		最大服务交通量/[pcu/(h·ln)]	最大服务交通量/[pcu/(h·ln)]	最大服务交通量/[pcu/(h·ln)]
一	$v/C \leqslant 0.35$	750	730	700
二	$0.35 < v/C \leqslant 0.55$	1200	1150	1100
三	$0.55 < v/C \leqslant 0.75$	1650	1600	1500
四	$0.75 < v/C \leqslant 0.90$	1980	1850	1800
五	$0.90 < v/C \leqslant 1.00$	2200	2100	2000
六	$v/C > 1.00$	0～2200	0～2100	0～2000

注：v/C 是在基准条件下，最大服务交通量与基准通行能力之比。基本通行能力是五级服务水平条件下对应的最大服务交通量。

6.　分车道限速值确定

根据相关学者对车道限速的研究[238-241]，经分析对不同设计速度下的分车道限速取值见表 5.25。

表 5.25　不同设计速度分车道限速区间表/（km/h）

设计速度	内侧车道		中间车道（单条或多条）		外侧车道	
	最高限速	最低限速	最高限速	最低限速	最高限速	最低限速
120	120	100	120	90	100	65
100	100	80	100	70	80	60
80	80	60	80	50	60	55

5.6.5 模型演算与计算数值输出

5.6.5.1 车辆换道行驶距离

车辆换道行驶距离涵盖两个分阶段过程，一为车辆寻觅可接受间隙过程沿道路纵向行驶的距离，二为车辆换道过程中行驶的纵向距离。寻觅可接受间隙过程行驶距离需由间隙接受理论进行分析，换道过程中行驶的纵向距离可由已标定变量与参数的车辆换道 LC 模型而定。上文已分析间隙接受理论的理念与参数，并对车辆换道 LC 模型构建与变量参数的标定进行阐述，现对车辆实施换道驾驶行为的两分阶段进行数值输出分析。

1. 可接受间隙寻觅过程中车辆纵向行驶距离

间隙接受理论体现驾驶员寻觅可接受间隙进行换道的操作行为，而车辆相邻目标车道的车辆车头时距服从特定的统计分布模型，上文已对分布模型的选择进行分析，应用于交通量较大且车队现象比较明显的交通流研究时选用 M3 分布模型进行推导较为合理[242]。

Conway[243]提出 M3 分布模型。其密度函数为

$$f(t) = \begin{cases} (1-\varphi)\lambda e^{-\lambda(t-\tau_c)}, & t > \tau_c \\ \varphi, & t = \tau_c \\ 0, & t < \tau_c \end{cases}$$

其中，$\lambda = 1/(\bar{t} - \tau_c)$；参数 φ 表示自由流状态行驶车辆所占的比例（取值 80%）；参数 τ_c 表示车队状态行驶时，车辆之间保持的最小车头时距，取 2s[208]。

M3 模型分布函数可表达为

$$F(t) = \begin{cases} 1 - \varphi\lambda e^{-\lambda(t-\tau_c)}, & t \geq \tau_c \\ 0, & t < \tau_c \end{cases}$$

其中，λ 为衰减常量，且 $\lambda = 0.8q/(1-2q)$，q 为相邻车道交通流量（平均到达率）（vel/s）。主线设计速度、服务交通量与交通流量的关系见表 5.26。

表 5.26 主线设计速度、服务交通量与交通流量的关系表

设计速度 / (km/h)	最大服务交通量/[vel/(h·ln)]			交通流量 q / (vel/s)	λ 值
	一级服务水平	二级服务水平	三级服务水平		
120	750	1200	1650	0.44	3.2
100	730	1150	1600	0.39	1.4
80	700	1100	1500	0.33	0.8

由间隙接受理论可知，当相邻目标车道的车头时距大于临界间隙（可接受间

隙）时，研究的目标车辆将开始意图操控车辆以转向角 θ 行驶一段距离后成功换道至相邻目标车道。假设车辆在寻觅可接受间隙过程中以速度 v（m/s）行驶，其行驶的时间为 T（s），行驶距离为 S_t（m），初始可接受临界间隙为 t_d。假设车辆可接受间隙随行驶距离 S_t 变化而线性变化，其变异系数为 α，则有

$$t_c(S_t) = t_d - \alpha S_t$$

同时，由于相邻车道车头时距服从 M3 分布，车辆在时刻 t 行驶距离 S_t（m）时相邻目标车道车头时距小于临界间隙的概率可表示为

$$P\left[t < t_c(S_t)\right] = F\left[t_c(S_t)\right] = 1 - \varphi e^{-\lambda(t_d - \alpha S_t - \tau_c)}$$

所以，车辆在行驶 S_t（m）时有大于临界间隙的概率为

$$P(t \geq t_d - \alpha S_t) = 1 - P(t < t_d - \alpha S_t) = \varphi e^{-\lambda(t_d - \alpha S_t - \tau_c)}$$

采用微分法，假设车辆在 $S = S_t + \Delta S_t$ 处换道概率为 $P(S_t + \Delta S_t)$，可得

$$P(S_t + \Delta S_t) = P(S_t) + \left[1 - P(S_t)\right] \cdot P(t \geq t_d - \alpha S_t) \cdot \Delta t$$

其中，Δt 为车辆从 S_t（m）行驶至 $S_t + \Delta S_t$（m）时所用时间，并认为车辆速度 v 恒定，其相互关系可表达为

$$\Delta t = \frac{\Delta S_t}{v}$$

那么，可表示为

$$\frac{P(S_t + \Delta S_t) - P(S_t)}{\Delta S_t} = \left[1 - P(S_t)\right] \cdot \frac{P(t \geq t_d - \alpha S_t)}{v}$$

对上式左端 ΔS_t 趋于零取极限，可得

$$P'(S_t) = \left[1 - P(S_t)\right] \cdot \frac{P(t \geq t_d - \alpha S_t)}{v}$$

解上式的一阶线形微分方程，得其通解为

$$P(S_t) = 1 + C \cdot e^{\left\{\frac{\varphi}{\alpha v \lambda}\left[e^{-\lambda(-\alpha S_t + t_d - t_c)} - e^{-\lambda(t_d - t_c)}\right]\right\}}$$

由车辆寻觅可接受间隙过程中的物理意义可知，当车辆行驶时间 $t \to 0^-$ 时，$S_t \to 0^-$，车辆在该位置换道的概率为 $P(0) = 0$，可得，$C = -1$。即，车辆寻觅可接受间隙换道阶段在 $0 \to S_t$ 距离内累计概率 $P(S_t)$ 为

$$P(S_t) = 1 - e^{\left\{\frac{\varphi}{\alpha v \lambda}\left[e^{-\lambda(-\alpha S_t + t_d - t_c)} - e^{-\lambda(t_d - t_c)}\right]\right\}}$$

进一步可得，车辆在 S_t 距离内未寻觅到可接受间隙进行换道操作的概率为

$$P_d(S_t) = 1 - P(S_t) = e^{\left\{\frac{\varphi}{\alpha v \lambda}\left[e^{-\lambda(-\alpha S_t + t_d - t_c)} - e^{-\lambda(t_d - t_c)}\right]\right\}}$$

基于上两式中车辆寻觅可接受间隙换道概率可知，假设车辆以可靠度为 90%

成功寻觅到可接受间隙换道时，输入计算参数并演算所需行驶距离 S_t（m），其计算参数与输出见表 5.27。

表 5.27　寻觅可接受间隙时车辆行驶距离与计算参数表（90%可靠度）

内侧车道设计速度/（km/h）（m/s）	内侧车道最小限速/（km/h）（m/s）	自由流状态车辆比例 φ	衰减常量 λ	最小车头时距 τ_c /s	初始可接受间隙 t_d /s	可接受间隙的变异系数 α	寻觅可接受间隙需求距离 S/m
120	100	0.7	3.2	1.5	5	0.01	156
(33.3)	(27.8)	0.8	3.2	2	5	0.01	151
		0.9	3.2	2.5	5	0.01	143
100	80	0.7	1.4	1.5	5	0.01	166
(27.8)	(22.2)	0.8	1.4	2	5	0.01	158
		0.9	1.4	2.5	5	0.01	153
90	70	0.7	0.8	1.5	5	0.01	171
(25.0)	(19.4)	0.8	0.8	2	5	0.01	163
		0.9	0.8	2.5	5	0.01	159
80	60	0.7	0.8	1.5	5	0.01	178
(22.2)	(16.7)	0.8	0.8	2	5	0.01	172
		0.9	0.8	2.5	5	0.01	163

2. 车辆换道过程中沿道路纵向行驶距离

由车辆换道 LC 模型与运动学理论可知，车辆换道过程沿道路纵向行驶距离为 L_x，其方程为 $L_x = vt_{LC} + 0.5at_{LC}^2$，车辆转向角度由上文提到的计算模型确定：$\theta = -0.3222 + 0.0086\rho$（$R^2 = 9.139$），其中 ρ 为交通密度（vpm）。

美国各州公路工作者协会《几何设计规范》（AASHTO1990）认为：当超车时，初始车速为 56km/h 时的加速度为 0.63m/s²，初始车速为 70km/h 时的加速度为 0.64m/s²，初始车速为 100km/h 时的加速度为 0.66m/s²，但是，该设计值趋于保守，高速公路上车辆超车的加速度值随速度而变化，当车辆在高速运行中刚开始加速时，其加速能力会更小，微型车辆小到 1.0m/s²。载客车的最大加速度为 2.0～3.0m/s²，稳态速度时加速度取低值，其超车加速度应采用最大加速度的 65%[110]。基于以上分析，本书计算时采用加速度值取 1.3m/s²。

5.6.5.2　判读行驶距离

当行驶速度为 64km/h 时，只能看清 24m 以外的物体；当行驶速度为 96km/h 时，只能看清 30m 以外的物体[228,229]。通常驾驶员在视野内察觉一个目标约平均需 0.4s；如果要达到清晰辨认，则平均需约 1s[228]。考虑到多车道高速公路高速公路运行速度较高、交通组成复杂等特性，从工程可靠度考虑，本书以 90%保证率来确保车辆能及时发现、读取道路信息进行分析见表 5.28、表 5.29。

表 5.28　车辆换道过程参数与纵向行驶距离 L_x

内侧车道设计速度/（km/h）（m/s）	内侧车道最小限速/（km/h）（m/s）	横移距离 D/m	交通密度 ρ/（vpm）	转向角度 θ/°	$\tan\theta$ 值	换道时间 t_{LC}/s	加速度 a/（m/s²）	纵向行驶距离 L_x/m
120（33.3）	100（27.8）	3.75	200	1.40	0.0244	5.53	1.3	409.1
			450	3.55	0.0620	2.18		100.3
			700	5.70	0.0997	1.35		52.7
100（27.8）	80（22.2）	3.75	200	1.40	0.0244	6.92	1.3	553.5
			450	3.55	0.0620	2.72		122.2
			700	5.70	0.0997	1.69		61.4
90（25.0）	70（19.4）	3.75	200	1.40	0.0244	7.92	1.3	677.4
			450	3.55	0.0620	3.12		141.8
			700	5.70	0.0997	1.94		69.1
80（22.2）	60（16.7）	3.75	200	1.40	0.0244	9.20	1.3	860.4
			450	3.55	0.0620	3.62		169.9
			700	5.70	0.0997	2.25		79.8

表 5.29　判读行驶距离 L_{sc}（保证率 90%）

内侧车道车辆速度/（km/h）	判读时间/s	L_{sc}/m
120	1.55	51.67
100	1.55	43.06
90	1.55	38.75
80	1.55	34.44

5.6.5.3　反应时间 PRT 内行驶距离

驾驶员对于外界刺激有三个不同进程（探寻刺激、鉴别信息、决定如何反应），所以表现出延迟反应特性。驾驶员反应时间（PRT）即上述三个进程总时间，它是微观交通流模型中最关键的参数，如车辆的跟驰模型、换道模型、间隙接受模型等，同时，在分析刹车距离与最小停车视距过程中起到决定作用。表 5.30 为反应时间 PRT 的选择/τ，表 5.31 为不同行驶速度条件下反应时间 PRT 内车辆行驶距离，表 5.32 为同行驶速度条件下反应时间 PRT 内车辆行驶距离。

表 5.30 反应时间 PRT 的选择/τ [179]

研究来源	PRT/τ	条件
Gipps（1981,1986）	τ =2/3s	混合交通条件下
Hidas（2002）	τ =0.9s	混合交通条件下
Ahmed（1999）	τ ～正态分布(0.272,0.212)	突发事件条件时
Laval（2005）	τ =3s	混合交通条件下

表 5.31 不同行驶速度条件下反应时间 PRT 内车辆行驶距离

行驶速度/（km/h）	L_{PRT}/m	条件
120	100	混合交通
100	83.3	混合交通
90	75	混合交通
80	66.7	混合交通

表 5.32 不同行驶速度条件下车辆识别视距值 DSD（L_{sd}）

行驶速度/（km/h）	t/s	L_{sd}/m
120	14.5	483.3
100	14.5	402.8
90	14.5	362.5
80	14.5	322.2

5.6.5.4 识别视距需求值

普通路段停车视距所用感应时间假设为 2.5s，但是，在复杂状况下察觉、识别、判断所需时间约为 10～15s，需提供更大的安全视距以保证安全停车和避让，而 AASHTO2011/2004 中依据车辆应避免的条件与道路类型推荐的总时间为 3.0～14.5s，道路等级越高、车辆运行越复杂，其需求总时间越多。

AASHTO 中对识别视距进行专门阐述，提出复杂情形条件下识别视距的计算模型为[44]

$$DSD=0.278Vt$$

其中，DSD 为识别视距值（m）；t 为预操作与操作两阶段过程总的需求时间（3.0～14.5s）；V 为设计速度（km/h）。

针对以上计算模型，AASHTO 强调在交通流单一、几何形式简单的道路交通环境下，t 取值为偏低值，而随交通流复杂性提高，道路交通环境、等级提高及驾驶员处理操作情形复杂化程度的增加，t 值偏向于取高值。鉴于多车道高速公路互通立交路段交通流状态与交通标志信息处理、道路环境的复杂程度高，t 值取高值14.5s 进行计算，以高保证率使得车辆在出口区域从容识别前方突发事件。

5.6.5.5 最小净距计算模型的数值输出

根据上述理论分析和相关参数的标定，经计算在设计速度为 120km/h、100km/h、90km/h、80km/h 时，双向六车道、双向八车道互通式立交间基于驾驶员对道路信息的获取和车道变换选择的最小净距取值计算结果见表 5.33 与表 5.34 所示。

表 5.33 不同设计速度时互通式立交净距的计算结果统计表（六车道）

主线设计速度/（km/h）	交通密度等级	车辆换道行驶距离/m				判读行驶距离/m	反应时间 PRT 内行驶距离/m	识别视距需求值/m	互通立交净距/m
		寻觅可接受间隙行驶距离/m		换道过程中纵向行驶距离/m					
120	低	(3—2)/(2—1)	156	(3—2)/(2—1)	409.1	51.67	100	483.3	1765.2 (1765)
	中		151		100.3				1137.6 (1140)
	高		143		52.7				1026.4 (1030)
100	低	(3—2)/(2—1)	166	(3—2)/(2—1)	553.5	43.06	83.3	402.8	1968.2 (1970)
	中		158		122.2				1089.6 (1010)
	高		153		61.4				958.0 (960)
90	低	(3—2)/(2—1)	171	(3—2)/(2—1)	677.4	38.75	75	362.5	2173.1 (2175)
	中		163		141.8				1085.9 (1090)
	高		159		69.1				932.5 (935)
80	低	(3—2)/(2—1)	178	(3—2)/(2—1)	860.4	34.44	66.7	322.2	2500.1 (2500)
	中		172		169.9				1107.1 (1110)
	高		163		79.8				908.9 (910)

表 5.34 不同设计速度时互通式立交净距的计算结果统计表（八车道）

主线设计速度/（km/h）	交通密度等级	车辆换道行驶距离/m				判读行驶距离/m	反应时间 PRT 内行驶距离/m	识别视距需求值/m	互通立交净距/m
		寻觅可接受间隙行驶距离/m		换道过程中纵向行驶距离/m					
120	低	4-3,3-2,2-1	156	4-3,3-2,2-1	409.1	51.67	100	483.3	2330.3 (2330)
	中		151		100.3				1388.9 (1390)
	高		143		52.7				1222.1 (1225)

主线设计速度/（km/h）	交通密度等级	车辆换道行驶距离/m				判读行驶距离/m	反应时间PRT内行驶距离/m	识别视距需求值/m	互通立交净距/m
		寻觅可接受间隙行驶距离/m		换道过程中纵向行驶距离/m					
100	低	4-3,3-2,2-1	166	4-3,3-2,2-1	553.5	43.06	83.3	402.8	2687.7 (2670)
	中		158		122.2				1369.8 (1370)
	高		153		61.4				1172.4 (1175)
90	低	4-3,3-2,2-1	171	4-3,3-2,2-1	677.4	38.75	75	362.5	3021.5 (3025)
	中		163		141.8				1390.7 (1395)
	高		159		69.1				1160.6 (1165)
80	低	4-3,3-2,2-1	178	4-3,3-2,2-1	860.4	34.44	66.7	322.2	3538.5 (3540)
	中		172		169.9				1449.0 (1450)
	高		163		79.8				1151.7 (1155)

5.7　小结

本章分析多车道高速公路互通立交与匝道端部间距的内涵与外延，从互通立交与匝道端部间距与通行能力、道路安全的作用机制与内在联系进行剖析，提出多车道高速公路分合流区匝道安全设计的核心理念，并采用理论分析的方法测算多车道条件下互通立交与匝道端部间距的理论取值，并在室内进行 VISSIM 仿真试验研究不同交通状态与道路几何设置条件下的交通安全控制指标特性。主要论述集中体现在以下方面：

（1）完整提出多车道高速公路互通立交间距安全设计新构架及基于理论-经验的匝道端部间距安全设计全新框架。

（2）对互通立交与匝道间距的理论测算与推荐取值。

（3）通过交通事故模型与视觉决定理论反演匝道端部间距并提出建议值。

（4）通过 VISSIM 仿真试验研究匝道端部间距与交通参数的匹配性，提出匝道组合的合理间距值。

第6章　多车道高速公路分流区指路标志安全设计

交通标志是道路交通标识的主要组成部分，引导道路使用者有秩序地使用道路，以促进道路交通安全，提高道路运行效率的基础设施，用于告知道路使用者通行权力，明示道路交通禁止、限制、通行状况，告知道路状况和交通状况等。

由此可见，有效与安全的标志设计对于规避多车道高速公路出口匝道区域的运营风险有积极作用。

本章主要进行多车道高速公路分流区域的指路标志设计，从三大方面进行探索展开：标志偏转角度、标志纵向布置、标志信息选择。其中，标志的纵向布置又分为三个方面进行：最后一块指路标志距出口距离、标志群间距、重复次数的设计。

6.1　多车道条件下指路标志偏转角度的确定

6.1.1　交通标志的逆反射性能及其影响因素

标志的逆反射性能与光照不良、黄昏、夜间、灾害性天气时期标志的视认性有直接联系，标志的逆反射性能与否对于安全行车起到了至关重要的作用。逆反射的性能主要从两方面来衡量：入射角、观察角。入射角定义为照明轴和逆反射体轴之间的夹角。观察角定义为照明轴和观测轴之间的夹角。入射角越小，逆反射效率越好[75]，则标志越易视认。观察角越小，则标志视认距离越大。逆反射原理（以路侧式为例）如图6.1所示。

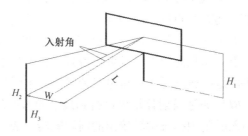

图 6.1　逆反射原理图

图中，H_1 为标志的视认中心离地高度，H_2 为驾驶员视点高度，H_3 为照明点（即车灯）离地高度，L 为视点所在垂线距标志中心所在垂线的纵向距离，W 为视点所在垂线距标志中心所在垂线的横向距离。

在此，本书从标志的逆反射性能角度出发，对多车道高速公路的两种常见的标志类别——门架式与路侧式——进行偏转角度的计算。

6.1.2 门架式指路标志偏转俯角的确定

6.1.2.1 偏转俯角的引入

在标志为门架式的情况下，标志逆反射原理图如图 6.2 所示。

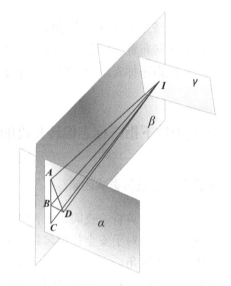

图 6.2 门架式标志逆反射原理图（立体）

图 6.2 中设 D 为车灯位置，I 为标志板的平面信息中心，α 为过 D 点的与路面垂直的平面，β 为过 I 点的与路面垂直的平面，B 点在 α 面上，且 BD 平行于路面。图中 A 点位于 B 点正上方，C 点位于 B 点正下方。由逆反射的原理可知，照明轴为 DI，逆反射体轴在 β 平面上，均过 I 点，例如 IA、IC。在上图中，$\angle AID$、$\angle BID$、$\angle CID$ 均为入射角。由立体几何知识可以直接得到，在逆反射体轴簇中，得到最小的入射角的充要条件是：逆反射体轴与照明轴所在的平面与平面 α 的交线平行于路面。故可得到，BI 这条逆反射体轴可以得到最小的入射角。

至此，求得最小入射角的标志偏转俯角的问题就转变成了如何偏转标志以使得逆反射体轴为 BI。

6.1.2.2 计算与结果

现将该问题转化为平面几何问题。如图 6.3 所示，AD 为驾驶员刚开始视认标志时的照明轴，CD 为结束视认时的照明轴，要求得最小入射角，则要求的标志板中线（ED）的法线簇落在 AD 与 CD 之间。

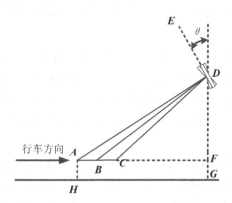

图 6.3 门架式标志逆反射原理图（平面）

根据既有研究成果，人类肉眼对标志的视认距离一般是从 300m 内开始进行的，有效距离识读一般在 50m 到 150m 之内完成[75]。沿用该成果的前提条件，假定驾驶员行驶于直线段上，其有效识读距离为 150m，故 AF=250m，CF=150m。一般高速该公路门架式标志的净空要求 5m 以上[35]，此处取净空 5m。标志中心距地面的距离 DG 与标志的大小有关，此处取标志高度范围为 3~6m（不同设计方式及不同信息量对标志的大小有影响），则 DG≈6.5~8m。

直观地看，$\theta_1 \leqslant \theta \leqslant \theta_2$，其中，由平面几何关系可以得出：$\theta_1$=arctan($DG_{\min}/AF$)；$\theta_2$=arctan($DG_{\max}/CF$)。

经过计算可以得出：θ_1=1.49°，θ_2=3.05°。故推荐门架式标志的偏转角度为 2°~3°。

6.1.3 多车道条件下直线路段路侧式指路标志横向偏转角的确定

6.1.3.1 横向偏转角的引入

在标志为路侧式的情况下，车道数的增多，对于光线的入射角有影响。直观上说，由于道路上的标志位置是固定的，也就是说逆反射体轴是固定的，当车辆处于多车道高速公路的不同车道时，其照明轴是不同的，因此由照明轴和逆反射体轴两轴构成的夹角也是不同的。车辆在道路的同一个断面处，在最外侧车道行驶车辆的入射角最小，而在最内侧车道行驶车辆的入射角最大。故可知标志与车辆的横向距离越大，则入射角越大，而逆反射效率越差。在视认条件差时，标志越不能起到提示信息的作用。故需要在标志的布置上采取一定的措施，来弥补逆反射性能的损失。

6.1.3.2 车辆横向位置对标志逆反射效用的影响

逆反射的入射角与驾驶员坐高、车灯高度、视认距离、车辆所在车道等因素有关。

本书取驾驶员读取标志信息最关键的阶段作为研究对象。据上节所述，暂取直线段、距标志150m处作为研究对象，即$L=150m$。先假设标志反射轴线与行车方向平行，即标志无横向偏转。取横断面为双向八车道（注：本书道路横断面假设硬路肩为 3.00m；土路肩为 0.75m；车道宽度为 3.75m）。标志净空根据国家标准取 2.5m。

在以上条件下，根据标志设置手册的常见标志实例，先取三种标志版面大小：4m×4m，5m×5m，6m×6m，经过试算，发现三种版面的标志下的入射角大小差异小于 0.2°，这一角度差实际意义不大，故在此处为简化计算，暂取标志版面大小为 5m×5m。

忽略左右车灯差异，忽略驾驶员座位至车灯的距离。车道编号从中央分隔带向外逐渐增大，即从 1 至 4，见表 6.1。

表 6.1　入射角计算表

车辆位置	标志中心距行车道外侧不同距离下的入射角/°				
	5.50m	5.00m	4.50m	4.00m	3.50m
1 号车道	7.27	7.09	6.91	6.72	6.54
2 号车道	5.90	5.72	5.54	5.36	5.18
3 号车道	4.56	4.38	4.21	4.04	3.86
4 号车道	3.28	3.11	2.96	2.80	2.65

将数据绘制为图 6.4 如下：

由表中可以看出，随着不同的横向位置，入射角变化情况为：标志离道路越远，入射角越大，视认性越差；相反，若标志靠近行车道，则入射角越小，视认性越好。

6.1.3.3 标志横向偏转角对其逆反射效用影响

在《道路交通标志和标线》（GB 5768－2009）中，提到了标志要与行车方向成一定角度，如前文所述。

考虑到标志偏转可以得到更小的入射角，现尝试用标志偏转的方式抵消标志横向偏移所引起的入射角减小。

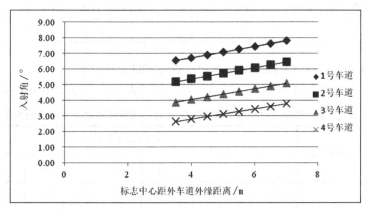

图 6.4　各车道逆反射入射角大小与标志横向位置关系

在入射角计算中加入偏转角 θ 的概念，根据立体几何的关系，得到入射角公式为

$$\alpha = \frac{L^2 + \cos^2\theta[w^2 + L^2 + (H_1 - H_3)^2] - \cos^2\theta[(w^2 - L \cdot tg\theta)^2 + (H_1 - H_3)^2]}{2L\cos\theta \cdot [w^2 + L^2 + (H_1 - H_3)^2]}$$

选 1 号、4 号车道计算得不同偏转角下的入射角大小见表 6.2 与表 6.3。

表 6.2　入射角计算（1 号车道）

标志偏转角度/°	0	1	2	3	4	5	6	7	8
入射角/°	7.27	6.30	5.34	4.41	3.50	2.66	2.05	1.91	1.87

表 6.3　入射角计算（4 号车道）

标志偏转角度/°	0	1	2	3	4	5	6	7	8
入射角/°	5.45	4.51	3.60	3.28	2.76	2.47	1.99	1.89	1.57

由表 6.2 和表 6.3 可见，标志偏转角的改变对入射角的大小有很大影响，两者呈反比关系。

在此基础上，初步试算，以 1 号车道为例，见表 6.4，当标志距车道外缘距离从 3.5m 增加到 7.0m 时，入射角从 6.54° 增加到 7.82°。初步可以看出，标志的横向位置对标志的逆反射性能有所影响，随着横向位置的移动，标志距离车道的距离增加，则会导致标志的逆反射入射角变大，从而导致标志的逆反射性能下降。这一结论为下一节的进一步计算打下基础。

表 6.4　1 号车道标志逆反射入射角初步试算表

标志距车道外缘距离/m	3.50	4.00	4.50	5.00	5.50	6.00	6.50	7.00
入射角/°	6.54	6.72	6.91	7.09	6.30	7.45	7.64	7.82

6.1.3.4　不同横向偏转角对标志逆反射性能的影响计算

标志距车道外缘不同距离下的入射角计算见表 6.5（双向八车道情况下）。

表 6.5　双向八车道时标志不同横向位置及不同偏转角度下入射角的大小

标志距车道外缘距离/m	车道位置	标志偏转角度/°								
		0	1	2	3	4	5	6	7	8
7.00	1	7.82	6.85	5.88	4.93	4.00	3.12	2.34	1.78	1.70
	2	6.45	5.49	4.55	3.64	2.79	2.07	1.69	1.84	2.43
	3	5.09	4.16	3.27	2.47	1.86	1.68	2.05	2.76	3.60
	4	3.78	2.92	2.18	1.72	1.79	2.33	3.11	3.98	4.91
	∑min							9.18		
		0	1	2	3	4	5	6	7	8
6.50	1	7.64	6.66	5.70	4.75	3.83	2.97	2.21	1.73	1.75
	2	6.27	5.31	4.37	3.47	2.64	1.97	1.67	1.93	2.57
	3	4.91	3.99	3.11	2.33	1.79	1.72	2.17	2.91	3.77
	4	3.61	2.76	2.06	1.69	1.86	2.46	3.27		
	∑min							9.18		
		0	1	2	3	4	5	6	7	8
6.00	1	7.45	6.48	5.52	4.58	3.67	2.81	2.09	1.69	1.82
	2	6.09	5.13	4.20	3.31	2.49	1.88	1.68	2.03	2.72
	3	4.74	3.82	2.95	2.20	1.73	1.77	2.29	3.07	3.94
	4	3.44	2.61	1.96	1.68	1.95	2.61	3.43	4.33	5.27
	∑min						9.06			
		0	1	2	3	4	5	6	7	8
5.50	1	7.27	6.30	5.34	4.41	3.50	2.66	1.99	1.67	1.91
	2	5.90	4.95	4.03	3.14	2.36	1.80	1.71	2.14	2.87
	3	4.56	3.65	2.80	2.09	1.69	1.84	2.43	3.23	4.11
	4	3.28	2.47	1.87	1.69	2.05	2.76	3.60	4.51	5.45
	∑min						9.06			
		0	1	2	3	4	5	6	7	8

续表

标志距车道外缘距离/m	车道位置	标志偏转角度/°								
		0	1	2	3	4	5	6	7	8
5.00	1	7.09	6.12	5.17	4.23	3.34	2.52	1.89	1.67	2.00
	2	5.72	4.78	3.86	2.99	2.23	1.74	1.75	2.26	3.03
	3	4.38	3.48	2.65	1.98	1.68	1.93	2.57	3.39	4.29
	4	3.11	2.34	1.79	1.72	2.17	2.91	3.77	4.69	5.63
	∑min						9.09			
		0	1	2	3	4	5	6	7	8
4.50	1	6.91	5.94	4.99	4.06	3.18	2.38	1.81	1.70	2.11
	2	5.54	4.60	3.69	2.83	2.11	1.70	1.82	2.40	3.19
	3	4.21	3.32	2.50	1.88	1.68	2.03	2.72	3.56	4.46
	4	2.96	2.21	1.73	1.77	2.30	3.07	3.94	4.86	5.81
	∑min						9.17			
		0	1	2	3	4	5	6	7	8
4.00	1	6.72	5.76	4.81	3.89	3.02	2.25	1.75	1.74	2.24
	2	5.36	4.42	3.52	2.68	2.00	1.68	1.90	2.54	3.35
	3	4.04	3.15	2.37	1.81	1.71	2.14	2.87	3.73	4.64
	4	2.80	2.09	1.70	1.84	2.43	3.23	4.11	5.04	6.00
	∑min					9.16				
		0	1	2	3	4	5	6	7	8
3.50	1	6.54	5.58	4.64	3.72	2.86	2.13	1.70	1.80	2.37
	2	5.18	4.25	3.35	2.54	1.90	1.68	2.00	2.68	3.52
	3	3.86	2.99	2.24	1.74	1.76	2.26	3.03	3.90	4.82
	4	2.65	1.98	1.68	1.93	2.57	3.39	4.29	5.22	6.18
	∑min					9.09				

从表 6.5 中可以看出，标志距车道外缘距离增大时，可以通过增大标志偏转角而减小反射角，达到同样好的逆反射效率。同时由表 6.5 中可以看出，对于靠近中央分隔带一侧的车道，入射角随着标志的偏转角的增大而出现极值，过了该值后逐渐增加。

更重要的是，对于特定的标志横向位置，都可以找到一个偏转角，使得每个车道的入射角都减小，见表 6.5 中的阴影部分。

6.1.3.5 直线路段标志的偏转角度设置建议

从上小节可知，我们可以找到一个偏转角使得每个车道的入射角都减小，且阴影列所对应的偏转角度使得各车道的入射角之和最小，故阴影列所对应的偏转角度应该为最佳偏转角度，即我们需要的结果。故对于八车道的高速公路来说，根据标志距路边缘的不同，可以取不一样的标志旋转角对逆反射效率进行优化，甚至可以达到比原来更好的逆反射效率。推荐偏转角度取值见表 6.6，需要说明的是，此处得出的偏转角度是在各种大小偏转角度中可以使得标志逆反射效率最高的偏转角度，其与标志的视认性暂时无法做直接量化的关联，但是可以确定的是，在这种偏转角度之下，标志的逆反射效率最高，视认性最好。

表 6.6　双向八车道标志偏转角度设置建议

标志中心距车道外缘距离/m	偏转角度/°
<3.5	4
3.5~4.0	4
4.0~6.0	5
6.0~7.0	6
>7.0	6

同理，双向六车道情况下计算结果见表 6.7。表 6.8 为建议标志偏转角度取值。

表 6.7　双向六车道时标志不同横向位置及不同偏转角度下入射角的大小

标志距车道外缘距离/m	车道位置	标志偏转角度/°								
		0	1	2	3	4	5	6	7	8
7	1	6.45	5.49	4.55	3.64	2.79	2.07	1.69	1.84	2.43
	2	5.09	4.16	3.27	2.47	1.86	1.68	2.05	2.76	3.6
	3	3.78	2.92	2.18	1.72	1.79	2.33	3.11	3.98	4.91
	∑min						6.08			
6.5	1	6.27	5.31	4.37	3.47	2.64	1.97	1.67	1.93	2.57
	2	4.91	3.99	3.11	2.33	1.79	1.72	2.17	2.91	3.77
	3	3.61	2.76	2.06	1.69	1.86	2.46	3.27	4.23	5.14
	∑min					6.15				
6	1	6.09	5.13	4.2	3.31	2.49	1.88	1.68	2.03	2.72
	2	4.74	3.82	2.95	2.2	1.73	1.77	2.29	3.07	3.94

续表

标志距车道外缘距离/m	车道位置	标志偏转角度/°								
		0	1	2	3	4	5	6	7	8
6	3	3.44	2.61	1.96	1.68	1.95	2.61	3.43	4.33	5.27
	∑min					6.17				
5.5	1	5.9	4.95	4.03	3.14	2.36	1.8	1.71	2.14	2.87
	2	4.56	3.65	2.8	2.09	1.69	1.84	2.43	3.23	4.11
	3	3.28	2.47	1.87	1.69	2.05	2.76	3.6	4.51	5.45
	∑min					6.1				
5	1	5.72	4.78	3.86	2.99	2.23	1.74	1.75	2.26	3.03
	2	4.38	3.48	2.65	1.98	1.68	1.93	2.57	3.39	4.29
	3	3.11	2.34	1.79	1.72	2.17	2.91	3.77	4.69	5.63
	∑min					6.08				
4.5	1	5.54	4.6	3.69	2.83	2.11	1.7	1.82	2.4	3.19
	2	4.21	3.32	2.5	1.88	1.68	2.03	2.72	3.56	4.46
	3	2.96	2.21	1.73	1.77	2.3	3.07	3.94	4.86	5.81
	∑min					6.09				
4	1	5.36	4.42	3.52	2.68	2	1.68	1.9	2.54	3.35
	2	4.04	3.15	2.37	1.81	1.71	2.14	2.87	3.73	4.64
	3	2.8	2.09	1.7	1.84	2.43	3.23	4.11	5.04	6
	∑min					6.14				
3.5	1	5.18	4.25	3.35	2.54	1.9	1.68	2	2.68	3.52
	2	3.86	2.99	2.24	1.74	1.76	2.26	3.03	3.9	4.82
	3	2.65	1.98	1.68	1.93	2.57	3.39	4.29	5.22	6.18
	∑min				6.21					

表 6.8　建议标志偏转角度取值（双向六车道）

标志距车道外缘距离/m	偏转角度/°
<3.5	3
3.5～4.0	3
4.0～6.5	4
6.5～7.0	5
>7.0	5

由于计算方法类似，不列出双向十车道的计算过程，结果见表 6.9。

表 6.9　双向十车道建议标志偏转角度

标志距车道外缘距离/m	偏转角度/°
<3.5	5
3.5～4.0	5
4.5～6.0	6
6.5～7.0	7
>7.0	7

6.1.4　多车道条件下曲线路段路侧式指路标志横向偏转角的确定

曲线路段共分两大类：左转曲线（L）、右转曲线（R）。

简要分析可知，L 弯情况下标志在右侧视认性较好；R 弯情况下标志在左侧视认性较好。具体分析如下：从标志视认性角度来说，如图 6.5 所示，夜间行驶在弯道的车辆，前照灯的照射方向是变化的，与直线路段相比，就造成了汽车灯照射标志和驾驶员观测标志的时间变短的现象，而且曲线半径越小，其照射和观测的时间越短。而且，对于 L 弯来说，右侧标志位于车辆车灯射程中心，故 L 弯情况下右侧标志较左侧标志有优势；对于 R 弯来说，当标志

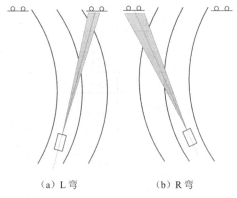

（a）L 弯　　　　（b）R 弯

图 6.5　弯道驾驶时车灯入射角度示意图

设置在右侧时，车辆车灯射程中心并不在标志上，而是在道路左侧（如果左侧有标志设立的话，射程中心位于左侧标志上），逆反射效率下降，标志视认性更是不及普通直线路段，故 R 弯情况下左侧标志较右侧标志有优势。

为了符合现有的标志设置传统及驾驶员视认习惯，对于 R 弯来说，如果在弯道处必须设置标志，则选择双侧设置。如果标志信息强制性不强（例如指路标志等），则可以根据实际情况，将标志移位到曲率较小的缓和曲线上（国标中规定指路标志前后可以适当移位不超过 50m），移位后不用再进行双侧设置。

6.1.4.1　L 弯情况下标志偏转角度

首先，如上文所述，左转情况下，标志设置在右侧比设置在左侧更易视认。从逆反射效率角度来看，驾驶员在视认时，视线与标志版面垂直情况下标

志的逆反射效率最高。详细地，如图 6.6 所示，车辆行驶轨迹中线为 $\overparen{ABC}$，为方便表示，将弧平行移动到外侧变为 $\overparen{A'B'C'}$，则车辆行驶到 A 点时，曲线切线方向为 $A'D$，亦为车灯方向及驾驶员视认方向。类似地，行驶到 B 点对应切线方向为 $B'E$，行驶到 C 点对应切线方向为 $C'F$。当车辆行驶于曲线路段上时，其所在点切线方向不停变化，即驾驶员视认方向及车灯方向也不停变化。最佳的视认情况应当是驾驶员对标志信息视认期间车辆轨迹所在点切线方向基本垂直于标志所在平面 α。

对于多车道情况来说，则需要各条切线与过标志中心的法线夹角之和为最小时标志逆反射效率最高，标志视认性最佳。以双向六车道（单向三车道）为例，在图 6.7 中，最佳逆反射效率出现在 α, β, γ 三个角度之和最小时。

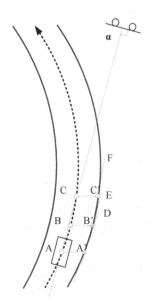
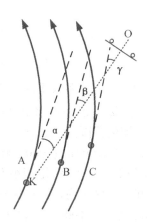

图 6.6 L 弯车灯入射角度变化图　　图 6.7 L 弯保证标志最佳视认性的偏转角计算思路

现取 L 弯上的各个要素抽象出几何示意图，如图 6.8 所示。

图 6.8 中，A 点即为驾驶员视认的特征点，B 点对应标志设置位置，由上文可知，驾驶员开始视认时距标志 250m，结束视认时距标志 150m。故此处取距标志 200m 处为标志视认的特征点。则可知 $L=200$m。随着车辆在不同车道位置的变化以及曲线半径的变化，r 也随之变化，但是 $L=r\theta$ 的关系是固定的。B 点切线方向为 BC，如果标志不进行任何偏转，则 $BC \parallel ED$。故通过几何关系可以看出，$\theta = \varphi$。即车灯或驾驶员视线方向与标志所在平面法线之间的夹角为 $\varphi = \theta = L/r$。如果标志向内侧偏转了一个角度 θ_0，则此时车灯或驾驶员视线方向与标志所在平面法线

之间的夹角为 $\varphi = \theta - \theta_0 = L/r - \theta_0$。从中央分隔带算起，车道序数分别为第一车道、第二车道、第三车道。其对应的夹角 φ 分别为 φ_1、φ_2、φ_3。则最佳的逆反射效率发生在 $|\varphi_1| + |\varphi_2| + |\varphi_3|$ 最小时。

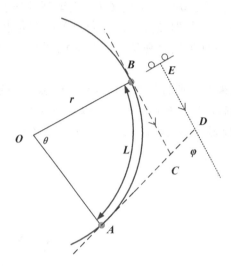

图 6.8 L 弯标志最佳偏转角计算示意图

现针对不同车道数及不同半径下的 φ 角进行计算：

首先，需要确定半径变化范围。根据《公路路线设计规范》(JTG D20－2012)，半径范围 r 取值范围为[250,+∞)。根据初步计算，发现半径取值范围可以大致分为三个区间：[250,1000]，(1000,2000]，(2000,+∞)。在[250,1000]这一区间内，最佳偏转角度随着半径的变化而变化的程度较大，故半径取值间隔为 50m；在(1000,2000]这一区间内，最佳偏转角度随着半径的变化而变化的程度变小，故半径取值间隔增大为 100m；在(2000,+∞)这一区间范围内，由于最佳偏转角度随着半径的变化而变化的程度变得更小，故此区间内半径对应的偏转角度采用统一数值。

其次确定横断面规格。中间带宽度统一取 3+0.75×2=4.5（m）。则 1 号车道上车辆轨迹的半径为 $r+3.75+3.75/2=r+5.625$（m），其他车道上车辆轨迹半径依次可以计算。

然后，取不同半径，计算不同半径水平下，使得各车道的车灯或驾驶员视线方向与标志所在平面法线之间的夹角总和为最小的角度值。

以双向六车道（单向三车道）为例，通过初步试算可以得出，当标志偏转角度 $\theta_0 = 44.2°$ 时，sum=$|\varphi_1| + |\varphi_2| + |\varphi_3|$ 最小，计算结果见表 6.10。

表 6.10 双向六车道 L 弯标志最佳偏转角度试算

道路中线处 r/m	1 车道 r	2 车道 r	3 车道 r
250	255.625	259.375	263.125
	$|\varphi_1|$	$|\varphi_2|$	$|\varphi_3|$
	0.627994	0.02012	0.64976
SUM	1.29		

也就是说，当标志向内侧偏转 44.2°时，此时标志的逆反射效率最高，视认性最好。按照此计算方法计算双向六车道、八车道以及十车道时不同 r 下的最佳偏转角度，见表 6.11。

表 6.11 多车道 L 弯路侧标志横向偏转角度取值表

偏转角度示意图 θ_0 /°

r/m	双向六车道	双向八车道	双向十车道	r/m	双向六车道	双向八车道	双向十车道
250	44.2	43.9	43.6	800	14.1		
300	37.1	36.8	36.6	850	13.3		
350	31.9	31.7	31.6	900	12.6		
400	28	27.9	27.7	950	12		
450	25	24.8	24.7	1000	11.3		
500	22.5	22.4	22.3	1100	10.3		
550	20.5	20.4	20.3	1200	9.5		
600	18.8	18.7		1300	8.8		
650	17.4	17.3		1400	8.1		
700	16.2	16.1		1500	7.6		
750	15.1			1600	7.1		

续表

r/m	双向 六车道	双向 八车道	双向 十车道	r/m	双向 六车道	双向 八车道	双向 十车道
1700	6.7			2000	5.7		
1800	6.3			>2000	5		
1900	6						

6.1.4.2 R 弯情况下标志偏转角度

R 弯下需要分别考虑左侧标志及右侧标志的偏转角度。简要分析得到，左侧标志的偏转角度取值类同于表 6.11 中的 L 弯右侧标志偏转角度（由对称关系而得到）。故可知左侧标志的偏转角度取表 6.12 中的值为最佳。

表 6.12 多车道 R 弯左侧路侧标志横向偏转角度取值表

偏转角度示意图 θ_0/°

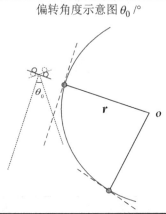

r/m	双向 六车道	双向 八车道	双向 十车道	r/m	双向 六车道	双向 八车道	双向 十车道
250	44.2	43.9	43.6	750	15.1		
300	37.1	36.8	36.6	800	14.1		
350	31.9	31.7	31.6	850	13.3		
400	28	27.9	27.7	900	12.6		
450	25	24.8	24.7	950	12		
500	22.5	22.4	22.3	1000	11.3		
550	20.5	20.4	20.3	1100	10.3		
600	18.8	18.7		1200	9.5		
650	17.4	17.3		1300	8.8		
700	16.2	16.1		1400	8.1		

续表

r/m	双向六车道	双向八车道	双向十车道	r/m	双向六车道	双向八车道	双向十车道
1500	7.6			1900	6		
1600	7.1			2000	5.7		
1700	6.7			>2000	5		
1800	6.3						

R 弯的右侧标志，则类似于直线段上的情况：车灯光射程中心无法打到标志中心。不过，其偏转角度的计算原理依旧是将标志偏转一定角度之后，车灯灯光入射方向同标志板法线所呈角度最小。在多车道环境下，则要求各车道上车辆的车灯灯光入射方向同标志板法线所呈角度之和最小。如图 6.9（a）所示，要求标志偏转一定角度之后，使得 α, β, γ 三个角度之和最小。由于在图 6.9（a）的情况中缺少条件，无法进行准确计算，故将其简化成图 6.9（b）中的情况，将多条车道的中心线上的点作为特征点，从而将问题简化成选择一个偏转角度使得各车道几何中心线上的视认特征点与标志中心连线垂直于标志版面。进一步将这一问题抽象为平面几何问题，如图 6.9（c）所示。图 6.9（c）图中，s 为标志距车道几何中心线的横向距离，r 为圆曲线半径，L 已知，故 θ 可知。则问题转化为在 ΔAOB 中，已知两边 OB 与 OA 及其夹角 θ 已知，求 $\angle OBA$ 的余角 θ_0' 的大小。这一问题可以通过余弦定理结合正弦定理解决。

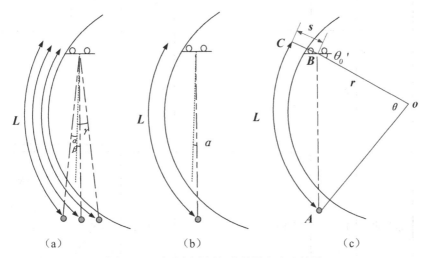

图 6.9　R 弯右侧路侧标志偏转角度计算图

现以双向六车道 r=1500m 为例，将参数取值及计算结果列表见表 6.13。

表6.13　R弯右侧路侧标志偏转角度试算图

s/m	r/m	OC（OA）/m	OB/m	θ/°	AB/m	目标角度 θ_0'/°
11.875	1500	1492.125	1480.25	0.134	199.41	32.53

经过计算，发现当 r 取 250～2000m 时，θ_0' 均在 29°～33°变化。故取整数 30°作为最佳偏转角。同样的方法计算双向八车道及双向十车道，发现结果类似，最佳偏转角均在 29°～33°。故认为多车道高速公路的 R 弯路侧标志偏转角度取 30°视认性最佳。

6.1.5　结论

从上文所计算的结果可以得出，不同行驶条件下的标志偏转角度统计见表6.14。

表6.14　多车道高速公路标志偏转角度取值汇总表

路段特征	标志类型	偏转角度的理论计算结果/°			实际工程建议值/°	示意图
		车道数				
		六	八	十		
直线段	路侧式	3～5	4～6	5～7	5	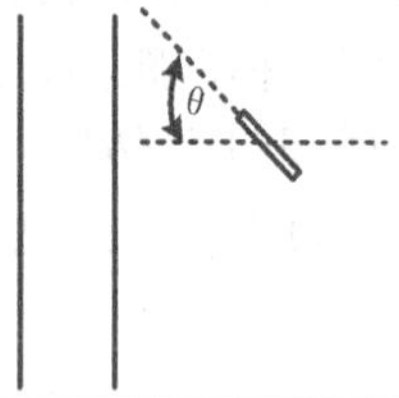
曲线段	门架式	2～3			2～3	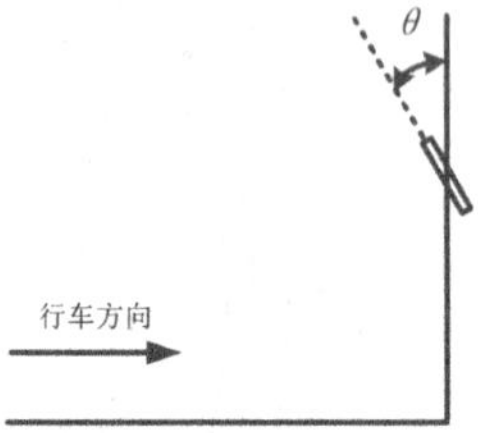
	路侧式	L弯	表4.11		表4.11	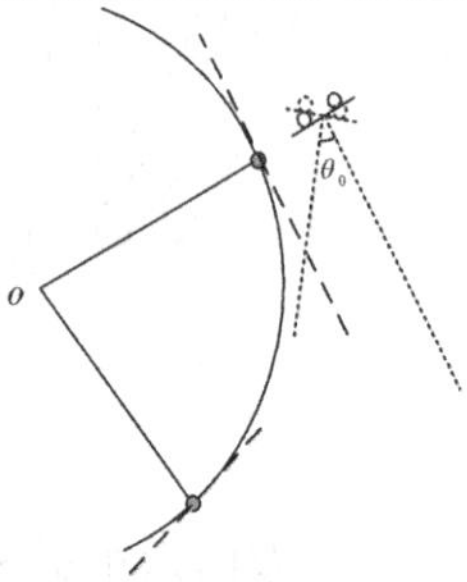

续表

路段特征	标志类型	偏转角度的理论计算结果/°			实际工程建议值/°	示意图
		车道数				
		六	八	十		
R 弯	右侧（外侧）标志		表 4.12	表 4.12	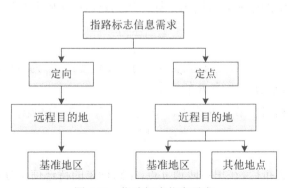
	左侧（内侧）标志		29～33	30	

6.2 指路标志信息选取方法研究

6.2.1 信息布置方法总述

一般地，指路标志上需要布设公路编号（名称）信息、地理方位信息、距离信息以及目的地名称信息。本节的研究对象主要是目的地名称信息。目的地名称信息需要满足的功能如图 6.10 所示。

图 6.10 指路标志信息需求

指路标志中的目的地名称信息需要有远程目的地和近程目的地两种。前者应指示高速公路大范围的地理走向，在驶入另一条高速公路时，远程目的地可用作高速公路的方向特征。远程目的地一般选择沿线距当前所在地最近处的基准地区

（直辖市、省会、自治区首府），将到达这些基准区时，可增加临近的直辖市、省会、自治区首府作为基准地区。如果沿线无直辖市、省会、自治区首府，也可以选择沿线的副省级城市、地级市或其他对定向起重要作用的地点或地区。

近程目的地用来在近距离范围内定向出口目的地。一般选择下一出口所能到达的地区或地点，快到达高速公路基准地区时，直辖市、省会、自治区首府将作为近程目的地。

除此之外，如果沿线的互通立交、桥梁、隧道或沿线飞机场、火车站、著名旅游区等对近距离内的定向有帮助，并能保证目的地跟踪的明确性，则这些设施可作为近程目的地。

至此，可以得出，远程信息的选择上，不将目的地地点距离驾驶员的距离作为主要考虑因素，而是从方向定向上，选择合适的目的地。这一目的地需要有较高的经济、政治、交通地位，故我国手册上指出的"直辖市、省会、自治区首府"是合理的。

在近程信息的选择上，由于近程信息可能会较多（基准地区、著名交通枢纽、旅游区等），故需要进行信息筛选，下两节将详细地阐述信息筛选的方法。

6.2.2　信息效用的衰减规律

将出口匝道区域视为路网中的一个节点（记为节点 A），将指路标志的待选信息视为路网中的另一个节点（记为节点 B，如果待选信息为道路名称，则将接入该道路的节点视为节点 B）。

引入物理学中的牛顿万有引力定律，认为路网中 AB 两点之间的吸引力为

$$F_{AB} = \frac{k m_A m_B}{r_{AB}^2}$$

其中，k 为常数；m_A 为节点 A 在路网中的重要程度；m_B 为节点 B 在路网中的重要程度；r_{AB} 为节点 A 与节点 B 的广义距离。

进一步地，相对于节点 B 来说，节点 A 的引力势可以表示为

$$P_A = \frac{k m_B}{r_{AB}^2}$$

将吸引力公式推广，在出口匝道 A 点，指路标志的待选信息分别为 B、C、D……以此类推，则不同待选信息所表示的节点与 A 点之间的吸引力为

$$F_{AB} = \frac{k m_A m_B}{r_{AB}^2} \qquad F_{AC} = \frac{k m_A m_C}{r_{AC}^2}$$

在出口确定时，将 $\mathrm{k} m_A$ 视为常数，记作 p，则

$$F_{AB} = \frac{pm_B}{r_{AB}^2} \qquad F_{AC} = \frac{pm_C}{r_{AC}^2}$$

对照发现，这种表示方法与物理学中的引力势表示方法类似，故将式中的表示方法记为交通信息节点势，这一变量体现了同一个出口位置所能通达的不同目的地对驾驶员的信息吸引程度，从其形式上来看，不仅考虑到了随距离增加信息吸引的减少，也体现了目的地本身在路网中的地位。由此可以看出，信息对于驾驶员的吸引力不仅与地点在路网中的地位有关，也与其通达性有关。目的地在路网中的地位越高，对驾驶员的吸引越大，反之则越小；目的地距离驾驶员越近，对驾驶员的吸引越大，反之则越小。这是目的地信息对驾驶员吸引程度的衰减规律。

因此，在目的地信息的选取上，需要解决两个问题：

（1）不同距离半径下的目的地信息选取原则。

（2）在路网中有不同地位的目的地信息选取原则。

6.2.3　信息有效半径的计算

曾有研究人员利用信息衰减因子的概念来确定驾驶员所需要的路线及地点信息的选取原则。用 e_{ij} 来表示位于 i 位置的驾驶员对 j 位置的信息关心程度，该因子反映了不同地方的驾驶员对远方道路信息的关心程度[50] e_{ij} 的度量可以用下式表示：

$$e_{ij} = e^{kd_{ij}}$$

其中，K 为衰减系数，此处取经验值–0.035；d_{ij} 为位置 i 距离 j 的距离；e 为常数，2.71828。

由上述公式计算得到的衰减因子与距离的关系如图 6.11 所示。

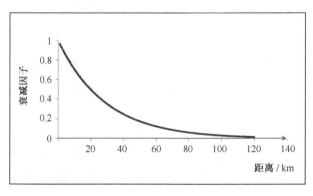

图 6.11　衰减因子计算图

由图 6.11 中可知，离驾驶员所在位置越近的道路信息，驾驶员越想知道，信息的有效性也就越高；离驾驶员所在位置越远的道路信息，想知道这些道路的驾驶员越少，这些道路信息的有效性越低。由图 6.11 中曲线可知，离驾驶员所在位置 40km 处的道路信息的有效性降低到了 20%，从 40km 以后衰减系数降低的幅度大大减少了，因此 40km 是标志信息效益的最大的范围取值，由此，可以将 40km 作为指路标志信息提供范围的一个定量指标。以驾驶员驶离点作为圆心，40km 为半径，画一个圆，圆内的重要道路名、地区名称、地点名均为考虑对象。这是信息选取的第一步——粗略地选取出可能需要的备选信息。

6.2.4　目的地信息的分层与排序

在互通立交分流区处，驾驶员所在道路的等级及目的地等级不同，则驾驶员的信息需求就不同，故最终标志板信息的选择上就应有所不同。

本书在此做两步工作。

第一步，将所有信息分层。

如果将一张路网图描绘成 n 层拓扑图，则可形象地看出不同等级的道路上或不同等级目的地的驾驶员信息需求的不同。图 6.12 中，A 层为重点路网，各个节点的政治、经济、交通地位较高，通常为直辖市、省会、自治区首府等控制性城市；B 层为主干路网，节点为县、县级市等次重要的地区或地点；C 层为支路网，节点的地位较低，主要为乡、镇、村等。不同路网层对应了不同的信息层，A 层路网中的元素包括 A 层路网拓扑图中的节点与边，即实际应用中的地区地点名称以及道路名称，所以在此根据路网分层，将信息也分为 A、B、C 三层。

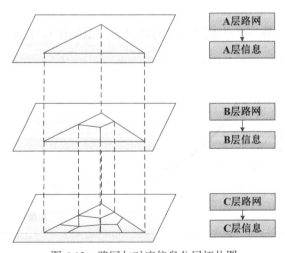

图 6.12　路网与对应信息分层拓扑图

分层的目的在于方便区分在不同等级道路上行驶的驾驶员对于不同等级的前方道路（主线或下匝道的连接线）选取各自所需的目的地信息，现将所有备选信息进行分层，分结果参考表6.1）。需要注意的是，这三个信息层互不重复，其合集即为路网信息全集。

第二步，将各类信息的优先级进行排序。

优先级排序的原因在于：信息不能过载以防驾驶员无法有效地进行标志视认，在信息的布设上，每个方向的信息不应超过两个。我国标志设计手册上对标志信息的选取有定性的规定，本书在此基础上，对各类信息的优先级进行重新排列。在同一层的信息当中：①路线重要性大于地区信息，因为相对来说，路线可抵达的多个地区，而一个地区的信息往往只代表其本身，因此对于驾驶员来说其信息量更大；②地区信息重要性大于地点信息，因为一个地区信息的信息量更大，指引功能更强；③交通功能的节点的重要性大于旅游文体功能的节点的重要性，因为从使用者群体角度来看，旅游文体节点的信息使用者只是总体使用者中的一部分，且旅游文体节点的主要功能在于休闲、娱乐，其交通功能并不突出，故其优先级最低。

由上述分析可以得到：重要路线信息重要程度最高，地区（直辖市、省会、自治区首府、副省级城市、地级市）次之，再次为飞机场、火车站、港口以及交通集散点，旅游景区、保护区、博物馆、文体场馆等最次。

将信息分层与优先级排序的结果总列在表6.15中。

表6.15　信息优先级划分

信息类型		优先级	A层信息	B层信息	C层信息
公路编号（名称）		↓	高速公路、国道、城市快速路编号（名称）	省道、城市主干线编号（名称）	县道、乡道、城市次干路和支路编号（名称）
地区名称信息			重要地区（直辖市、省会、自治区首府、副省级城市、地级市）	主要地区（县及县级市）	一般地区（乡、镇、村）
地点名称信息	交通枢纽信息		飞机场、省级火车站、港口、重要交通集散点	地级火车站、长途汽车总站、大型平面交叉、大型立交桥	县级火车站、长途汽车站、较大型平面交叉
	文体、旅游信息		国家级旅游景区、自由保护区、博物馆、文体场馆	省级旅游景点、自然保护区、博物馆、文体场馆	地级、县级旅游景点、博物馆、纪念馆、文体中心

注：①A、B、C三层信息并无严格的优先级分别，要根据主线及被交线路的等级来确定选择哪一层的信息作为指引对象；②在同一列中，由上至下优先级依次降低。

6.2.5 信息层次的选择

如上文所述，当驾驶员行驶在不同等级的路网上、目的道路等级不同时，他的信息需求是不同的。例如，如果驾驶员行驶在国家高速公路上，且将继续从主线行驶下去，则主线方向的标志信息应选择 A 层（如果没有 A 层，则顺次选择 B 层，使得信息链连续）；如果驾驶员的驶入方向为省道或城市主干路，则匝道前标志的信息应选择 B 层（如果没有 B 层信息，则选择 A 层，因为省道、城市主干路多数直接或间接地通往 A 层路网节点，而不是 C 层路网节点）；如果驾驶员的驶入方向为县道、乡道、城市次干路或支路，则匝道前标志的信息应选择 C 层（如果没有 B 层信息，则选择 C 层，因为县道、乡道、城市次干路和支路多数直接或间接地通往 C 层路网节点，而不是 B 层路网节点）。

故根据驾驶员所在道路等级及目的道路等级的不同而进行排列组合，从而将互通立交出口处标志信息要素的选择方式进行划分，根据主线道路等级及被交道路等级而设定信息选择方法见表 6.16。

表 6.16　互通立交出口处标志信息要素选择参考表

标志所在位置	主线方向（即直行方向）	被交公路方向（即出口方向）		
		高速公路、国道、城市快速路	省道、城市主干路	县道、乡道、城市次干路和支路
国家高速公路	A 层、（B 层）	A 层、（B 层）	（A 层）、B 层	（B 层）、C 层
省级高速公路	（A 层）、B 层	A 层、（B 层）	（A 层）、B 层	（B 层）、C 层

至此已完成互通立交匝道出口区域标志信息选择的原则。这一原则简便可行，方便操作。

6.3　多车道高速公路出口匝道区域标志纵向设置方法研究

6.3.1 标志视认模型与 AGS 纵向设置控制参数

简要分析可以得出：在 AGS 的设置问题上，主要控制参数有三个。它们是：最后一块 AGS 的位置（Location of the Last AGS，LLA）、重复次数（Number of Repetition，NR）、重复间距（Length of Spacing，LS）。

首先，如前文所述，在各块 AGS 中，最后一块的设置位置尤为重要。一旦错过该指路标志，很有可能错过正确出口；该标志最靠近分流区，对分流区的安全和运行影响最显著。其次，AGS 的信息需要重复设置，重复设置的工作需要考虑到重复次数及重复间距两个问题。

6.3.2　基于微观驾驶行为的标志前置距离的确定

6.3.2.1　模型假定与准备工作

（1）模型假定。首先做下述假设。

1）车辆在变道之前 3s 打起转向灯。

2）主线车辆到达服从某种分布。

3）同一时刻同一横断面上不发生超过 1 次换道行为。

4）车辆匀速行驶。

（2）准备工作。计算之前先进行下述准备工作。

1）驾驶员的驾驶行为描述。现取临界情况，即驾驶员在距离最后一块 AGS 标志 L_0 处结束视认，L_0 为消失距离（消失距离即驾驶员最舒适视认点距标志的距离）。随即驾驶员开始换道操作，包括打起转向灯与换道两个动作。在一系列的换道操作之后，驾驶员驶离主线，驶入减速车道，如图 6.13 所示。

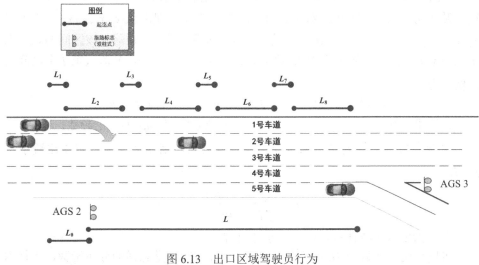

图 6.13　出口区域驾驶员行为

2）验证车头时距分布假设。采用实地调研的方式获取多车道高速公路出口区域的交通流数据。调研地点同样选取在沪宁高速公路。调研人员 4 人。调研器材：

照相机、摄像机。调研现场如图 6.14 所示。

图 6.14　交通流数据采集现场调研

外业工作：照相机采集出口段的设计及交通组织形式；摄像机采集车辆驾驶特性。

内业工作：整理视频照片，分析出口段的设计及交通组织要点，采用人工计时方法对所采集的视频进行交通量以及车头时距采集。

假设检验的流程如下所述。

（a）理论依据。为了检验假设 H_0，在实数轴上取 $k-1$ 个点 $t_1 < t_2 < ... < t_{k-1}$，把实数轴分成 k 个区间。对于总体 X 的一个样本观测值 $x_1, x_2, ..., x_n$，计算出 $x_1, x_2, ..., x_n$ 落入第 i 个区间 $(t_{i-1}, t_i]$ 的个数 n_i（实际频数），则落入该区间的频率为 n_i / n（$i=1,2,...,k$）。如果假设 H_0 成立，即 $F(x) = F_o(x)$，则 X 落入第 i 个区间内的概率为

$$p_i = P\{t_{i-1} < X \leqslant t_i\} = F_0(t_i) - F_0(t_{i-1})，\ i=1,2,...,k.$$

在这里，视 $t_0 = -\infty, t_k = +\infty$，称 p_i 为理论概率，称 np_i 为理论频数。

由频率与概率的关系，如果原假设 H_0 成立，则 $(n_i / n - p_i)^2$ 应该比较小，故有

$$\chi^2 = \sum_{i=1}^{k} \frac{(n_i - np_i)^2}{np_i}$$

上式为皮尔逊统计量，值比较小才合理。

可以证明，在假设 H_0 成立的条件下，不论 $F_o(x)$ 是怎样的分布函数，当样本容量充分大（$n \geqslant 50$）时，皮尔逊统计量总是近似服从自由度为 $k-1$ 的 χ^2 分布。

如果 $F_0(x)$ 中含有 r 个未知参数 $\theta_1, \theta_2, ..., \theta_r$，则此时假设 $H_0 : F(x) =$

$F_0(x; \hat{\theta}_1, \hat{\theta}_2, ..., \hat{\theta}_r)$ 的拒绝域为

$$W = \{\chi^2 \geqslant \chi^2_\alpha (k - r - 1)\}$$

（b）检验过程与结果。实地采集的车头时距示意图如图 6.15 所示。

车道一		车道二		车道三		车道四	
到达时间	车头时距	到达时间	车头时距	到达时间	车头时距	到达时间	车头时距
00:00:00,00	00:00:00,00	00:10:31,50	00:00:13,25	00:00:07,42	00:00:07,42	00:00:02,53	00:00:02,53
00:00:06,08	00:00:06,08	00:10:41,07	00:00:09,56	00:00:09,90	00:00:02,47	00:00:05,46	00:00:02,92
00:00:20,38	00:00:14,29	00:10:45,57	00:00:04,50	00:00:22,77	00:00:12,87	00:00:14,05	00:00:08,58
00:00:29,56	00:00:09,18	00:10:49,24	00:00:03,66	00:00:26,17	00:00:03,40	00:00:19,66	00:00:05,61
00:00:32,68	00:00:03,11	00:10:51,72	00:00:02,47	00:00:35,81	00:00:09,63	00:00:20,59	00:00:00,93
00:00:59,07	00:00:26,38	00:10:55,09	00:00:03,36	00:00:39,40	00:00:03,59	00:00:23,85	00:00:03,25
00:01:08,44	00:00:09,37	00:11:03,01	00:00:07,92	00:00:42,34	00:00:02,93	00:00:26,01	00:00:02,15
00:01:12,70	00:00:04,25	00:11:05,69	00:00:02,67	00:00:44,70	00:00:02,36	00:00:28,84	00:00:02,83
00:01:15,29	00:00:02,59	00:11:08,15	00:00:02,46	00:00:46,23	00:00:01,52	00:00:32,32	00:00:03,48
00:01:31,47	00:00:16,18	00:11:18,27	00:00:10,12	00:00:47,81	00:00:01,57	00:00:33,34	00:00:01,01
00:01:34,28	00:00:02,80	00:11:26,26	00:00:07,99	00:00:48,77	00:00:00,96	00:00:34,53	00:00:01,18
00:01:40,95	00:00:06,67	00:11:28,27	00:00:02,01	00:00:49,89	00:00:01,12	00:00:35,55	00:00:01,01
00:01:47,64	00:00:06,68	00:11:34,98	00:00:06,71	00:00:53,16	00:00:03,26	00:00:37,77	00:00:02,22
00:01:56,17	00:00:08,53	00:11:40,85	00:00:05,86	00:00:55,01	00:00:01,85	00:00:39,37	00:00:01,59
		00:11:41,77	00:00:00,92	00:00:55,90	00:00:00,88	00:00:41,32	00:00:01,95

图 6.15　实地采集的车头时距示意图

利用上小节中的方法对所采集的车头时距进行拟合检验，结果见表 6.17。

表 6.17　时距拟合检验与检验结果

车道（从中央分隔带始为第一车道）	平均小时流量/（veh/h）	假设	显著性水平	结论
4	276	$H_0 : F(x) = F_0(x)$ 其中，$F_0(x)$ 为负指数分布的分布函数	$\alpha = 0.01$	接受 H_0
3	588			
2	678			
1	784			

由上述计算结果（接受 H_0）可知，车头时距符合负指数分布，从而主线车辆达到服从泊松分布。该结论可为下文的出口区域的标志设计、标线设计提供了理论依据。

3）标志消失距离的计算。以双向十车道为例，取普通指路标志宽度 5m，按标准规定标志外边缘距车道边缘 0.25m，横断面取 0.75m 土路肩+3.0m 硬路肩+5×3.75m 行车道（出口前增加辅助车道，故此节研究对象的横断面车道数为主线车道数+1）。则如图 6.16 所示，$D=23.375m$。根据人体工程学，θ 取 15°[49]，有

$$L_0 = D/\tan\theta = 87.24m$$

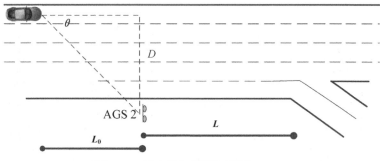

图 6.16　标志消失距离计算图

4）换道安全车头时距的计算。根据蒋锐提出的车辆变道安全模型，车辆变换车道时目标车道上所需要的最小车头时距如下式所示[26]：

$$\bar{h}_{lc}(n) = \frac{V_n^2/V_{n-1} - V_{n-1}}{70.56(\mu_l \pm i)} + \frac{V_n(\tau_s + \tau_w)}{V_{n-1}} + \frac{3.6L}{V_{n-1}} + \frac{7.2R_1}{V_n}\arccos\left(\frac{R_1 - 0.75\lambda W_1}{R_1}\right)$$

式中，V_n 为车辆 n（变道车辆）的速度（km/h）；V_{n-1} 为车辆 $n-1$（如图 6.17 所示，目的车道中后车）的速度（km/h）；μ_l 为路面纵向附着系数；i 为路线纵坡；L 为安全停车距离，取值为 11m；τ_s 为驾驶员的反应时间，取值为 0.5～1.5s，此处保守取 1.5s；τ_w 为雾天延迟反应时间，随能见度与车速而变化；λ 为变换车道次数，在蒋锐给出的公式中，允许连续变道，本书令公式中的 $\lambda=1$，并限制车辆不得连续变道，从而符合交通法规规定。

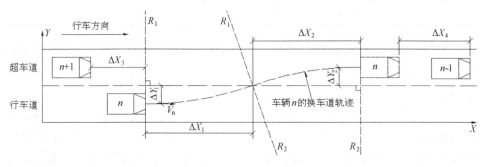

图 6.17　换道过程

令车速均为 120km/h，此时 R 取值尚无法确定。参考蒋锐博士学位论文中的取值方法，在保证车辆不侧滑与侧翻的条件下，取半径 $R=250\text{m}$[26]。至此，可计算出最小安全车头时距为 4.1s。

5）换道一次所需行驶距离计算。设事件 A 为驾驶员在打起转向灯 3s 后即顺利找到合适的间隙并从 1 车道换道进入 2 车道，完成了一次换道；事件 B 为驾驶员在打起转向灯 3s 后即顺利找到合适的间隙并从 2 车道换道进入 3 车道，完成了一次换道；事件 C 为驾驶员在打起转向灯 3s 后即顺利找到合适的间隙并从 3 车道换道进入 4 车道，完成了一次换道；事件 D 为驾驶员在打起转向灯 3s 后即顺利找到合适的间隙并从 4 车道换道进入 5 车道，完成了一次换道。

事件 A（或 B、C、D）发生时，车辆换道所需的行驶距离为

$$L_{A（B、C、D）} = 2R\sin\theta = 74.8\text{m}$$

其中，θ 为行驶圆弧所对的圆心角，通过几何关系即可获得。

6.3.2.2 LLA 计算过程

车辆到达分布服从泊松分布，则

$$p_k = \frac{(\lambda t)^k}{k!}\text{e}^{-\lambda t}$$

其中，p_k 为在研究间隔 t 内达到 k 辆车的概率；λ 为车辆平均到达率；t 为每个研究间隔持续的时间。

设事件 E 为在一系列换道过程中，均一次性顺利完成；事件 F 为一系列换道过程中，有一次换道未一次性顺利完成，驾驶员在第二次寻找间隙时才出现合理换道间隙。

设主线远景交通量为 $Q=50000$（pcu/d），且在各车道上均匀分布，设计时速为 $V=120\text{km/h}$，大车数占总体的 1/3。

故年平均日交通量绝对车辆数为

$$N = \frac{Q}{1\times\frac{1}{3}+2\times\frac{2}{3}} = 30000（\text{veh}）$$

目标车道车辆的平均到达率为

$$\lambda = \frac{N/2/5}{24V\cdot 1000} = 0.00125（\text{veh}\cdot\text{m}^{-1}）$$

最小安全车头时距为 4.1s，故最小车头安全间距为 136.7m。

长度 d 为 136.7m 内车辆平均到达率为

$$\lambda d = 0.17\text{veh}$$

$$p_0 = \frac{0.17^0}{0!}\text{e}^{-0.17} = 0.843 = P(A)$$

式中，$P(A)$ 为事件 A 发生的概率。

由于 A、B、C、D 之间相互独立，故

$$P(E)=P(A\cap B\cap C\cap D)=0.843^4=0.505$$

$$P(F)=(1-P(A))P(B)P(C)P(D)+(1-P(B))P(A)P(C)P(D)+$$
$$(1-P(C))P(A)P(B)P(D)+(1-P(D))P(A)P(B)P(C)$$
$$=0.376$$

$$P(E\cup F)=0.881$$

E 或 F 事件的发生涵盖了车辆换道所有情况中的 88%。E 或 F 事件发生时，车辆换道所需的最长行驶距离为下式所示，且这一距离满足 88% 的换道需求。

$$Max(L_E,L_F)=L_F=L_1(L_3;L_5;L_7)+L_1+L_2+L_3+L_4+L_5+L_6+L_7+L_8=799.15m$$

根据图 6.13，$LLA=L=Max(L_E，L_F)-L_0=711.92m$

现取不同横断面：双向六车道、双向八车道、双向十车道。参考《道路设计资料集》[76]各横断面的典型断面图如图 6.18 所示。

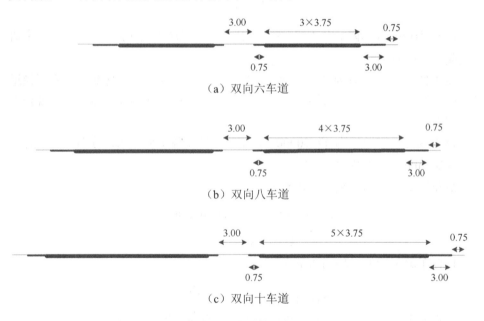

（a）双向六车道

（b）双向八车道

（c）双向十车道

图 6.18　典型横断面图

重复上述计算思路，可以得到表 6.18。

此外，通过计算，可以得到双向四车道的 LLA 值为 362.35m。这一值小于规范规定的 0.5km，故可以看出，既有规范对于双向四车道是适用的。

表 6.18 多车道高速公路 LLA 设置参数

车道数	LLA/m
双向十车道	858.72
双向八车道	711.92
双向六车道	565.13

但是从上表中可以看出，当车道数为双向八车道和双向十车道时，原有的规范规定 0.5km 便无法满足驾驶员的换道需求，而对于双向六车道则基本可以满足要求。这都说明车道数对于 LLA 取值有明显影响，不应仅以一个数值来规定所有情况。

6.3.2.3 计算结论

为便于标志的表示，取 LLA 为整数。从而得到，为保证驾驶员有足够的距离换道，最后一块 AGS 距出口匝道分流点前的距离应取表 6.19 中的值。

表 6.19 AGS-LLA 参数取值

车道数	LLA/m
双向十车道	900
双向八车道	800
双向六车道	600

6.3.3 前置指路标志重复方式之重复次数的确定

6.3.3.1 遮挡概率模型的建立

AGS 标志重复次数与主线基本车道数、交通量、大车比例等多个参数有关。现建立内侧车道小车被外侧车道大车遮挡的概率模型，并据此进行标志重复次数的确定。

（1）大车遮挡距离。选用《公路工程技术标准》（JTG B01—2014）中主要采用的设计车辆外廓尺寸见表 6.20。

表 6.20 设计车辆外廓尺寸取值/m

车辆类型	总长	总宽	总高	轴距
小车	6.0	1.8	2	3.8
载重汽车	12.0	2.5	4.0	6.5

小车驾驶员对于标志的视认过程如图 6.19 所示。从 B 点到 C 点驾驶员进行视认，E 点为驾驶员最舒服的视认临界点（无需转动头部即可视认的临界点），E 点

到标志的距离为消失距离。当在极限情况时，C 与 C' 两点重合，驾驶员刚好在消失点结束视认。

如图 6.19（b）（c）图中所示，对于大车遮挡问题，有两种情况：当内侧车道小车行驶到图所示位置时，刚好有大车行驶在外侧车道，且大车车头遮挡住小车驾驶员视线，此种情况在图中表现为大车位于 AE 线下方；当内车道小车行驶到标志始读点时，大车行驶在外侧车道，刚好大车车尾遮挡住小车驾驶员视线，则此种情况在图中表现为大车位于 AE 线上方。为简化图形，小车和大车分别用小矩形和大矩形表示。

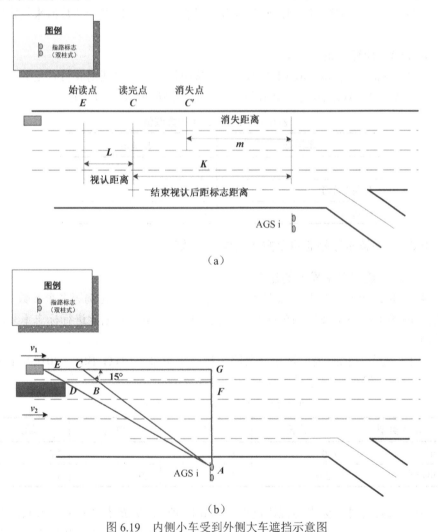

（a）

（b）

图 6.19　内侧小车受到外侧大车遮挡示意图

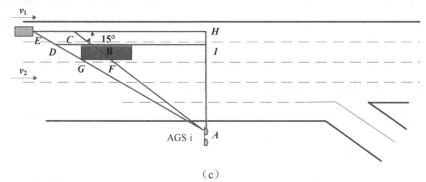

（c）

图 6.19　内侧小车受到外侧大车遮挡示意图（续图）

情况 1：大车位于 AE 的下方时，

如果 $\dfrac{BD}{CE} > \dfrac{v_2}{v_1}$，则大车不会遮挡小汽车视线；

如果 $\dfrac{BD}{CE} < \dfrac{v_2}{v_1}$，则大车会遮挡小汽车视线，所以如果要大车不致遮挡小车视

线，则大车必须向后退一段距离 x，使得

$$\frac{x + BD}{CE} > \frac{v_2}{v_1}$$

则　　　　　　　　　　　　　$$x > \frac{v_2}{v_1} CE - BD$$

情况 2：大车位于 AE 线的上方时，

如果 $\dfrac{GF}{CE} < \dfrac{v_2}{v_1}$，则大车行驶过程中不遮挡小车驾驶员视线；

如果 $\dfrac{GF}{CE} > \dfrac{v_2}{v_1}$，则大车行驶过程中遮挡小车驾驶员视线；所以如果要大车不

致遮挡小车视线，则大车必须向前进一段距离 x'，使得

$$\frac{GF - x'}{CE} < \frac{v_2}{v_1}$$

则　　　　　　　　　　　　　$$x' > \frac{v_2}{v_1} GF - CE$$

现做如下假设，若大车一直影响小车，则选择做最坏的情况如下：大车运动过程中完全挡住了小车从 E 到 C 的视线，即在该长度范围内均对小车有遮挡影响。设 d' 为情况 1 极限条件下的车头与情况 2 极限条件下的车尾之间的间距，车长为 l_c，则综合分析可得，外侧车道的大车在长度为 L_{VB}（Length of Visual Block）的矩形范围内出现，则阻挡内车道小车视线，其他位置没有影响。根据平面几何关系，这一矩形范围的计算方法为

$$L_{VB} = x + x' + d' + l_c$$

其中，$d' = 2.5 / \tan E$。$\tan E$ 的计算如图 6.20 所示。

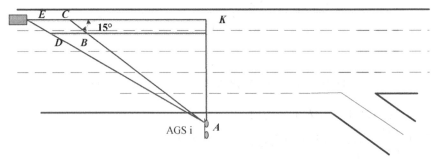

图 6.20　$\tan E$ 计算示意图

由图 6.20 中看出，AK 可以由横断面特征获得，EC 为驾驶员视认时走过的距离，这一视认时间此处根据既有研究成果取 2.6s，CK 为消失距离，可以根据 AK 及消失角计算。则 $\tan E$ 的计算可以完成。

（2）遮挡概率模型。

1）车辆到达分布假设。设车辆达到服从泊松分布，则

$$p_k = \frac{(\lambda t)^k}{k!} e^{-\lambda t}$$

其中，p_k 为在研究间隔 t 内达到 k 辆车的概率；λ 为车辆平均到达率；t 为每个研究间隔持续的时间。

2）车辆类型分布。设年平均日交通量为 Q（pcu/d），双向车道车辆分布对称，第 i 条车道上的交通量占同向交通量的比例为 α_i（$i = 1, 2, \ldots, n$，n 为单侧车道数，车道编号从中央分隔带向外逐渐变大），小车在第 i 条车道上占车道总交通量的比例为 β_i，设仅考虑两类车型，则大车在第 i 条车道上占车道总交通量的比例为 $1 - \beta_i$。

3）遮挡概率。车辆换算系数见表 6.21，参照《公路工程技术标准》。

表 6.21 车辆换算系数[77]

车型	小车	大车
车辆换算系数	1.0	2.5

由上所述，年平均日交通量绝对车辆数为

$$N = \frac{Q}{1 \times \sum_{i=1}^{n} \alpha_i \beta_i + 2.5 \times \sum_{i=1}^{n} \alpha_i (1-\beta_i)} (\text{veh})$$

小车设计时速为 v_1，大车设计时速为 v_2，可以得出，目标车道大车车辆的平均到达率为

$$\lambda = \frac{\dfrac{2N}{5} \sum_{i=1}^{n} \alpha_i (1-\beta_i)}{24 v_2 \cdot 1000} (\text{veh} \cdot \text{m}^{-1})$$

长度为 L_{VB} 内大车平均到达率为 $\lambda L_{VB} (\text{veh})$，而在这一长度内没有大车出现的概率为

$$p_0 = \frac{(\lambda L_{VB})^0}{0!} e^{-(\lambda L_{VB})}$$

综合各式并整理，得到内侧车道小汽车不被外侧大货车遮挡的概率为

$$p_0 = e^{-\frac{N \sum_{i=1}^{n} \alpha_i (1-\beta_i)}{48000 v_2} (x+x'+d'+l_c)}$$

（3）遮挡概率模型的应用方法。设外侧车道 i（$i=2,3,\ldots,n$）遮挡距离内没有大车的事件为 A_i，其发生的概率为 $P(A_i)$，设外侧车道均无车辆遮挡为事件 J，则事件 P 发生的概率为

$$P(J) = \prod_{i=2}^{n} p(A_i)$$

如果只设一处 AGS，则小车驾驶员视线受到外侧货车遮挡的概率为

$$P(\overline{J}) = 1 - \prod_{i=2}^{n} p(A_i)$$

设标志重复设置 k 次，则小车驾驶员视线均受到外侧货车遮挡的联合概率为

$$p(block) = (1 - \prod_{i=2}^{n} P(A_i))^k$$

小车驾驶员可以看到标志的概率为

$$p = 1 - (1 - \prod_{i=2}^{n} P(A_i))^k$$

其中，$P(A_i)$ 的计算参照 P_0 的计算方法。$P(A_i)$ 的计算方法随小车与大车的相对位置的变化而变化。

根据概率统计学的常识，$0 \leqslant \prod_{i=2}^{n} P(A_i) \leqslant 1$。在实际应用中，$0 < \prod_{i=2}^{n} P(A_i) < 1$，$0 < 1 - \prod_{i=2}^{n} P(A_i) < 1$，故随着 K 的增大，$(1 - \prod_{i=2}^{n} P(A_i))^k$ 变小，则 p 变大。这意味着，当增加标志的重复次数时，驾驶员能顺利看到标志的概率也随之增大。

6.3.3.2 计算与结论

现将上述过程中各公式的代数表达赋值计算。

（1）计算过程。

1）双向六车道。根据《公路路线设计规范》中对不同车道数高速公路的适应交通量的规定[64]，设主线远景交通量为 Q=45000（pcu/d），且在各车道上均匀分布，设计时速为 V=120km/h，大车数占总体的 1/3。大车不占用内侧车道行驶。利用上文所述的方法进行大车遮挡视线的判定，判定过程与结果见表 6.22。

表 6.22　双向六车道遮挡判定

小车位置	大车位置	示意图	遮挡情况		计算说明	
			情况1	情况2		
1号车道	2号车道		不遮挡	不遮挡	根据上节所述，消失距离=59.02m；CK=86.67m；$\tan E$=0.11；d'=23.03m	--
	3号车道		遮挡（1）	不遮挡		x=19.35m，L_{VB}=54.38m
2号车道	3号车道		遮挡（2）	不遮挡	根据上节所述，消失距离=45.03m；CK=86.67m；$\tan E$=0.09；d'=27.29m；x=2.89m，L_{VB}=42.18m	

注：情况1如上节所述，大车于 AE 线后；情况2如上节所述，大车于 AE 线前。

假设小车在各车道上的分布是均匀的，则选择 2 车道与选择 3 车道的概率是一样的，再结合上表计算遮挡概率，见表 6.23。

表 6.23 设置不同块 AGS 时小车驾驶员视线不被遮挡的概率

遮挡事件	该情况下视线遮挡概率	小车驾驶员视线不被遮挡的概率			
		1 块 AGS	2 块 AGS	3 块 AGS	4 块 AGS
（1）	0.088	0.848	0.977	0.996	0.999
（2）	0.069				

根据表 6.23 可知，当车流量为 $Q=45000$（pcu/d），大车数占总体的 1/3 时，设置 2 块 AGS 可以使得视线不被遮挡的概率升高到 0.977，当设置 3 块 AGS 时，这一概率为 0.996。这一情况下，设置 3 块 AGS 即可。

简要分析可知，流量与大车率这两个参数的变化对于结果可以产生一定的影响。本书暂取一个较大的比例作为不变变量。1/3 已为较大比例，故在接下来的计算中以此为极限比例，其值不变，仅操纵流量变化，来量化流量对最终结果的影响。

现将控制流量这一变量，其他变量不变，计算小车驾驶员视线不被遮挡的概率，计算结果见表 6.24。

表 6.24 不同块 AGS 及流量组合下小车驾驶员视线不被遮挡的概率

流量 /（pcu/d）	不同遮挡事件下视线遮挡概率		小车驾驶员视线不被遮挡的概率			
	（1）	（2）	1 块 AGS	2 块 AGS	3 块 AGS	4 块 AGS
45000	0.088	0.069	0.848	0.977	0.996	0.999
50000	0.098	0.077	0.833	0.972	0.995	0.999
55000	0.107	0.084	0.818	0.967	0.994	0.999
60000	0.116	0.091	0.803	0.961	0.992	0.998
65000	0.125	0.099	0.788	0.955	0.991	0.998
70000	0.134	0.106	0.774	0.949	0.988	0.997
75000	0.143	0.113	0.760	0.942	0.986	0.997
80000	0.152	0.120	0.746	0.936	0.984	0.996

从表 6.24 可知，双向六车道情况下，现有规范 AGS 设置方法（重复 3 块）的可以满足视认要求，甚至只设置 2 块即可。

2）双向八车道。先设主线远景交通量为 $Q=60000$（pcu/d），且在各车道上均匀分布，设计时速为 $V=120$km/h，大车数占总体的 1/3。大车不占用内侧车道行驶。

双向八车道的大车与小车位置分配更加复杂，共有六种情况。计算方法同双向六车道一样。需要注意的是，消失距离的计算结果与双向六车道有区别，但方法一致；其他参数的计算方法类似；判定方法类似；直接求得结果见表 6.25。

表 6.25　双向八车道遮挡判定

小车位置	大车位置	示意图	遮挡情况		L_{VB} /m	单个事件被遮挡概率
			情况 1	情况 2		
1 号车道	2 号车道		不遮挡	不遮挡	--	--
1 号车道	3 号车道		遮挡（1）	不遮挡	39.84	0.095
1 号车道	4 号车道		遮挡（2）	不遮挡	62.12	0.144
2 号车道	3 号车道		不遮挡	不遮挡	--	--
2 号车道	4 号车道		遮挡（3）	不遮挡	54.38	0.127
3 号车道	4 号车道		遮挡（4）	不遮挡	42.18	0.100

再计算不同流量下不同遮挡事件发生的概率，结果见表 6.26。

将事件（1）（2）联合，事件（3）（4）联合，再综合计算不同块 AGS 的遮挡概率，结果见表 6.27。

表 6.26 双向八车道不同流量下单个遮挡事件的发生概率

年平均日交通量/（pcu/h）	单个事件遮挡概率			
	（1）	（2）	（3）	（4）
60000	0.095	0.144	0.127	0.100
65000	0.102	0.155	0.137	0.108
70000	0.110	0.166	0.147	0.116
75000	0.117	0.176	0.156	0.123
80000	0.124	0.187	0.166	0.131
85000	0.132	0.197	0.175	0.139
90000	0.139	0.208	0.184	0.146
95000	0.146	0.218	0.194	0.154
100000	0.153	0.228	0.203	0.161

表 6.27 双向八车道不同块 AGS 与流量组合下小车驾驶员视线不被遮挡概率

年平均日交通量/（pcu/h）	视线不被遮挡概率			
	1 块 AGS	2 块 AGS	3 块 AGS	4 块 AGS
60000	0.89013	0.98793	0.99867	0.99985
65000	0.88215	0.98611	0.99836	0.99981
70000	0.87433	0.98421	0.99802	0.99975
75000	0.86667	0.98222	0.99763	0.99968
80000	0.85917	0.98017	0.99721	0.99961
85000	0.85182	0.97804	0.99675	0.99952
90000	0.84462	0.97586	0.99625	0.99942
95000	0.83757	0.97362	0.99571	0.99930
100000	0.83066	0.97132	0.99514	0.99918

由上述计算可知，设置 2 块 AGS 即可保证 0.97 以上的视认成功概率。设置 3 块 AGS 即可保证 0.99 以上的视认成功概率。

3）双向十车道。先设主线远景交通量为 $Q=80000$（pcu/d），且在各车道上均匀分布，设计时速为 $V=120km/h$，大车数占总体的 1/3。大车不占用内侧车道行驶。

双向十车道的大车与小车位置分配更加复杂，共有十种情况。计算方法类似，只是计算过程更加繁复，现略去过程直接列出结果，见表 6.28。

表 6.28 双向十车道遮挡判定

小车位置	大车位置	示意图	遮挡情况		L_{VB} /m	单个事件被遮挡概率
			情况 1	情况 2		
1 号车道	2 号车道		不遮挡	不遮挡	--	--
1 号车道	3 号车道		遮挡（1）	不遮挡	39.56	0.130
1 号车道	4 号车道		遮挡（2）	不遮挡	53.43	0.171
1 号车道	5 号车道		遮挡（3）	不遮挡	67.12	0.210
2 号车道	3 号车道		不遮挡	不遮挡	--	--
2 号车道	4 号车道		遮挡（4）	不遮挡	39.84	0.130
2 号车道	5 号车道		遮挡（5）	不遮挡	62.12	0.196
3 号车道	4 号车道		不遮挡	不遮挡	--	--
3 号车道	5 号车道		遮挡（6）	不遮挡	54.38	0.174
4 号车道	5 号车道		遮挡（7）	不遮挡	42.18	0.138

将事件（1）（2）（3）联合，事件（4）（5）联合，事件（6）（7）联合，再综合计算不同块 AGS 的遮挡概率，结果见表 6.29。

表 6.29　双向十车道不同流量下遮挡概率

| 年平均日交通量/ | 视线不被遮挡概率 | | | |
（pcu/h）	1 块 AGS	2 块 AGS	3 块 AGS	4 块 AGS
80000	0.796	0.959	0.992	0.998
85000	0.786	0.954	0.990	0.998
90000	0.777	0.950	0.989	0.998
95000	0.767	0.946	0.987	0.997
100000	0.758	0.941	0.986	0.997
105000	0.749	0.937	0.984	0.996
110000	0.740	0.932	0.982	0.995
115000	0.732	0.928	0.981	0.995
120000	0.723	0.923	0.979	0.994

由上述计算结果可知，当设置 3 块以上的 AGS，则可达到近 0.98 以上的视认成功率。

（2）分析与结论。对于双向八车道及双向十车道，经过计算，可以得到当标志牌设立重复次数超过 3 次时，内侧车道驾驶员视线不被遮挡的概率超过 0.97，被遮挡的概率下降到 10^{-2} 数量级。

故可确定多车道高速公路的标志重复次数最少取 3 次即可。此时无需在中央分隔带处（即设置于行驶方向内侧）再设置标志。

当标志重复次数为 2 次时，从上述计算结果来看，如果此时不设立左侧标志，驾驶员视线被遮挡的概率也是比较小的，可适当在中央分隔带处同步设置左侧标志，或适当采用龙门架标志。此时可以有效提高驾驶员视线不被遮挡的概率。

不建议只重复设置一次标志。

6.3.4　前置指路标志重复方式之重复间距的确定

6.3.4.1　设置原理与计算过程

如前文所述，重复间距的计算主要利用 Lunenfeld[42]给出的驾驶员的短时记忆区段为 0.5～2min 这一参数。现将不同的短时记忆区段与不同设计车速结合下重复间距的取值进行计算，结果见表 6.30。

表 6.30　LS 计算结果

设计车速/（km/h）	短时记忆区段取值/min			
	0.5	1.0	1.5	2.0
60	500	1000	1500	2000
80	666.67	1333.33	2000	2666.67
100	833.33	1666.67	2500	3333.33
120	1000	2000	3000	4000

此外，有研究表明短时记忆的保持时间在无复述的情况下只有 5～20s，最长也不超过 1min，这表明如果保守计算，应取短时记忆为 1.0min 以内。故从表 6.30 可知，在高速公路上（设计车速取 100km/h 或 120km/h），标志重复间距应在 2km 以内。

6.3.4.2　分析与总结

首先，根据短时记忆区间对 LLA 的理论计算值进行检验，可以发现，LLA（max）=900m<1666.67m，表明 LLA 取值合理，不会导致驾驶员遗忘信息的现象。

其次，为方便标志设计与驾驶员视读，应尽量将标志的前置距离数值取为整数。故在最终选择 NR 值的时候，应要保证最终标志显示的前置距离为整数。

故经过综合考虑，结合前文所得到的 LLA 值与 NR 值，将不同 AGS 的前置距离（距分流鼻的距离）提出推荐取值列表。首先列出 AGS 均为路侧形式时的标志设置方法与示意图，然后列出 AGS 混合路侧与龙门架两种形式时的标志设置方法与示意图。

6.4　小结

本章主要进行多车道高速公路分流区域的指路标志设计，从三大方面进行探索展开，标志偏转角度、标志纵向布置、标志信息选择。其中，标志的纵向布置又分为三个方面进行，最后一块指路标志距出口距离、标志群间距、重复次数的设计。

参考文献

[1] http://baike.baidu.com/view/13570.htm

[2] 中华人民共和国交通运输部. 2012 年公路水路交通运输行业发展统计公报. http://www.moc.gov.cn.

[3] 中华人民共和国交通运输部，国家公路网规划（2013－2030）. 2013.

[4] http://www.texasfreeway.com/Houston/photos/i10e/i10e.shtml

[5] 关昌余. 国家高速公路网规划理论与方法研究[D]. 哈尔滨：哈尔滨工业大学，2008.

[6] 王修智，王裕荣. 交通运输（交通运输卷）[M]. 济南：山东科学技术出版社，2007.

[7] 王武宏，郭宏伟，郭伟伟. 交通行为分析与安全评价[M]. 北京：北京理工大学出版社，2013.

[8] AnneTMeeartt, VeronikashabanovaNorthrup. Types and Characteristics of Ramprelated Motor Vehiele Crashes on Urban Interstate Roadways in Northern Virginia [J]. Journal of Safety Researeh, 2004(35).

[9] Wattleworth J.A.,Buhr J.,Drew D.R..OperationalEffects of SomeEntrance Ramp Geometrics on Freeway Merging.Highway Research Record208, 1967:79-113.

[10] Blumenfeld D.E.,G.H.Weiss.Merging from Acceleration Lane. Journal of Transportation Science, 1971,5(2):161-168.

[11] Olsen R.A., R.S.Hostetter. Describing and Shaping Merging Behavior of Freeway Drivers. In Transportation Research Record 605, Transportation Research Board, National Research Council, Washington, D.C., 1976:7-13.

[12] Huberman M. The Development and Evaluation of a Technique for Measuring Vehicle Acceleration on Highway Entrance Ramps. Road and Transportation Association of Canada) (RTAC) Forum , 1982,4(2):90-96.

[13] Fazio J.,Michaels R.M.,Reilly W.R.,Schoen J.,Poulis A.1990.Behavioral Model of Freeway Exiting.Transportation Research Record 1281:16-27.

[14] Michaels R.M., Fazio J., Driver Behaviour Model of Merging. Transportation Research Record 1213,1989:4-10.

[15] Lunenfel H.Human Factors Associated with Interchange Design Features.

Transportation Research Record 1385,1993:84-89.

[16] Kou C.C., R.B.Machemehl. Modelling Vehicle Acceleration-Deceleration Behavior during Merge Maneuvers. Canadian Journal of Civil Engineering. 1997,24(3):350-358.

[17] Liang W.L.,Kyte M.,Kitchener F.,et al.Effect of Environmental Factors on Driver Speed. Transportation Research Record 1635,1998:155-161.

[18] Hunter M.,Machemehl R.,Tsyganonv A.Operational Evaluation of Freeway Ramp Design. Transportation Research Record 1751,2001:90-100.

[19] Hunter M.,R. Machemehl, A.Tsyganov.Operational Evaluation of Freeway Ramp Design.In Transportation Research Record 1751,Transportation Research Board, National Research Council, Washington D.C., 2001:90-100.

[20] Liapis E.D., B.Psarianos, E.Kasapi. Speed Behavior Analysis at Curved Ramp Sections of Minor Interchanges. In Transportation Research Board 1751, Transportation Research Board, National Research Council, Washington D.C., 2001:35-43.

[21] Ahammed A.M., Y.Hassan, T. Sayed. Modeling Driver Behavior and Safety on Freeway Merging Areas. Journal of Transportati on Engineering, American Society of Civil Engineers, ASCE, 2008,134(9):370-377.

[22] 徐进，杨奎，罗庆，等. 公路客车横向加速度实验研究[J]. 西南交通大学学报，2014.

[23] 徐婷，曹世理，马壮林，等. 跟驰车流中的反应时间和车头间距研究[J]. 西南交通大学学报，2013.

[24] 肖献强，任春燕，王其东. 基于隐马尔可夫模型的驾驶行为预测方法研究[J]. 中国机械工程，2013.

[25] 庄明科，白海峰，谢晓非. 驾驶人员风险驾驶行为分析及相关因素研究[J]. 北京大学学报（自然科学版），2008.

[26] 吕集尔，朱留华，郑容森，等. 驾驶员反应时间对行车安全的影响[J]. 交通运输系统工程与信息，2014.

[27] 李振龙，张利国. 超速驾驶行为的演化博弈[J]. 交通运输系统工程与信息，2010.

[28] 张伟，王武宏，沈中杰，等. 考虑驾驶员的多信息处理和多通道判断能力时车辆跟驰模型的改进[J]. 交通运输系统工程与信息，2004.

[29] 王畅，付锐，彭金栓，等. 应用于换道预警的驾驶风格分类方法[J]. 交通运输系统工程与信息，2014.

[30] Thanh Q. Le.,Richard J.Porter.Safety EvaluationofGeometricDesign Criteriaor Entrance-Exit Ramp Spacing and Auxiliary Lane Use.Transportation Research Board of the National Academies, Washington D.C.,2012.

[31] Torbic D.T., Harwood D.W., Gilmore D.K., et al. Safety Analysis of Interchanges. In Transportation Research Record: Journal of the Transportation Research Board, No. 1853, Transportation Research Board of the National Academies, Washington D.C., 2003:13-20.

[32] Kiattikomol V., Chatterjee A., Hummer J.E., et al. Planning Level Regression Models for Prediction of Crashes on Interchange and Noninterchange Segments of Urban Freeways. Journal of Transportation Engineering, 2008,134(3): 111-117.

[33] Twomey J.M., Heckman M.L., Hayward J.C.. Safety Effectiveness of Highway Design Features, Volume IV: Interchanges. Publication FHWA-RD-91-047. FHWA, U.S. Department of Transportation, 1991.

[34] Abdel-Aty M., Pemmanaboina R., Hsia L. Assessing Crash Occurrence on Urban Freeways by Applying a System of Interrelated Equations. In Transportation Research Record: Journal of the Transportation Research Board, No. 1953, Transportation Research Board of the National Academies, Washington D.C., 2006:1-9.

[35] Hadi M.A., Aruldhas J., Chow L.F., et al. Estimating Safety Effects of Cross-Section Design for Various Highway Types Using Negative Binomial Regression. In Transportation Research Record: Journal of the Transportation Research Board, No. 1500, Transportation Research Board of the National Academies, Washington D.C., 1995:169-177.

[36] Milton J.C., Shankar V.N., Mannering F.L.. Highway Accident Severities and the Mixed Logit Model: An Exploratory Empirical Analysis. Accident Analysis and Prevention, 2008,40:260-266.

[37] Anastasopoulos P.C., Tarko A.P., Mannering F.L.. Tobit Analysis of Vehicle Accident Rates on Interstate Highways. Accident Analysis and Prevention, 2008, 40:768-775.

[38] AASHTO. Highway Safety Manual.American Association of State Highway and Transportation Officials, Washington D.C.,2010.

[39] Cirillo J. A.. The Relationship of Accidents to Length of Speed-Change Lanes and Weaving Areas on Interstate Highways. Highway Research Record, No. 312,

1970:17-32.

[40] Bared J.G., Edara P.K., Kim T.. Safety Impact of Interchange Spacing on Urban Freeways. TRB 85th Annual Meeting Compendium of Papers. CD-ROM. Transportation Research Board of the National Academies, Washington D.C., 2006.

[41] Bonneson J.A., Pratt M.P.. Calibration Factors Handbook: Safety Prediction Models Calibrated with Texas Highway System Data. Publication FHWA/TX-08/0-4703-5, Texas Transportation Institute, 2008.

[42] Access Management Manual.Transportation Research Board, Washington D.C., 2003.

[43] A Policy on Geometric Design of Highways and Streets.American Association of State Highway and Transportation Officials, Washington D.C.,(2004).or most recent edition(2011).

[44] Ingham D.J.,S.L. Burnett. Interchange Spacing in Gauteng. In: Proceedings of the 2ndInternational Symposium on Geometric Design, Mainz, Germany, 2000: 534-546.

[45] Satterly G.T., D.S. Berry. Spacing of Interchanges and Grade Separations on Urban Freeways. In Highway Research Record: Journal of the Highway Research Board, 1967,172:54-93.

[46] Ray B.L., Schoen J., Jenior, P., et al. Determining Guidelines for Ramp and Interchange Spacing. NCHRP Web Only Document 169. National Cooperative Highway Research Program, Transportation Research Board, 2011.

[47] A Policy on Geometric Design of Rural Highways. American Association of State Highway Officials, Washington D.C.,1954.

[48] A Policy on Geometric Design of Urban Highways and Arterial Streets. American Association of State Highway Officials, Washington D.C.,1957.

[49] A Policy on Geometric Design of Rural Highways. American Association of State Highway Officials, Washington D.C.,1965.

[50] A Policy on Geometric Design of Urban Highways and Arterial Streets. American Association of State Highway Officials, Washington D.C., 1973.

[51] Leisch J. E. Application of Human Factors in Highway Design, Presented at Region 2 AASHTO Operating Committee on Design, Mobile, Alabama, 1975.

[52] Fitzpatrick K., K. Zimmerman, R. Bligh, et al. Criteria for High Design Speed Facilities. FHWA/TX-07/0-5544-1, 2006.

[53] Transportation Research Board. Highway Capacity Manual,2010.

[54] Texas Department of Transportation.Roadway Design Manual,2006.

[55] 冯玉荣. 高速公路互通式立交最小间距研究[D]. 西安：长安大学，2009.

[56] 贺玉龙，刘小明，任福田. 城市快速路互通立交的最小间距[J]. 北京工业大学学报，2001

[57] 肖忠斌，王炜，李文权，等. 城市快速路互通立交最小间距模型[J]. 公路交通科技，2007.

[58] 李增爱，李文权，王炜. 城市快速路互通式立交最小间距[J]. 公路交通科技，2008.

[59] 王莹. 城市互通式立交最小间距[D]. 南京：东南大学，2006.

[60] 龙科军，杨晓光. 城市快速路匝道最小间距模型[J]. 交通运输工程学报，2005.

[61] JTJ/TB05-2004. 公路项目安全性评价指南[S]. 北京：人民交通出版社，2005.

[62] 刘子剑. 减速车道的车流特征与设计对策[J]. 中南公路工程，1994.

[63] Kay Fitzpatrick, Karl Zimmerman,Roger Bligh, et al. Criteria for high design speed facilities.Texas transportation institute, the Texas A&M University System,2007.

[64] American Association of State Highway and Tranportation Officials. APolicy on Geometric Design of Highways and Streets(4th Edition), 2001.

[65] Hongyun CHEN. Determination of the Optimal Deceleration Lane Lengths for Two-Lane Exits Considering Operational Effects. ICCTP 2011.

[66] Huaguo Zhou, Hongyun Chen. A Current Study to Select the Optimal Deceleration Lane Lengths at Freeway Diverge Areas. 52nd Annual Transportation Research Forum(TRF), Long Beach, California, 2011.

[67] Marcus A. Brewer, Kay Fitzpatrick, Jesse Stanley. Driver Behavior on Speed-change Lanes at Freeway Ramp Terminals. Transportation Research Board, 2011.

[68] Darren J.Torbic, Jessica M. Hutton, Courtney D. Bokenkroger, Marcus A. Brewer. Design Guidance for Freeway Mainlane Ramp Terminals. Transportation Research Board, 2012.

[69] 大型综合交通枢纽快速集散路网系统设计关键技术研究报告[R].同济大学，2010.

[70] 何雄君，梁会，王建平，等. 我国互通式立交变速车道长度的确定方法研究[J]. 武汉理工大学学报（交通科学与工程版），2005，29（3）：370-373.

[71] 曹荷红. 高速公路互通式立交变速车道研究[D]. 北京：北京工业大学，1999.

[72] 刘兆斌. 高速公路加、减速车道设计标准研究[D]. 南京：东南大学，2001.

[73] 宜道光. 高速公路变速车道长度计算[J]. 华东公路，1995.

[74] 雄列强，邵春福，李杰. 匝道连接处交通流运动学理论、模型及应用[J]. 交通系统设计与实践，2003.

[75] 孔令臣. 多车道高速公路互通式立交加减速车道长度及最小净距研究[D]. 西安：长安大学，2012.

[76] Fitzpatrick K., K. Zimmerman. Potential Updates to 2004 Green Book's Acceleration Lengths for Entrance Terminals. In Transportation Research Record 2023, Transportation Research Board, National Research Council, Washington D.C., 2007: 130-139.

[77] JoeBared, GregLgiering, DaveyLwarren. Safety Evaluation of Aeeeleration and Deeeleration Lane Lengths [J]. ITE Journal, 2005.

[78] Sarhan M.Y.,Hassan A.O., Abd El Halim.Safety Performance of Freeway Sections and Relation to Length of Speed Change Lanes. Canadian Journal of Civil Engineering, CJCE, 2008,34(5):531-541.

[79] Ismail K., T. Sayed .Risk -Based Framework for Accommodating Uncertainty in Highway Geometric Design. Canadian Journal of Civil Engineering, 2009, 36(5):743-753.

[80] 周鑫. 公路立体交叉技术指标合理应用研究[D]. 上海：同济大学，2008.

[81] 吴志贤. 高速公路互通立交加速车道长度探讨[J]. 福州大学学报，1996.

[82] 李硕，张亚平. 高速公路互通立交加速车道设计理论探讨[J]. 公路交通科技，1998.

[83] 罗霞. 混合车流合流运动模式研究[J]. 西南交通大学学报，2000.

[84] 罗霞，杜进有，霍娅敏. 车头时距分布规律研究[J]. 西南交通大学学报，2001.

[85] 石小法，李文权，李铁柱，等. 高速公路互通立交加速车道长度的设计方法[J]. 河南大学学报，2000.

[86] 李铁柱，李文权，周荣贵. 高速公路家减速车道合流分流特征分析[J]. 公路交通科技，2001.

[87] 李文权，王炜，邓卫. 高速公路加速车道上车辆的汇入模型[J]. 中国公路学报，2002.

[88] 李文权，王炜. 高速公路合流区 1 车道车头时距分布特征[J]. 公路交通科技，2003.

[89] 赵春，邓卫，周贵荣，等. 考虑服务交通量的加速车道长度设置方法[J]. 公路交通科技，2004.

[90] 邵长桥，荣健. 加速车道长度计算模型及其影响因素[J]. 北京工业工大学学报，2008.

[91] 邵长桥，杨振海，陈金川，等. 一种确定加速车道长度的概率统计模型[J]. 数理统计与管理，2001.

[92] 徐秋实，任福田，孙小端，等. 高速公路互通式立交加速车道长度的研究[J]. 北京工业工大学学报，2007.

[93] 智永峰，张骏，史忠科. 高速公路加速车道长度设计与车辆汇入模型研究[J]. 中国公路学报，2009.

[94] Markos Alito Atamo. Safety Assessment of Freeway Merging and Diverging Influence Areas Based on Conflict Analysis OF Simulated Traffic[M], M.Sc., Addis Ababa University, Ethiopia, 2005

[95] 张苏. 中国交通冲突技术[M]. 成都：西南交通大学出版社，1998.

[96] 项乔君，陆键，卢川，等. 道路交通冲突分析技术及应用[M]. 北京：科学出版社，2008.

[97] Filmon G. Habtemichael, Luis de Picado Santos. Crash risk evaluation of aggressive driving on motorways:Microscopic traffic simulation approach. Transportation Research Part F: Traffic Psychology and Behaviour, 2014,23: 101-112

[98] 王武宏，郭宏伟，郭伟伟. 交通行为分析与安全评价[M]. 北京：北京理工大学出版社，2013.

[99] Washington S.,Karlaftis M., Mannering F. Statistical and Econometric Methods for Transportation Data Analysis, second edition Chapman and Hall/CRC, Boca Raton, FL,2011.

[100] Fred L. Mannering, Chandra R. Bhat. Analytic method s in accident research: Methodological frontier and future directions. Analytic Methods in Accident Research,2013.

[101] 李新伟. 高速公路事故预测模型及应用研究[D]. 上海：同济大学，2013.

[102] http://www-fars.nhtsa.dot.gov/Main/index.aspx

[103] 钟连德，徐秋实，孙小端，等. 高速公路立交安全影响区范围确定[J]. 北京工业大学学报，2009，35（6）：780-784.

[104] Joe G. Bared,Praveen K. Edara. Safety Impact of Interchange Spacing on UrbanFreeways，Transportation Research Board, Washington D.C.,2006.

[105] Hongyun Chen, Huaguo Zhou, Jiguang Zhao, et al.Safety performance evaluation of left-side off-ramps at freeway diverge areas.Accident Analysis and Prevention 2011,43:605-612.

[106] Brian L. Ray, James Schoen, Pete Jenior, et al. Guidelines for Ramp and Interchange Spacing. NCHRP REPORT 687, Transportation Research Board, Washington D.C.,2011.

[107] Mohamed E.A.Sarhan.Safety Performance of Freeway Merge and Diverge Areas[D],Carleton University,Ottawa,Ontario,2004.

[108] 王武宏，郭宏伟，郭伟伟. 交通行为分析与安全评价[M]. 北京：北京理工大学出版社，2013.

[109] 戴忧华. 高速公路隧道路段驾驶行为特性及其风险评价研究[D]. 上海：同济大学，2011.

[110] 钟连德. 高速公路事故预测模型研究[D]. 北京：北京工业大学，2008.

[111] 徐英俊. 城市微观交通仿真车道变换模型研究[D]. 长春：吉林大学，2004.

[112] Federal Highway Administration, Synthesis of safety research related to speed and speed limits[R].Washington,DC.1999.

[113] 郭忠印. 道路安全工程[M]. 2 版. 北京：人民交通出版社，2012.

[114] http://www-fars.nhtsa.dot.gov/Crashes/CrashesTime.aspx

[115] 王家凡，罗大庸. 交通流微观仿真中的换道模型[J]. 系统工程，2004，22（3）：92-95.

[116] Ahmed K. I., Ben-Akiva M., Koutsopoulos H. N., et al. Models of Freeway Lane Changing and Gap Acceptance Behavior[C].Proceedings of the 13th International Symposium on the Theory ofTraffic Flow and Transportation, Oxford: Pergamon Press, 1996:501-515.

[117] Jiuh-Biing S., Stephen G. R.. Stochastic Modeling and Real-timePrediction of Vehicular Lane-changing Behavior. [J]Transportation Research Part B (S0191-2615), 2001, 35(7): 695-716.

[118] Salvucci D. D., Boer E. R.,Liu A.. Toward an Integrated Model of DriverBehavior in a CognitiveArchitecture[R].[R]//TransportationResearchRecord1779. Washington D.C.: Transportation ResearchBoard of the National Academies, 2001: 9-16.

[119] Gary A. Davisa,John Hourdosb, Hui Xionga, et al.Outline for a causal model of traffic conflicts and crashes[J].Accident Analysis and Prevention, 2011,43: 1907-1919.

[120] Hauer E., Gårder P.. Research into the Validity of the Traffic Conflicts Technique. Accident Analysis and Prevention 1986,18:471-481.

[121] Oh C., Park S., Ritchie S.G.. A method of identifying rear-end collision risks using inductive loop detectors. Accident Analysis and Prevention 2006,38: 295-301.

[122] 李力，姜锐，贾斌，等. 现代交通流理论与应用[M]. 北京：清华大学出版社，2011.

[123] Mohamed Sarhan,Yasser Hassan, et al. Design of Freeway Speed Change Lanes:Safety-Explicit Approach.Transportation Research Board, Washington D.C.,2006.

[124] AASHTO.A policy on geometric design of highways and streets.Washington D.C., 2000.

[125] AASHTO.A policy on geometric design of highways and streets.Washington D.C., 1994.

[126] AASHTO.A policy on geometric design of highways and streets.Washington D.C., 1990.

[127] AASHTO.A policy on geometric design of highways and streets.Washington D.C., 1984.

[128] A Policy On Design of Urban Highways and Arterial Streets.American Association of State Highway and Transportation Officials, Washington D.C.,1973.

[129] A Policy On Geometric Design of Rural Highways. American Association of State Highway Officials, Washington D.C.,1965.

[130] Modeling Freeway Diverging Behavior on Deceleration Lanes(TRB2007): Exploring Impacts of Factors Contributing to Injury Severity at Freeway Diverge Areas-2009TRB.

[131] Bared J.,Giering G.L., Warren D.L.. Safety of Evaluation of Acceleration and Deceleration Lane Lengths , ITE Journal, 1999:50-54.

[132] Sarhan M., Hassan Y.,Halim,A.E.. Design of Freeway Speed Change Lanes: Safety-Explicit Approach, Transportation Research Board, Washington D.C., 2006.

[133] Garcia A. Romero M.A.. Experimental Observation of Vehicle Evolution on a Deceleration Lane with Different Lengths, Transportation Resear ch Board, Washington D.C., 2006.

[134] Abdel-Aty M., Dilmore J., Dhindsa A.. Evaluation of variable speed limits for real-time freeway safety improvement, Accident Analysis and Prevention, 2006, 38:335-345.

[135] Janson B.N., Awad W., Robles J.. Truck Accidents at Freeway Ramps: Data Analysis and High-Risk Site Identification.Journal of Transpor tation and Statistics, 1998:75-92.

[136] V.Kastrinaki,M.Zervakis,K.Kalaitzakis.A survey of video processing techniques for traffic applications.Image Vision Computing, 2003,21(4):359-381.

[137] 赵晓翠，杨峰，赵妮娜. 高速公路互通立交分流区的驾驶行为[J]. 公路交通科技，2012.

[138] 王晓飞，符锌砂，葛婷. 高速公路立交入口区域行车风险评价模型[J]. 交通运输工程学报，2011.

[139] 阎莹，盛彦婷，袁华智，等. 高速公路出入口区域行车风险评价及车速控制[J]. 交通运输工程学报，2011.

[140] 金淳，舒宏，保税港区运作系统规划的 VR 仿真建模与实现[J]. 系统仿真学报，2010.

[141] 冯志慧，基于驾驶员认知特征和视觉特性的高速公路景观设计方法研究[D]. 长安大学，2012.

[142] Bella F.,Garcia A.,Solves F., et al. Driving simulator validation for deceleration lane design. In: Proceedings of the 86th Annual Meeting Transportation Research Board, Washington D.C., 2007.

[143] Livneh M., Polus A., Factor J..Vehicle behavior on deceleration lanes. Journal of Transportation Engineering, 1988,114:706-717.

[144] Bella F.,Garcia A.,Solves F., et al. Driving simulator validation for deceleration lane design. In: Proceedings of the 86th Annual Meeting Transportation Research Board, Washington, D.C., 2007.

[145] El-Basha R.H.S., Hassan Y., Sayed T.A. Modeling freeway diverging behavior on deceleration lanes. Transportation Research Record 2012, 2007:30-37.

[146] Firestine M., McGee H., Toeg P..Improving truck safety at interchanges: summary report. Washington, D.C.: Federal Highway Administration, 1989.

[147] N.J. Garber, M.A. Chowdhury, R. Kalaputapu. Accident characteristics of large trucks on highway ramps. AAA Foundation for Traffic Safety, Washington D.C.,1992.

[148] B.N. Janson, W. Awad, J. Robles. Truck accidents at freeway ramps: data analysis and high-risk site identification. Journal of Transportation and Statistics, 1998,1:75-92.

[149] Middleton D., Fitzpatrick K., Jasek D., et al. Case studies and annotated bibliography of truck accident countermeasures on urban freeways. Washington D.C: Federal Highway Administration, 1994.

[150] 中交第一公路勘察设计研究院有限公司."十一五"国家科技支撑计划重大项目专题20——公路标准中几何设计指标的安全性研究报告，2012.

[151] K. Janusz, E. Hauer. Analysis of the accident occurrence on the ramps of the Fred F. Gardiner Expressway and the Don Valley Parkway. Proceedings of the Canadian Multidisciplinary Road Safety Conference IX, Montreal, Canada, 1995:445-454.

[152] Anne T. McCartt, Veronika Shabanova Northrup, Richard A. Retting. Types and characteristics of ramp-related motor vehicle crashes on urban interstate roadways in Northern Virginia. Journal of Safety Research, 2004,35(1):107-114.

[153] 郭唐仪，邓卫，LU John.基于速度一致性的高速公路出口安全评价[J]. 交通运输系统工程与信息，2010，10（6）：76-81.

[154] Fitzpatrick K., et al.Speed prediction for two-lane rural highways. FHWA-RD-99-171, Federal Highway Administration,Washington D.C.. Krammes, 2000.

[155] R.A.,et al.Horizontal alignment design consistencyfor rural two-lane highways. FHWA-RD-94-034, Federal HighwayAdministration, Washington D.C.,1994.

[156] Fitzpatrick K., Carlson P., Brewer M.,et al. Design speed, operating speed, and posted speed practices.NCHRP 504, Transportation Research Board, Washington D.C., 2003.

[157] Fambro D. B., Fitzpatrick K., Koppa R. J.. Determination of stopping sight distances. NCHRP 400 , Transportation Research Board,Washington D.C., 1997.

[158] Funkhouser D., Chrysler S. T., Nelson, A., et al. Traffic sign legibility for different sign background colors: Results of an open road study at freeway speeds.52nd Annual Meeting of the HumanFactors andErgonomics Society, Session ST2, Human Factors and Ergonomics Society (HFES), Santa Monica, CA,2008.

[159] Garcia A., Romero. M.A..Experimental observation of vehicle evolution on a

deceleration lane with different lengths. Transportation Research Board Preprint CD for 2006 Annual Meeting, Transportation Research Board, Washington D.C.

[160] Chang M. S., Messer C. J., Santiago A. J.. Timing traffic signal change intervals based on driver behavior.Transportation Research Record 1027, Transportation Research Board, Washington D.C., 1985:20-30.

[161] Wortman R. H., Matthias J. S.. Evaluation of driver behavior at signalized intersections.Transportation Research Record 904 ,Transportation Research Board, Washington D.C., 1983:10-20.

[162] Institute of Transportation Engineers(ITE). Traffic engineering handbook , 5th Ed., J. L.Pline, ed. Prentice-Hall, Upper Saddle River, NJ,1999.

[163] 日本道路公团. 日本高速公路设计要领[M]. 交通部工程管理司译制组, 译. 西安: 陕西旅游出版社, 1991.

[164] 美国各州公路运输者协会. 公路与城市道路几何设计[M]. 西安: 西北工业大学出版社, 1988.

[165] Kay Fitzpatrick P.E.,Susan T. Chrysler, Marcus Brewer P.E.. Deceleration Lengths for Exit Terminals. Journal of Transportation Engineering, 2012.

[166] 山崎俊一. 交通事故分析基础与应用[M]. 北京: 北京大学出版社,2012.

[167] Roess R. P., E. S. Prassas , W. R. McShane.Traffic Engineering, 3rd Edition, Pearson Education, Inc., New Jersey, 2004:17-37.

[168] Johansson G., K. Rumar. Drivers' Brake Reaction Times. Human Factors, 1971,13(1):23-27.

[169] Olson P. L. Forensic Aspects of Driver Perception and Response, Lawyers and Judges Publishing Co., Tucson, Arizona, 1996:172.

[170] Triggs T.,W. G. Harris. Reaction Time of Drivers to Road Stimuli, Human Factors Report HFR-12, Monash University,Clayton, Australia, 1982.

[171] Hooper K., H. McGee. Driver Perception-Reaction Time: Are Revisions to Current Specification Values in Order?Highway Information Systems, Visibility and Pedestrian Safety, Transportation Research Record 904,National Research Council, Washington, D.C., 1983:21-30.

[172] Olson P. L., D. E. Clevel, P. S. Fancher, et al. Parameters Affecting Stopping Sight Distance, NCHRP Report 270, National Research Council, Washington D.C., 1984.

[173] Benekohal R. F. ,J. Treiterer.Conditions, Transportation Research Record 1194,

TRB, National Research Council, Washington D.C., 1989.

[174] Lerner N., Brake Perception-Reaction Times of Older and Younger Drivers, paper presented at the 37th Annual Meeting of the Human Factors and Ergonomics Society, Seattle, Washington D.C., 1993.

[175] Fambro D.B., R.J. Koppa, D.L. Picha, et al. Driver Perception-Brake Response in Stopping Sight Distance Situations, Transportation Research Record 1682, National Research Council, Washington D.C., 1998:17.

[176] Lerner N. D., R. W. Huey, H. W McGee, et al. Older Driver Perception-Reaction Time for Intersection Sight Distance and Object Detection, Volume I: Final Report, Publication No. FHWA-RD-93-168, Federal Highway Administration, Washington D.C., 1995.

[177] Seongkwan Mark Lee. Development of a Three Dimensional Lane Change Model, University of Illinois at Urbana-Champaign, 2008.

[178] Recent Geometric Design Researchfor Improved Safety and Operations, Transportation Research Board, 2001.

[179] Gattis J.L.. Effects of Design Criteria on Local Street Sight Distance, Transportation Research Record 1303, Transportation Research Board, NationalResearchCouncil,Washington D.C., 1991:33-38.

[180] Ramy H. Soliman El-Basha, Modeling Freeway Diverging Behavior on Deceleration Lanes，TransportationResearch Board, Washington D.C., 2007.

[181] 刘建蓓，林声，高晋生. 公路平直路段运行速度模型分析与优化[J]. 中国公路学报，2010，12，增刊.

[182] Kay Fitzpatrick, Karl Zimmerman, Roger Bligh, et al. Criteria for High Design Speed Facilities, ReportNo.FHWA/TX-07/0-5544-1.

[183] Ramy H. Soliman El-Basha.Modeling Freeway Diverging Behavior on Deceleration Lanes，TransportationResearch Board, Washington D.C., 2007.

[184] 赵祎. 多车道高速公路匝道出口区域安全设计及风险评价技术研究[D]. 上海：同济大学，2013.

[185] Prisk C. W.. Passing Practices on Rural Highways. Highway Research Board Proceedings, 1941.

[186] Policies on Geometric Highway Design. American Association of State Highway Officials, Washington D.C., 1954.

[187] Texas Department of Transportation.Roadway Design Manual.Austin,TX, 2005.

http://manuals.dot.state.tx.us/dynaweb/coldesig/rdw/@Generic_BookView.Accessed November 2005.

[188] Hunter M., R. B. Machemehl.Re-Evaluation of Ramp Design Speed Criteria: Review of Practice and Data Collection Plan.Report No.FHWA/TX-98/ 1732-1, Center for Transportation Research, The University of Texas, Austin TX, 1997.

[189] Prisk C.W.. Passing Practices on Rural Highways. Highway Research Board Proceedings, 1941.

[190] Cirillo J.A., S.K. Dietz, R.L. Beatty. Analysis and Modeling of Relationships Between Accidents and theGeometric and Traffic Characteristics of the Interstate System. Federal Highway Administration, Washington D.C., 1969.

[191] Khorashadi A.. Effect of ramp type and geometry on accidents. FHWA/CA/ TE-98/13, California Departmentof Transportation, 1998.

[192] Polus A., M. Livneh, J. Factor. Vehicle flow characteristics on acceleration lanes. Journal of Transportation Engineering 1985,111 (6):595-606.

[193] Choudhury C.F., V. Ramanujam, M.E. Ben-Akiva. Modeling acceleration decisions for freeway merges.In Transportation Research Record: Journal of the Transportation Research Board, No. 2124. Transportation Research Board of the National Academies, Washington D.C., 2009:45-57.

[194] Bauer K.M., D.W. Harwood. Statistical Models Of Accidents On Interchange Ramps and Speed-ChangeLanes. Publication FHWA-RD-97-106, FHWA, U.S. Department of Transportation, 1997.

[195] Daamen W., M. Loot, S. Hoogendoorn. Empirical analysis of merging behavior at a freeway on-ramp. InTraffic Flow Theory and Characteristics. CD-ROM. Transportation Research Board of the NationalAcademies, Washington D.C., 2010.

[196] KITAH.Effects of Merging Lane Length on the Merging Behavior at Expressway On Oramps[C]//Proceedings of the 12th International Symposium on Transportation and Traffic Theory.Amsterdam: Elsevier, 1993: 37-511.

[197] 王殿海. 交通流理论[M]. 北京：人民交通出版社，2002：13-19.

[198] COWANRJ. Useful Headway Models[J].Transportation Re-search, 1975, 9(6): 371-375.

[199] 关羽，张宁. 可变临界间隙条件下的加速车道车辆汇入模型[J]. 公路交通科技，2010.

[200] Choudhury C.F., Ben-Akiva M., Toledo T., et al. Modeling cooperative lane changing and forced merging behavior. In: The 86th AnnualMeeting of the Transportation Research Board, Washington D.C., 2007.

[201] Salehi M.. Reliability-Based Design of Freeway Acceleration Speed-Change Lanes. M.A.Sc. 32 Thesis, Carleton University, Ottawa, Ontario, Canada, 2010.

[202] Michaels R.M., J. Fazio. Driver Behavior Model of Merging, TransportationResearch Record 1213, TRB, National Research Council, Washington, D.C., 1989:4-10.

[203] Reilly W. R., et al. Speed-Change Lanes, National Cooperative Highway Research Program Project 3-35, Transportation Research Board, National Research Council, Washington D.C., 1989.

[204] St. John A. D., D. R. Kobett. Grade Effects on Traffic Flow Stability and Capacity.NCHRP Report No. 185. Transportation Research Board, National Research Council, Washington D.C., 1978.

[205] Hutton T. D..Acceleration Performance of expressway Diesel Trucks. Paper No. 700664, Society of Automotive Engineers, Warrendale PA, 1970, Figure 8-3-6.

[206] Harwood D. W., D. J. Torbic, K. R. Richard, et al. Review of Truck Characteristics as Factors in Expressway Design. NCHRP Report 505.Transportation Research Board, National Research Council, Washington D.C., 2003.

[207] Ahammed A. M., Y. Hassan, T. A. Sayer. Effect of Geometry of Entrance Terminals on Freeway Merging Behavior.Transportation Research Board , Preprint CD for 2006 Annual Meeting, Washington D.C., 2006.

[208] Kay Fitzpatrick, Karl Zimmerman. Potential Updates to the 2004 Green Book Acceleration Lengths for Entrance Terminals,2007.

[209] Texas Department of Transportation.Roadway Design Manual. Austin,TX, October 2005.http://manuals.dot.state.tx.us/dynaweb/coldesig/rdw/@Generic_ BookView.Accessed November,2005.

[210] 美国交通运输研究委员会出入口管理分会. 道路出入口管理手册[M]. 杨孝宽，译. 北京：中国建筑工业出版社，2009.

[211] 美国交通研究委员会. 公路通行能力手册[M]. 任福田，等译. 北京：人民交通出版社，2000.

[212] Joe G. Bared, Praveen K. Edara, Taehyeong Kim. Safety Impact of Interchange

Spacing on Urban Freeways, Transportation Research Board,National Research Council,Washington D.C., 2006.

[213] http://baike.baidu.com/link?url=TJgyqTPMxoCYLKDj7FlTIFoBElK3L7ktgPg VQz3aNNOP9xTP8AoCFgtZf45tfsICq5aM37orgwlWGwBL1tzckeppj8cvo3zP ohDnHZwEZMqEs4uboUKIOFOOs6VofsZV

[214] 罗云. 安全经济学[M]. 北京：中国劳动社会保障出版社，2007:23-23.

[215] Roess R.P.Task 6 Research Memo: Re-Calibration of the 75-mi/h Speed-Flow Curve and the FFS Prediction Algorithm for the HCM 2010. NCHRP 3-92. National Cooperative Expressway Research Program, Transportation Research Board. Washington D.C.,2009.

[216] Pennsylvania Department of Transportation,AASHTO Publication. A Policy on Design Standards – Interstate System,Memorandum, A. G. Patel, 2006.

[217] Federal expressway Administration. Manual on Uniform Traffic Control Devices, Washington D.C.,2009.

[218] Highways Agency in England. Design Manual for Roads and Bridges, 2006.

[219] Brian L. Ray, James Schoen, Pete Jenior,et al. Guidelines for Ramp and Interchange Spacing.NCHRP REPORT 687, Transportation Research Board, Washington D.C.,2011.

[220] 李作敏. 交通工程学[M]. 2 版. 北京：人民交通出版社，2000.

[221] 交通运输部公路科学研究院. 2013 年中国道路交通安全蓝皮书. 北京：人民交通出版社，2013.

[222] Bonneson J., M. Pratt. Calibration Factors Handbook: Safety PredictionModels Calibrated with Texas Highway System Data.FHWA/TX-08/ 0-4703-5. 2008.

[223] Lamm R., B. Psarianos, E. M. Choueiri, et al. Interchange Planning and Design–An International Perspective, Transportation Research Record 1385, Transportation Research Board of the National Academies, 1993.

[224] 公路路线设计规范-JTG D20－2017[S]. 北京：人民交通出版社，2017.

[225] Twomey J.M., M.L.Hechman, J.C.Hayward, et al. Accidents and Safety Associated with Interchanges,Transportation Research Record 1385, Transportation Research Board, National Research Council, Washington D.C., 1993:100-105.

[226] Joe G.Bared,Praveen K.Edara,Taehyeong Kim. Safety Impact of Interchange Spacing on Urban Freeways, Transportation Research Board,Washington

D.C.,2006.

[227] 赖维铁. 交通心理学[M]. 武汉：华中理工大学出版社，1988.

[228] 何存道，欣兆生. 道路交通心理学[M]. 安徽：安徽人民出版社，1989.

[229] Wang Y., Prevedouros, P.D.. Comparison of INTEGRATION,TSIS/ CORSIM and WATSim in replicating volumes and speeds on three small networks. Transportation Research Record: Journal of the Transportation Research Board 1644, 1998:80-92.

[230] Sara Moridpour. Modeling the Lane Changing Execution of Multi Class Vehicles under Heavy Traffic Conditions, TRB 2010 Annual Meeting CD-ROM.

[231] Wen-Long Jin. A kinematic wave theory of lane-changing traffic flow, Transportation Research Part B 44,2010:1001-1021.

[232] R.Herman, G.H. Weiss. Comments on the expressway crossing problem, Operrations Research,1961,9(6):828-840.

[233] D.R.Drew,L.R.LaMotte,J.h.Buhr,et al.Gap accptancein the freeway merging process ,Texas Transportation Institute Report, 1967:430-432.

[234] A.J.Miller.Nine estimatiors of gap acceptance parameters,Proceedings of 5th International Symposium on the Theory of Traffic Flow and Transportation 1972:215-235.

[235] A.J.Miller.A note on the analysis of gap-acceptance in traffic, Applied Statistics, 1974,23(1):66-73.

[236] C.F.Daganzo.Estimation of gap acceptance paramaters within and across the population from direct roside obervation, Transportation Research,Part B,Methodological, 1981,15(1):1-15.

[237] 陶鹏飞，王殿海，金盛. 车头时距混合分布模型[J]. 西南交通大学学报，2011.

[238] Park, Jaehyun. Modeling of Setting Speed Limits on Urban and Suburban Roadways. Dissertation for the Doctoral Degree of University of South Florida. 2003:1-2.

[239] 程国柱. 高速道路车速限制方法研究[D]. 哈尔滨：哈尔滨工业大学，2007.

[240] 贺玉龙，汪双杰，孙小端，等. 中美公路运行速度与交通安全相关性对比研究[J]. 中国公路学报. 2010.12（增刊）：73-78.

[241] 钟小明，张世文，贾嘉，等. 速度管理技术研究[J]. 中国公路学报. 2010. 12（增刊）.

[242] 段力，过秀成，姚崇富. 车头时距分布函数的验证、分析与选择[J]. 公路交通科技，2014.

[243] COWAN. Useful Headway Models[J]. TransportationRe-search, 1975, 9(6): 371-375.

[244] Sarhan M., Y. Hassan.Three-Dimensional, Probabilistic Highway Design: Sight Distance Application. In Transportation Research Record 2060, Transportation Research Board, National Research Council, Washington D.C., 2008:10-18.

[245] 克列斯特-海顿，交通冲突技术[M]. 张苏，译. 成都：西南交通大学出版社，1994.